DER

KÖNIGSFRIEDE

DER

NORDGERMANEN.

VON

DR. JUR. KARL LEHMANN,

DOCENTEN DER RECHTE AN DER FRIEDRICH WILHELMS-UNIVERSITÄT
ZU BERLIN.

BERLIN UND LEIPZIG.

VERLAG VON J. GUTTENTAG
(D. COLLIN).

1886.

Pierer'sche Hofbuchdruckerei. Stephan Geibel & Co. in Altenburg.

HERRN

GEHEIMRATH BRUNNER.

VORWORT.

Die nachfolgenden Untersuchungen über den Königsfrieden der Nordgermanen nahmen ihren Ausgang vom bréfabrot, dem norwegischen Königsbanne, welcher fast am Schlusse dieses Buches abgehandelt wird. Das Streben, Zeit und Art der Entstehung dieses bréfabrot festzustellen, führte den Verfasser auf die Hochbusse des Nordens, das Vierzigmarkstrafgeld, und damit auf die alte, heilige Friedlosigkeit der nordgermanischen Rechte zurück, dasjenige Rechtsinstitut, welches, wie kein anderes, den strengen Geist des germanischen Alterthums athmet. Die Wandlungen, welche diese alte Friedlosigkeit durch den Einfluss der fortschreitenden Kultur und deren Träger, das Königthum, im Laufe der Zeiten im monarchischen Norden erfuhr, zu behandeln, ist die Aufgabe der vorliegenden Arbeit.

Es wird gegen das Buch der Einwand nicht fehlen, dass es aus dem Rahmen des gesammten Rechtsstoffes eine einzelne Materie herausgegriffen hat, welche ihre gebührende Würdigung nur im Ganzen finden kann. Aber so sehr der Verfasser geneigt ist, das Berechtigte dieser Vorhaltung anzuerkennen, so ist er doch der Ansicht, dass eine energische Durchführung eines einzelnen Gegenstandes besser durch eine Monographie, als durch eine Gesammtdarstellung ermöglicht wird. Zudem wollte der Verfasser, wenn nicht ausschliesslich, so doch zugleich für nur deutschrechtlich geschulte Leser schreiben. Und darum kam es ihm darauf an, das, was gemeingermanisch ist, in den Vordergrund zu stellen, das, was dem Norden oder nur einzelnen nordischen Rechtsgebieten eigenthümlich ist, wenn überhaupt, erst in zweiter Linie zu berücksichtigen. Concentrirt sich somit seine Arbeit auf die Lösung einzelner, für die gesammtgermanische Rechtsgeschichte hochwichtiger Fragen, so wird sie — hofft der Verfasser — von diesem Standpunkte aus beurtheilt für nicht werthlos befunden werden.

Die einzelnen Theile des Buches sind von verschiedenem Umfange. Am kürzesten ist der auf Dänemark, am längsten der auf Schweden bezügliche Theil gerathen. Umfang und Inhalt der Quellen waren hierfür auf der einen, Umfang und Inhalt der Literatur auf der anderen Seite maassgebend.

Berücksichtigt hat der Verfasser fast nur die Quellen des Landrechts, da die Entwicklung der skandinavischen Stadtverfassung zur Zeit noch zu wenig aufgeklärt ist, als dass der Verfasser auf festem Boden operiren konnte.

Angereiht ist eine Abhandlung über die isländische Bezirksacht, welche in einem, wenn auch losen Zusammenhange, mit der Hauptuntersuchung steht.

Der Verfasser behält einer späteren Zeit die Bearbeitung der nordischen Jury vor.

Berlin, im Juni 1886.

Inhaltsangabe.

EINLEITUNG.

FRIEDE UND RECHT. KÖNIGSFRIEDE.

Friede, fridr, ist „froher" Zustand der Ruhe vom Kriege. So lange das Menschengeschlecht sich noch nicht zu Rechtsgemeinschaften zusammenschloss, so lange war ein rechtlich geschützter Friede nicht vorhanden. Im Kampfe Aller gegen Alle war der Einzelne gegenüber dem Einzelnen stets im Zustande des Krieges. Nur von der zufälligen Lage der Dinge hing es ab, ob die Hand die Waffe zur gegenwärtigen Abwehr schwang oder zur künftigen Abwehr bereit hielt. Aus der Hand sank die Waffe nur dem Kampfunfähigen.

Der Zusammenschluss der Menschen zu Rechtsgemeinschaften ermöglicht einen rechtlich geschützten Frieden. An Stelle des Kampfes setzt die Rechtsgemeinschaft die Ordnung. Sie setzt die Ordnung, das Recht, aber nur für ihre Genossen im Verhältnisse zu einander. Nach Aussen hin, gegenüber den Ungenossen, verharrt die Rechtsgemeinschaft ebenso im Kampfeszustande, wie es vorher der Einzelne war — nach Aussen hin ist daher der Begriff eines rechtlich geschützten Friedens nicht vorhanden. Wohl aber ist durch die Geschlossenheit, mit welcher die Rechtsgemeinschaft nach Aussen auftritt, eine thatsächliche Bürgschaft für den Ruhezustand gegeben. Nach Aussen hin ist der Friede der Rechtsgemeinschaft ein thatsächlicher Friede.

Der rechtliche Friede innerhalb der Rechtsgemeinschaft ist nicht begrifflich identisch mit dem Rechte der Rechtsgemeinschaft. Er ist es schon desswegen nicht, weil er ein Zustand, das Recht eine Ordnung ist. Er ist bedingt durch das Recht, aber er ist nicht das Recht. Aber die Rechtssprache macht den Schritt vom rechtlich geschützten Frieden zum rechtlichen Schutze des Friedens zum Rechte, welches den Frieden schützt. Friede ist ihr im letzten Sinne das Recht, welches den Zustand der Ruhe innerhalb der Rechtsgemeinschaft schützt. Auch in diesem Sinne ist Friede nicht identisch mit dem Rechte schlechthin. Das Recht hat nicht bloss die Aufgabe, den Zustand der Ruhe zu schützen, es will nicht bloss für den „ruhenden" Rechtsgenossen vorhanden sein, nicht bloss Angriffe gegen seine „Ruhe" abwehren, es will die Beziehungen des Rechtsgenossen zum Rechtsgenossen ordnen, es will auch für den „handelnden" Rechtsgenossen gelten, es will den Rechtsgenossen mit dem Rechtsgenossen verbinden.

Das Recht ist Friede, soweit es den ruhenden Rechtsgenossen schützt, es ist Recht, soweit es auch den handelnden Rechtsgenossen schützt. Die nordgermanischen Rechtsquellen wenden das Wort: Friede für Recht schlechthin niemals an[1]). Friedensbruch ist ihnen nicht gleichbedeutend mit Rechtsbruch. Ueberall gebrauchen sie das Wort: Friede — soweit sie den rechtlichen Frieden im Auge haben — mit Bezugnahme auf den „ruhenden" Rechtsgenossen. Der Friedensbruch ist ihnen stets ein Angriff auf die Ruhe des Rechtsgenossen, er geht daher niemals von dem unrecht Abwehrenden, Vorenthaltenden, sich Weigernden als solchem aus.

Dem Frieden im objectiven Sinne entspricht der Friede im subjectiven Sinne, ebenso wie dem Rechte als Ordnung das Recht als Befugniss entspricht. Der Friede im subjectiven Sinne ist rechtlich geschützte Ruhe des Einzelnen und vermöge einer der oben geschilderten ähnlichen Wendung Recht des Einzelnen auf Nichtverletzung seiner Ruhe. Er ist daher gegenüber dem

[1]) Es ist also nicht zutreffend, wenn Wilda (Strafrecht der Germanen S. 225) und von Amira (das altnorwegische Vollstreckungsverfahren S. 2 und nordgermanisches Obligationenrecht I S. 141) behaupten, Friede und Recht seien gleichbedeutend.

Rechtsgenossen ein Recht auf ein Nichtthun, er ist keine Herrschaft über ihre Person oder über ihren Willen.

Der objective Friede und der subjective Friede sind gemeine Frieden oder Sonderfrieden. Der objective gemeine Friede ist bereits bestimmt worden. Der objective Sonderfriede ist das Recht, soweit es für gewisse Zeiten oder Orte den Ruhezustand des Rechtsgenossen oder soweit es gewisse Klassen von Rechtsgenossen besonders schützt. Hierhin gehört der Thing-, Kirchen-, Haus-, Acker-, Schmiede-, Festtagsfriede auf der einen, der Frauen- und Kinderfriede auf der anderen Seite. Der subjective gemeine Friede ist das Recht, welches jedem Rechtsgenossen auf Nichtverletzung seiner Ruhe zusteht; der subjective Sonderfriede ist das Recht, welches als solches nur bestimmten Rechtsgenossen auf Nichtverletzung ihrer Ruhe zusteht. Der subjective gemeine Friede kann dem objectiven gemeinen Frieden oder dem objectiven Sonderfrieden entspringen. Der subjective Sonderfriede kann nur dem objectiven Sonderfrieden entspringen.

Der Königsfriede kann objectiver und subjectiver Friede, kann gemeiner Friede und Sonderfriede sein. Der Königsfriede ist subjectiver Friede, insofern der König eines Friedens geniesst. Er ist subjectiver gemeiner Friede, wenn der Friede des Königs vor dem Frieden der Rechtsgenossen nichts Besonderes hat. Er ist subjectiver Sonderfriede, wenn der Friede des Königs gegenüber dem Frieden der Rechtsgenossen eines besonderen Rechtsschutzes theilhaftig ist. Der Königsfriede ist objectiver Friede, wenn der König durch sein Recht die Ruhe der Rechtsgenossen schützt. Er ist objectiver gemeiner Friede, wenn das Königsrecht eins ist mit dem Rechte als Frieden; er ist objectiver Sonderfriede, wenn das Königsrecht nur für gewisse Zeiten oder an gewissen Orten die Ruhe aller Rechtsgenossen oder wenn es nur gewisse Klassen von Rechtsgenossen schützt.

Von „Königsfriede" wird meist [1]) indessen auch da gesprochen, wo das Recht die Ruhe der Rechtsgenossen mit erhöhtem Schutze umgiebt, wann und so lange der König in deren Nähe (Haus,

---

[1]) Vgl. z. B. Wilda Strafrecht S. 258.

Hundertschaft, Stadt, Landschaft) sich aufhält. Dieser „Königsfriede" ist streng genommen an sich weder subjectiver noch objectiver Friede des Königs, sondern ist einfach objectiver Sonderfriede, gleich dem Thing-, Kirchen-, Hausfrieden. Er wird zum objectiven Königsfrieden erst dann, wenn er vom Könige, als alleinigem Schöpfer, ausgeht.

Endlich wird von „Königsfriede" auch da gesprochen, wo das Recht die für die Verletzung des Friedens an die öffentliche Gewalt zu entrichtenden Strafgelder (fredus) ausschliesslich an den König fallen lässt. Dieser Sprachgebrauch ist noch missbräuchlicher, als der vorige. Denn aus einem Organe der Rechtsgenossenschaft macht er ohne Weiteres den König zum Träger des Friedens kraft eignen Rechtes. Klar ist, dass der Friede des Volksrechtes nicht durch die Thatsache, dass der König kraft Volksrechtes alleinigen Anspruch auf das Gewette hat, zum Königsfrieden geworden ist, will man mit dem Worte nicht einen willkürlichen Sinn verbinden. Ein Königsfriede liegt vor, wo der König das Friedensgeld kraft Königsrechtes einzieht, dann aber nicht, weil er das Friedensgeld einzieht, sondern weil er es kraft Königsrechtes einzieht. Dieser Fall hat aber nichts Besonderes an sich.

Von dem letzten Sprachgebrauche wird deshalb in der Folge abgesehen werden. Dagegen soll der Sprachgebrauch, welcher „Königsfriede" den durch die Anwesenheit des Königs hervorgerufenen höheren Frieden nennt, trotz seiner Mängel beibehalten werden. Immer ist es hier die Person des Königs, welche den Frieden der Umgebung mittheilt. Auch wo dies kraft Volksrechtes geschieht, ist der König das Medium, durch welches der Friede auf die Rechtsgenossen übergeht. Und meist ist dieser „Königsfriede" auch historisch das Uebergangsstadium vom objectiven Frieden des Volksrechtes zum objectiven Königsfrieden. So rechtfertigt es sich, ihn unter die Kategorie des Königsfriedens zu stellen.

Unter objectivem Königsfrieden werden somit alle die Fälle verstanden, in welchen der Rechtsgenosse entweder vermöge Königsrechtes oder weil der König in deren Nähe weilt, eines subjectiven Friedens geniesst.

Von jeher haben die Könige des Nordens in besonderer Beziehung zum Frieden gestanden. Von den goldenen Tagen des Königs Froþi herab, wo „kein Mann dem Anderen Schaden that, wenn er auch vor sich traf den Vaterstödter oder Bruderstödter, lose oder gebunden", wo „auch kein Dieb oder Räuber war, so dass ein Goldring allein lange lag auf der Jalangrshaide"[1]) bis zu den Zeiten des grossen Sterbens herab lag ihnen die Sorge um den Frieden ob[2]). Aber verschieden gestaltete sich in den drei Reichen nordischer Zunge die rechtliche Stellung des Königs gegenüber dem Frieden, und verschieden war sie in jedwedem der drei Reiche bei ihrem Eintritt in die Geschichte und in dem Zeitpunkte ihrer Vereinigung unter einer königlichen Herrschaft.

Trotzdem lässt sich sagen, dass sich die Entwicklung in der Richtung vom subjectiven Königsfrieden zum objectiven Königsfrieden bewegte. Nirgends hat sie am Schlusse der von uns behandelten Zeit den Punkt erreicht, wo der objective Königsfriede den gemeinen Frieden verschlang. Aber wohl hat sich neben dem objectiven gemeinen Frieden ein objectiver Sonderfriede entwickelt, welcher Königsfriede war.

---

[1]) Sæmundar Edda (Bugge) Grottasöngr S. 324. Saxo Grammaticus (ed. Müller) p. 247: Victor Frotho pacem per omnes gentes reficere cupiens, ut uniuscuiusque rem familiarem a furum incursu tutam praestaret, otiumque regnis post arma assereret, armillam unam in rupe, quam Frothonis petram nominant, alteram apud Wig provinciam habita cum Norvagiensibus concione, defixit, edictae a se innocentiae experimentum daturas, subductis iisdem, in omnes regionis praerides animadvertendum minatus.

[2]) Das Werk „um styrilsi Konunga ok höfþinga" leitet seine Betrachtung über den Königsberuf damit ein: „Nun aber will, wo vieler Leute Zusammenkunft ist, Jeder seinem Willen folgen und nachgehen und davon kommt Uneinigkeit und Uebelwollen zwischen die Leute, und von der Uneinigkeit kommt Streit, und von dem Streit kommt Ungesetzlichkeit und Todtschlag und vom Todtschlage kommt Verderben der Allgemeinheit an Leben und Gut, und darum muss die Allgemeinheit einen Regierer haben, der sie regieren und berathen kann zu Frieden und Freiheit und zu guter Eintracht.. und der sie mit Macht und gutem Rathe vor ihren Feinden wahren mag und den hat die Allgemeinheit von Alters her ihren König und Häuptling genannt.

Zwei Fragen hat die Darstellung der Entwicklung des Königsfriedens nach dem Vorausgeschickten zu beantworten. Die erste ist: welche Stellung nahm der nordgermanische König gegenüber dem Frieden ein, oder mit anderen Worten: inwieweit war im Norden zu einer Zeit der objective Friede ein Königsfriede? Die zweite ist: welche Stellung nahm der nordgermanische König im Frieden ein, oder mit anderen Worten: inwieweit war im Norden zu einer Zeit der subjective Königsfriede ein Sonderfriede?

Um diese beiden Fragen wird sich die Axe der Untersuchung drehen.

Die wachsende Bedeutung des Königthums gegenüber dem Frieden drückt sich in Schweden und Dänemark in der Entstehung eines eignen Königsgerichtes aus, welches in eignen Formen die Aufgaben des Königthums auf dem Gebiete des Friedens zu erfüllen strebt. Mit diesem Königsgerichte wird sich die Untersuchung in zweiter Linie zu beschäftigen haben.

Die Darstellung des Königsfriedens kann weiterhin von der Darstellung der Rechte des Königs als solchen überhaupt nicht absehen. Insoweit diese für die constructive Auffassung des Königsfriedens von Bedeutung sind, wird an ihnen nicht achtlos vorbeigeschritten werden dürfen. Doch liegt es fern, hier erschöpfend sein zu wollen. Um des Königsfriedens allein willen geschieht ihre Heranziehung. —

Der Gang der Untersuchung wird der sein, dass von den schwedischen Rechtsquellen ausgegangen, zu den dänischen Rechtsquellen übergegangen und mit den norwegischen Rechtsquellen geschlossen werden wird. Das freistaatliche Island als solches bleibt naturgemäss ausser Betracht, das dem norwegischen Königsreiche einverleibte Island weist keine eigne Entwicklung gegenüber Norwegen auf.

ERSTER THEIL.

DER KÖNIGSFRIEDE DER SCHWEDEN[1]).

§ 1.
Die älteste schwedische Staatsverfassung.

Zum staatsrechtlichen Begriffe eines Reiches ist die schwedische Verfassung im Anfange des dreizehnten Jahrhunderts noch nicht durchgedrungen. Das „riki“ oder „Konongsriki“, von welchem die ältere Aufzeichnung des westgöthischen Rechtes an mehreren Stellen spricht, ist eine Summe von Einzelstaaten, welche nur durch die Person des Königs mit einander verbunden sind. Ueber diesen „Einzelstaaten“, den „Landschaften“, steht keine höhere staatsrechtliche Einheit, weder eine selbständige, noch eine aus den Landschaften durch Wahl oder Geburt hervorgegangene Einheit. Unvermittelt — wenn man vom Könige absieht — stehen sie neben einander. Jede Landschaft hat ihr eignes Recht, ihre eigne Aemterverfassung. Der Angehörige einer anderen Landschaft ist Ausländer in demselben Sinne, wie der Angehörige eines anderen Reiches. Soweit er vor Letzterem bevorzugt wird, geschieht

---

[1]) Literatur: Ausser den Geschichtswerken von Geijer, Lagerbring, Strinnholm, Reuterdahl, Naumann u. a. ist besonders zu vergl. Nordström Bidrag till den svenska samhälls-författningens historia Afd. I. Von Einzeluntersuchungen sind hervorzuheben: Malmström: Om Centralisation, Embetsmän och Län i Sverige under Medeltiden in Bergstedts Tidskrift för Litteratur Jahrg. 1851; Hjärne om den fornsvenska Nämden enligt Götalagerne Upsala 1872; Ödberg Om den Svenske konungens Domsrätt före Svea Hofrätts inrättande år 1614. Stockholm 1875. Das Uebrige wird an seinem Platze citiert werden. Nicht zugänglich waren mir Brings Abhandlungen De veterum Suecorum et Gottorum ... institutis und Om statsförfattningen och Krigsväsendet hos de fordna Svear och Göther Lund 1823—26. 1832.

es in Folge der grösseren Stammesverwandtschaft, nicht in Folge eines staatsrechtlichen Bandes, ganz ebenso wie der Däne und Norweger vor dem Deutschen und Engländer bevorzugt wird[1]).

Einheitlich ist zwar der König, aber einheitlich erst dann, wenn er auf dem Ritte über die Erichs-Gasse auf dem Landschaftsthinge jeder Landschaft von deren Gesetzsprecher zum Könige geurtheilt ist.

Der König ist kein Erbkönig, sondern ein Wahlkönig. „Die Svear haben den König zu nehmen und ebenso zu vertreiben“, heisst es in der ältesten schwedischen Rechtsquelle[2]). Damit ist der Grundsatz der Wahlmonarchie zu festem Ausdrucke gelangt. Anders scheint es sich freilich in jenen grauen Vorzeiten verhalten zu haben, in welchen eine jede Landschaft ihren eignen König besass, also bis zu Ingjald dem Ränkeschmied, herab[3]). Da scheint sich in friedlicher Folge Sohn an Vater gereiht zu haben. Nachdem aber durch heimliche Mordanschläge oder in offenem Kampfe die Kleinkönige beseitigt und die einzelnen Landschaften unter dem einen Königsgeschlechte der Uppsvear vereinigt waren, trat bei den widerstreitenden Interessen, welche die einzelnen Landschaften und die grossen Stämme der Svear und Götar[4]) gegen einander bewegten, eine

---

1) Für Todtschlag an einem „Inländer“ ist nach dem älteren W. G. an die Familie des Erschlagenen zu entrichten: 9 Mark Erbenbusse und 12 Mark Geschlechtsbusse; für Todtschlag an einem Schweden 13⅓ Mark Bussgeld, für Todtschlag an einem Norweger oder Dänen 9 Mark, für Todtschlag an einem Deutschen oder Engländer 4 Mark Bussgeld I. M. 5. Die Busse für Verwundung ist im älteren W. G. die gleiche, wenn der Verwundete ein Inländer und wenn er ein ausländischer Schwede, ein Norweger oder ein Däne ist. Dagegen beträgt sie nur den siebenten Theil, wenn er ein Deutscher oder Engländer ist. I Særml. 3/1. 5.

2) Retlosæb. 1 pr.

3) Heimskringla (1868) Ynglingasaga 40.

4) Vgl. Rydberg Svearnas och Göthernas Strid om Konungavalet Lund 1830. In neuester Zeit hat Fahlbeck die Berechtigung einer Scheidung zwischen Svear und Götar energisch bestritten. Er will in dem von Snorri berichteten Streite und in den folgenden Kämpfen nur das Bestreben der einzelnen Landschaften, sich bei der Königswahl neben den Uppsvear zur Geltung zu bringen, erblicken. Auf diese Frage kann hier nicht eingegangen werden.

Zeit des heftigen Kampfes um das Recht der Besetzung des Thrones ein. Zäh hielten die Oberschweden daran fest, dass ihrem Königsgeschlechte als demjenigen, von welchem die Einheit des Königsthums durchgesetzt war, die Königswürde und ihnen bei Aussterben des alten Königsgeschlechtes allein die Wahl eines neuen Königs gebühre. Nach wechselvollen Kämpfen, in welchen bald die beiden grossen Stämme der Götar und der Svear, bald gar die einzelnen Landschaften innerhalb dieser grossen Stämme den König wählten, hat sich seit der zweiten Hälfte des 12. Jahrhunderts das Princip der Wahlmonarchie durchgerungen. Nur ein Vorzugsrecht bei der Wahl haben die Oberschweden behauptet. Als ein Anklang an ältere Zeiten mag es erscheinen, wenn in Urkunden des 12. Jahrh. Könige ihr Königthum als Erbkönigthum [1]) bezeichnen, wenn man es nicht, wie die Formel „von Gottes Gnaden" [2]) auf Rechnung des kirchlichen Urkundenschreibers schieben will. Denn die ganze Zeit hindurch, welche für uns in Betracht kommt, ist das Königthum ein Wahlkönigthum geblieben. Der König wird gewählt [3]) auf dem Morathing, dem eigens zu seiner Wahl von den Uppsvear abgehaltenen Thing auf der Morawiese bei Upsala. Dort wird er durch den Gesetzessprecher der Uppsvear zum Könige geurtheilt. Damit ist er zum Könige der Uppsvear gewählt und geurtheilt. Damit hat er den Rechtsgrund auf das Königthum über die anderen Landschaften erworben. Das Königthum selbst über die letzteren erwirbt er erst durch Zuurtheilung seitens der Gesetzessprecher der einzelnen Landschaften. In ältester Zeit erfolgte die Zuurtheilung auf dem Landschaftsthinge jedweder Landschaft. Von Landschaft zu Landschaft ritt der neugewählte König die Erichsgasse in rechtsförmlicher Weise. Er schwor auf dem Landschaftsthinge den Treueid, „dass er nicht die rechten Gesetze am Lande brechen werde" [4]).

---

[1]) D. S. 102.

[2]) D. S. 63. 65. 66. 71. etc.

[3]) Ueber den Wahlvorgang siehe vornehmlich Schlyter: Om Konnugaval, Eriksgata, Kröning och Kungliga rättigheter, enligt Sveriges gamla lagar in Juridiska Afhandlingar Bd. I 1836.

[4]) W. G. I Retlb. 1 pr. Als besonderes Verdienst wird die treue

Dann urtheilte ihn der Gesetzessprecher zum Könige der Landschaft. In der späteren Zeit des ausgeprägteren Einheitsgedankens urtheilten die Gesetzessprecher sämmtlicher Landschaften den König auf der Morawiese zum Könige ihrer Landschaften [1].

Stellt der König das einigende Band sämmtlicher Landschaften dar, so ist der Gesetzessprecher die Spitze der Landschaft. Der Gesetzessprecher wird von den Bauern aus ihrer Mitte frei gewählt, er wird vom Könige nicht bestellt noch bestätigt. Er ist einer für die ganze Landschaft und sein Amt ist regelmässig ein lebenslängliches [2].

Von landrechtlichen Aemtern tritt sonst in ältester Zeit das Amt des Herads- oder Hundertschaftshäuptlings in den Vordergrund. Ueber seinen Ursprung herrscht nicht völlige Klarheit. Gewöhnlich nimmt man an, dass es aus dem alten Kleinkönigthume in gleicher Weise hervorgegangen ist, wie die Würde des norwegischen lendrmaðr aus dem Hersirthum, dass es demnach ursprünglich einen erblichen und patriarchalischen Charakter besessen hat [3]. Zur Zeit unserer Rechtsbücher ist von solchem nichts zu verspüren. Der Heradshäuptling ist, wie es scheint, gewählter Beamter und zwar von der Bauernschaft auf Lebenszeit gewählter Beamter. Ein königliches Bestätigungsrecht weisen erst die späteren Rechtsquellen auf.

Das Volk zerfällt in Volksfreie und in Unfreie. Die Volksfreien sind nicht ständisch gegliedert. Sie stehen sich im Wergelde und im Eherechte gleich. Zu den Volksfreien gehört

---

Beobachtung des Landrechts bei Ingi Steinkelsson und Philipp Hallstensson vom Katalog der Schwedenkönige hervorgehoben. Schlyter corpus juris I S. 299. 300.

[1]) Schlyter S. 9.

[2]) Ueber ihn vergl. C. J. Schlyter, Om Sveriges äldsta indelning i landskap och landskapslagernes upkomst. Upsala 1835. K. Maurer, Das Alter des Gesetzsprecheramtes in Norwegen (Festgabe für Arndt). München 1875 S. 8 ff. K. Lehmann zur Frage nach dem Ursprunge des Gesetzsprecheramtes in der Zeitschrift der Savignystiftung VI 2 S. 193 ff. Die spätere Zeit behandelt Hjalmar Linder, De svenske Lagmännens Ställning till Konung och Folk till och med år 1347. Upsala 1875.

[3]) So z. B. Konrad Maurer, Die Entstehung des isländischen Staats und seiner Verfassung S. 10 ff. Ödberg I S. 9 u. a.

persönlich der Freigelassene. Der Unfreie ist grundsätzlich Sache[1]).

Die Gesetzgebung und die Urtheilsfindung liegt bei den volksfreien Bauern. Die Bauern üben sie auf den Thingversammlungen aus. Die Thingversammlungen sind Versammlungen des Herads, bez. der Hundertschaft und Versammlungen der Landschaft. Im Ostgötalag treten auch Versammlungen des Viertels (des Herads) hervor.

Das Landschaftsthing ist in älterer Zeit kein örtlich ständiges Thing. „Das heisst stets Allergötenthing, wo der Gesetzessprecher ist", heisst es im älteren W. G.[2]). Zum Landschaftsthing kann also das Heradsthing werden, falls es dem Gesetzessprecher beliebt, seinen Sitz auf das Heradsthing zu verlegen[3]). Auf dem Landschaftsthinge sitzt der Gesetzessprecher, auf dem Heradsthing der Heradshäuptling vor. Jenes hegt und schliesst wenigstens im 13. Jahrhundert der Gesetzessprecher, dieses der Heradshäuptling.

Das Heradsthing ist nur Gerichtsthing, das Landschaftsthing ist Gerichts- und Gesetzgebungsthing. Das Landschaftsthing tritt jährlich mindestens einmal zusammen[4]). Vor dem versammelten Volke hat der Gesetzessprecher auf dem Landschaftsthing den Gesetzesvortrag abzuhalten. Das versammelte Volk beräth und beschliesst über Aenderung oder Vermehrung des Rechtes. Neben oder über dem Volke steht kein berathender oder beschliessender Ausschuss, weder ein solcher von Vornehmen, gleich den isländischen Goden, noch ein solcher von erwählten oder ernannten Volksgenossen, gleich der norwegischen lögrètta.

---

[1]) Vergl. von Amira Nordgerman. Obligationenrecht I S. 19.

[2]) Retlb. $^3/_2$.

[3]) Wenn von der Urkunde aus dem Jahre 1225 Herads- und Landschaftsthing auseinander gehalten werden, obwohl in beiden der Gesetzessprecher anwesend ist (D. S. Nr. 836), so liegt dies daran, weil der betreffende Gesetzessprecher zugleich Heradshäuptling war und als Heradshäuptling allein auf dem Heradsthing fungirte.

[4]) Dies ergiebt sich aus dem päpstlichen Schreiben vom 10. März 1206, in welchem es heisst: l e g i s l a t o r e s r e g n i eius a n n i s s i n g u l i s teneantur coram populo legem consuetudinis publicare. D. S. 131.

Das Heradsthing ist ständiges oder berufenes Thing, echtes oder gebotenes Thing. Das gebotene Thing tritt bei der Klage auf handhafter That zusammen. Es wird vom Heradshäuptling auf Ansuchen des Klagenden einberufen[1]). Das echte Thing tritt in bestimmten Zeiten zusammen, ursprünglich wohl zwei Male im Jahre[2]), später häufiger.

Auf dem Heradsthinge und Landschaftsthinge finden die Bauern in ihrer Gesammtheit das Urtheil. Heradshäuptling und Gesetzessprecher als solche sind ursprünglich nicht Urtheilsfinder. Heradshäuptling und Gesetzessprecher haben ursprünglich nur gerichtsherrliche Functionen. Sie leiten die Verhandlung und verkünden das Urtheil. Ebensowenig kennt das älteste Recht einen Ausschuss der Bauernschaft, welcher das Urtheil vorschlägt, gleich den fränkischen Rachinburgen. Sämmtliche Bauern finden das Urtheil und finden es sämmtlich[3]). Das Urtheil hat einstimmig zu ergehen.

Vom Heradsthinge ergeht in ältester Zeit kein Zug an das Landschaftsthing. Heradsthing und Landschaftsthing sind gleichgeordnete Gerichtsthinge. Nur soweit es sich um die Friedloslegung über die ganze Landschaft handelt, ist das Landschaftsthing allein anzugehen. Das Heradsthing vermag nur für das Herad friedlos zu legen[4]). Aber das Urtheil, auf Grund dessen die Friedloslegung erfolgt, vermag auch auf dem Heradsthinge zu ergehen. Der formelle Act der Friedloslegung über

---

1) Vgl. W. G. I Af mandrapi 8. 11. 14 pr. þiuvb. 3 pr.

2) Vgl. W. G. II Fornb. 43.

3) Dies scheint mir mit Unrecht Uppström Öfversigt af den svenska Processens Historia 1884 S. 6 ff. zu bestreiten. Es geht nicht nur aus W. G. I Mandr. 1/2: „da soll man ihm Tagfahrt nach daheim urtheilen solche, über welche alle Männer auf dem Thinge einig werden" hervor, sondern auch aus mehreren Urkunden des D. S. 240: In illo placito ego sigtrigus a c c l a m a n t i b u s e t a s s e n t i e n t i b u s u n i v e r s i s a d i u d i c a v i (Heradsthing). 836: In provinciali placito conveniencium stabilivimus . . et huic stabilitati o m n e s p r o v i n c i a l e s a s t a n t e s a s s e n s u m a d h i b u e r u n t e t f a v o r e m. 840: Domini G. antecessoris nostri iudicio et a s s e n s u w e s t g o t o r u m a d h i b i t o. 1206. Vgl. auch Gotll. I 2/2. 18/5.

4) O. G. Drapab. 3/4.

die ganze Landschaft bedarf nur des Beschlusses des Landschaftsthinges. Das Landschaftsthing ist somit in diesen Fällen weder ausschliessliches noch höheres Gerichtsthing. Erst dem Ende des dreizehnten Jahrhunderts gehört die Herstellung eines Instanzenzuges vom Heradsthing zum Landschaftsthinge an.

Die Gesetzgebung und die Urtheilsfindung liegen im vollsten Umfange bei den Bauern. Innerhalb der Landschaft ist nichts, was der Gesetzgebung und der Urtheilsfindung der Bauern entzogen wäre. Insbesondere wird eine Exemtion der Geistlichen vom Landrechte trotz dahin zielender Bestrebungen von Kirche und König [1]) nicht anerkannt.

Die Gesetzgebung liegt ausschliesslich bei den Bauern. Nichts ist Gesetz, was nicht die Bauern gesetzt haben. „Am Todestage mag man nicht vom Erbe weg geben nach Gesetzeswort, sofern nicht der Erbe selber Ja dazu sagt. So sagen geistliche Männer, dass man nicht Nein dazu sagen mag nach Gottes Recht“, heisst es im älteren W. G. [2]). Das kirchliche Verbot von Beschränkungen der Seelgaben [3]) ist nicht Verbot des „Gesetzeswortes“, es ist Meinung der geistlichen Männer, die Jeder beachten mag oder nicht [4]).

§ 2.

Der altschwedische Rechtsgang.

Dem Charakter der altschwedischen Staatsverfassung entspricht der Charakter des altschwedischen Rechtsganges. Drei Grundzüge sind ihm eigen: die Strenge des Formalismus, das Herrschen der Verhandlungsmaxime, das Fehlen der Vollstreckung in das Vermögen des Beklagten [5]).

---

[1]) D. S. 62. 115. 127. 129. 131. 238.

[2]) Ærfþb. 10.

[3]) D. S. 131.

[4]) v. Amira, Nordgerm. Obligationenrecht I S. 19.

[5]) Vgl. hierzu v. Amira, in den Göttinger gelehrten Anzeigen 1885 Nr. 4. Ueber die alliterirenden Wendungen in den altschwedischen Rechten vgl. Erik Henrik Lind, Om Rim och Verslemningar i de svenska Landskapslagarne, Upsala 1881.

Die Strenge des Formalismus lässt der Willkür der Parteien oder der Urtheiler in der Gestaltung des Rechtsganges keinen Raum.

In förmlicher Weise hat die Ladung zu ergehen. Sie darf nur vom Klagberechtigten, nicht seinem gewählten Vertreter[1]) ergehen. Sie darf nur an dem gesetzlich bestimmten Orte, ursprünglich dem Gehöfte des Beklagten, später dem Thinge ergehen.

Sie muss am bestimmten Tage zwischen Sonnenaufgang und Sonnenuntergang ergehen[2]). Sie muss in förmlichen Worten „zum Thinge" ergehen. Sie muss vor zwei gezogenen Zeugen ergehen. Sie darf nur an einen Beklagten am selben Tage ergehen[3]).

Auf dem Thinge muss der Kläger „gesetzlich vortragen nach dem wie Recht ist"[4]). Der Vortrag bindet ihn, sofern er ihn nicht unmittelbar widerruft. „Geht er vom Thinge und kommt er zurück den Tag oder einen anderen und ändert den Vortrag, da ist das Zwievortrag, büsse dafür"[5]).

In förmlicher Weise erwidert der Beklagte, welcher sich einlässt. Er bietet für sich Recht „Holz und Bürgen". Er verneint den Klagevorwurf Wort für Wort[6]) unter Angelobung der eidlichen Reinigung, indem er einen Stab dem Kläger reicht. Den Stab nimmt der Kläger und nimmt damit den Eid. Der Beklagte stellt Eidesbürgen dem Kläger zur Auswahl, für je einen

---

[1]) Vgl. v. Amira, Nordgerm. Obligationenrecht I S. 359.

[2]) „Jetzt giebt ein Bauer einem Bauern Klage: er soll am Montag in dessen Gehöft gehen und zwei Männer mit sich nehmen und ihn zum Thinge laden. lade nachdem die Sonne aufgegangen ist und bevor sie niedergeht. da ist seine Thingladung giltig. Wenn er nicht so gethan hat. da ist seine Thingladung ungiltig." O. G. Ræfstab. 21 pr.

[3]) „Man mag nicht Mehrere den Tag laden, als einen." O. G. Rb. 21/1. Eine Ausnahme gilt für den königlichen und bischöflichen Kläger. Eod.

[4]) „Jetzt kommen die Beiden zum Thinge. der, welcher lud und der, welcher geladen war. da sollen die Urtheilsmänner hören. aber der soll gesetzlich vortragen zu ihm nach dem wie Recht ist." O. G. Ræfstab. 22.

[5]) W. M. I þgb. 9.

[6]) Beispiele im älteren W. G.: Særæmal 1/2. „dass er sein wahrer Wundschläger ist" — „dass er nicht sein wahrer Wundschläger ist". Retlb. 9 pr.

Zwölfereid einen Bürgen[1]). Vor den Bürgen wird Form und Wortlaut des Eides vom Beklagten dem Kläger gelobt[2]).

Der Eid ist streng in der angelobten Weise abzuleisten. Er ist mit den Worten abzuleisten, welche vereinbart waren[3]). Er ist am Tage abzuleisten, zwischen Sonnenaufgang und Sonnenuntergang[4]). Er ist an der gesetzlichen Stelle abzuleisten. Ursprünglich war dies die Wohnung des Beklagten, und, sofern es sich um einen Grundstücksstreit handelte, das Grundstück, welches Streitgegenstand war. „Nun wehrt jetzt Jemand ein Grundstück . da soll er da mit den Eiden stehen, wo das Grundstück ist . das der vor ihm abstreitet . streitet der ein Gebäude ab und alles, das zum Gebäude gehört . da soll er im Gebäude stehen und wehren alles das was dazu gehört. Streitet der um Aecker oder Wiesen oder Wald . da soll er stehen da wo das liegt . welches der abstritt, und wehren . thut er nicht so . da thut er ungesetzlich“[5]). Später ist Ort für die Eidesableistung das Thing[6]). Der Eid ist vom Beklagten selbst abzuleisten, nicht von seinem gewählten Vertreter[7]). Er ist in Gegenwart des Klägers abzuleisten[8]). Der Kläger hat dem Beklagten den Eid zu staben und zu sehen, d. h. unter Halten eines Stabes vorzusprechen und ihn anzuhören[9]). Der Eid darf in schwereren Fällen nicht erlassen werden[10]).

Die Verhandlungsmaxime legt den Gang des Verfahrens in die Hände der Parteien. Wie die Ladung formeller Parteiact war, so war sie ursprünglich gewillkürter Parteiact. Ein Ein-

---

1) O. G. Ræfstab. 6; W. M. I þgb. 13; Upll. þgb. 12.

2) O. G. Ræfstab. 6.

3) O. G. Ræfstab. 12: „Es mag der Eid nicht auf andre Weise gehen, als er gelobt war.“

4) O. G. Ræfstab. 12 pr.: „und nicht Nachts soll der Eid gehen, nachdem die Sonne hinter dem Walde ist.“

5) O. G. Egnsl. 15/2.; vgl. auch Egnsl. 4/2. 5. Dem entspricht die Eidesleistung des wegfahrenden Mannes im Bjärköar. 7/1: „Der Schiffer wehre sich mit seinem Eide im Hafen . der reitende Mann nächst seinem Pferde.“

6) So in den Svearechten Upll. þgb. 5/6.

7) O. G. Ræfstab. 13.

8) O. G. Ræfstab. 8.

9) O. G. Ræfstab. 8.

10) O. G. Ræfstab. 17.

greifen der öffentlichen Gewalt von Amts wegen trat grundsätzlich auch da nicht ein, wo dieselbe am Strafgelde betheiligt war. Nur der Verletzte ist „Sacheigenthümer", malsæghandi. Unterliess er die Ladung, so fiel damit ursprünglich der Antheil der öffentlichen Gewalt am Strafgelde fort" [1]). Erst in späterer Zeit trat die öffentliche Gewalt subsidiär mit der Klage ein.

Der Klagevortrag richtet sich auf dem Thinge an den Beklagten, nicht an die Urtheiler, und der Beklagte gelobt Busse oder Vertheidigung dem Kläger, nicht den Urtheilern. Die Urtheiler hören die Wechselreden und schauen die Wechselhandlungen der Parteien. Sie legen darauf nach den Götarechten den Parteien die Tagfahrt zur Beweisverhandlung heim. Sie legen die Tagfahrt durch „Urtheil", in welchem sie die Beweisrolle, das Beweisthema und die Beweisart auf Grund der von den Parteien betriebenen Verhandlungen festsetzen [2]). Aber es scheint, dass nach den Götarechten in älterer Zeit die Bestimmung der Tagfahrt zur Beweisverhandlung auch durch Parteivertrag erfolgte [3]). In den Svearechten urtheilt der Einzelurtheiler die Tagfahrt zur Beweisverhandlung zum nächsten Thinge.

Das Urtheil ist **kein** zweizüngiges Urtheil, enthält nicht die Alternative: aut juret aut componat — sondern es bestimmt lediglich die näheren Umstände des juret. Noch mehr, wie in den südgermanischen Rechten enthält sich das Beweisurtheil einer selbständigen inneren Schlussfolgerung. Was es an Selbständigem gegenüber dem Parteibetriebe bringt, ist die Festsetzung der Tagfahrt. Im Uebrigen constatirt es lediglich den Stand der Verhandlung, wie er sich auf Grund der förmlichen Eidesangelobung seitens des Beklagten darstellt.

Auf Grund des Beweisurtheils ergeht die Beweisverhandlung. Sie findet nach den Götarechten daheim beim Beklagten

---

1) O. G. Krb. 27 pr.; W. G. I Mandr. 1 pr.

2) „So kam Urtheil an deine Sache, dass **du** solltest **hier** stehen am **heutigen Tage** und **beweisen** gegen ihn **Todtschlag mit 24.**" W. G. I Mandr. 1/2.

3) Siehe O. G. Ræfstab. 7.

statt[1]). Sie findet lediglich zwischen den Parteien statt. Weder die Gerichtsversammlung noch der Heradshäuptling noch ein Ausschuss der Gerichtsversammlung wohnen ihr bei. Nur um den auf dem Thinge stattgehabten Gang des Verfahrens zu erweisen, erscheint der Kläger mit Thingzeugen, welche den Erlass des Beweisurtheils bezeugen[2]). Aber diese Thingzeugen sind nicht beauftragt, die Beweisverhandlung anzuhören oder gar zu überwachen. Sie sind lediglich zu dem Zwecke der Bekundung des Beweisurtheils vom Kläger hinzugezogen, sie sind Beweismittel des Klägers. Die beweispflichtige Partei leistet in Gegenwart des Gegners unter förmlicher Stabung seitens desselben den Eid ab[3]). Ueber die Ableistung oder Nichtableistung des Eides werden aus den Umstehenden von der Partei, welche Rechte daraus ableitet, Zeugen aufgerufen[4]). Mit diesen Zeugen erscheint die Partei nunmehr wieder auf dem Thinge. Und auf Grund des abgegebenen Zeugnisses ergeht das Endurtheil auf „Schuldlos" oder „gesetzlich Ueberführt".

In den Svearechten findet die Beweisverhandlung nicht mehr daheim, sondern auf dem Thinge statt. Die Stellung der Gerichtsversammlung zur Beweisverhandlung ist dadurch aber prinzipiell nicht geändert. Die Parteien betreiben auch hier die Beweisverhandlung allein. Der Partei, welche den Eid angelobt hat, sagt der Gegner auf dem nächsten Thinge den Eid an, nimmt ihr auf dem dritten Thinge den Eid ab[5]). Die

---

1) W. G. I Mdrp. 1/2. 3; Saræ-mal. 1; Bardagh. I; Ib. 18/2. 14. 19; O. G. Ræfstab. 8. In dieser Beweisverhandlung daheim, sowie in der siunætting des älteren W. G., sind Reste des alten Privatgerichts erhalten, welches das norwegische Recht im skiladómr kannte. Es wäre erwünscht, wenn dieser Gegenstand einmal in das rechte Licht gerückt würde. Was Sechers Arbeit für Dänemark nicht erreicht hat, liesse sich mit zweifellos geringerer Mühe für Schweden erreichen.

2) W. G. I Mdrp. 1/2.

3) W. G. I Mdrp. 1/2; O. G. Ræfstab. 8. Ueber das heidnische Formular des Eides im älteren W. G. siehe L. F. Leffler, Hedniska edsformulär i äldre Vestgötalagen in der Antiquarisk Tidskrift för Sverige V 2 S. 149 ff.

4) W. G. I Mdrp. 1/3.

5) Upll. þb. 5/1.

Gerichtsversammlung kommt nur soweit in Betracht, als sie über stattgehabte Vorgänge Zeugniss ablegt. Eine Einmischung in die Beweisverhandlung durch den Urtheiler findet auch hier nicht statt.

Das Endurtheil, welches ursprünglich die Gerichtsgemeinde, später der Einzelurtheiler fällt, setzt sich demgemäss aus zwei Bestandtheilen zusammen: aus der Constatirung der durch die Parteien geschaffenen Lage des Rechtsganges auf der einen — aus der Subsummirung dieser Lage unter das materielle Recht auf der anderen Seite. Jenes ist der Vordersatz, dieses die Schlussfolgerung. Lautet der Vordersatz dahin, dass der Beklagte in der vom Landrechte begehrten Form seine Vertheidigung durchgeführt hat, so wird er „schuldlos“, wird in den Frieden geurtheilt. Lautet der Vordersatz dahin, dass er „in der Vertheidigung gefallen“ ist, so ist er „gesetzlich gefällt“ und wird zur Busse oder wird friedlos geurtheilt.

Ein Besonderes ist über die Beweismittel zu bemerken. Entsprechend dem rein contradictorischen Charakter des volksrechtlichen Verfahrens sind die Beweismittel einseitige. Es sind Zeugen, Parteieid, Eideshelfer und Gottesurtheil. Die Zeugen sind grundsätzlich berufene Zeugen, ausnahmsweise Erfahrungszeugen. Sie sind höheres Beweismittel gegenüber den Eideshelfern. Die Eideshelfer sind das ordentliche Beweismittel des Landrechts, sie sind es so sehr, dass der Beklagte sich „mit Landrecht“ vertheidigt, wenn er sich mit der Eideshilfe vertheidigt. Die Eideshelfer schwören, mit gesammtem Munde, nicht Jeder für sich [1]). Sie beschwören den Eid der Partei als „wahren und gesetzlichen“ [2]). Bereits die ältesten schwedischen Rechte kennen eine Häufung von Zeugenbeweis und Eideshelferbeweis in der Weise, dass zu je zwölf Eideshelfern ein gezogener Zeuge oder ein Erfahrungszeuge tritt. Sie wenden diese Häufung mit Vorliebe da an, wo das Beweisthema ein nicht bloss negatives „Leugnen“, sondern ein positives „Beweisen“ verlangt.

Dem volksgerichtlichen Verfahren ist die vermögensrecht-

---

[1]) W. G. I Af mandrapi $^{1}/_{2}$ u. sonst.

[2]) „At þe tue suoru sant ok lagh.“ O. G. Eghna sal $^{9}/_{1}$ u. sonst.

liche Vollstreckung unbekannt[1]). In ältester Zeit gewährte es in der Pfandnahme dem Kläger ein schneidiges Mittel, um den Beklagten, — ohne seine Person zu belangen — zur Befriedigung zu zwingen. Die Pfandnahme war aussergerichtliche Beschlagnahme von Sachen des Beklagten seitens des Klägers. Sie war nur Sicherungsmittel der Befriedigung, nicht Vollstreckung selbst. Diese Pfandnahme ward im 13. Jahrh. abgeschafft. Seitdem kennt das volksgerichtliche Verfahren nur noch die Friedloslegung als Mittel, um die Befriedigung des Gläubigers herbeizuführen. Die Friedloslegung erfolgt durch das auf Friedlosigkeit lautende, vom Vorsitzenden verkündete Urtheil der Thingversammlung. Die Friedloslegung tritt nicht bei Weigerung der Erfüllung jedweden Urtheils ein. Sie setzt voraus, dass es sich um eine öffentlichrechtliche Bussschuld, nach ostgöthischem Rechte im Mindestbetrage von ursprünglich 12, später 40 Mark, handelt. Bei geringeren Bussschulden bedarf es nach ostgöthischem Rechte einer neuen Einklagung des bereits durch Urtheil festgestellten Bussanspruches, welcher schrittweise bei fortgesetztem Ungehorsam des Beklagten vermöge Landrechts bis auf 12, bezw. 40 Mark gesteigert wird. Erst wenn diese Summe erreicht ist, tritt die Möglichkeit der Friedloslegung ein. Die Friedlosigkeit kennt räumliche Abstufungen. Sie ist eine Friedlosigkeit über das Herad oder eine Friedlosigkeit „über die Landschaft und den Gesetzsprecherbezirk“ [2]). Darüber hinaus mochte das ältere Recht eine Friedlosigkeit nicht kennen. Erst die centralisirende Königsgesetzgebung des 13. Jahrhunderts schuf eine Friedlosigkeit „über das ganze Reich hin“, von welcher später gehandelt werden soll. Die Friedlosigkeit zog den Verlust des ganzen

---

[1]) Vgl. v. Amira, Nordgerm. Obligationenrecht I S. 108 ff.

[2]) Vgl. v. Amira S. 143. Muthmaasslich war die Friedlosigkeit über die Hundertschaft „um alt þingunötit“ die ältere, aus welcher die Friedlosigkeit über die Landschaft hin herauswuchs, so wie die Friedlosigkeit über das Reich aus der Friedlosigkeit über die Landschaft herauswuchs. Derselbe Entwicklungsgang scheint auch auf anderen germanischen Rechtsgebieten, z. B. in Dänemark, stattgefunden zu haben. Dagegen hat die isländische Bezirksächtung, hèradssekt, nichts mit dieser Friedlosigkeit über die Hundertschaft zu thun. Vgl. Anhang.

Vermögens, sowohl des liegenden als des losen Gutes nach sich[1]). Die Friedlosigkeit erreichte ihr Ende, wenn überhaupt, mit der Gabe des Friedens seitens des Königs, in ältester Zeit seitens der Thinggemeinde. Auf diese Gabe hatte der Friedlose, sofern er überhaupt in den Frieden zurückgelangen konnte, einen gesetzlich festgestellten Anspruch. Weder der Willkür des Verletzten, noch der des Königs oder Gesetzessprechers oder Hundertschaftshäuptlings war für die Gewährung des Friedens Spielraum gelassen. Der Friedlose kaufte sich in den Frieden ein, er erhielt ihn nicht durch Geschenk oder Gunst.

Zum Schlusse sei auf das Ungehorsamsverfahren ein Blick geworfen, wie es das Ostgötalag in anschaulicher Weise darstellt[2]). Freilich gehört dieses Rechtsbuch bereits der Zeit nach der Königseidgesetzgebung an, aber wir sind berechtigt anzunehmen, dass gerade in ihm das Ungehorsamsverfahren des alten Rechtes treu aufbewahrt ist — wie es ja überhaupt mit dem einen Auge rückwärts in die Vergangenheit, mit dem anderen Auge vorwärts in die Zukunft schaut. Es scheidet aber das ostgöthische Rechtsbuch beim Ungehorsamsverfahren drei Arten von Sachen: Todtschlagssachen, welche auf Friedlosigkeit gehen, Vierzigmarksachen und geringere Bussschulden.

Bei Todtschlagssachen bedarf es der rechtsförmlichen Ladung zum Heradsthinge und des Klagevortrages mit Zeugenvorführung auf dem Heradsthinge. Von hier aus wird eine „Fünft" zum Beklagten anberaumt, welche der Kläger „abzusitzen" hat. Lässt sich der Beklagte auch hier nicht ein, so ergeht auf dem nächsten Heradsthinge das Urtheil auf Friedlosigkeit über den Thingbezirk hin. Will der Kläger Friedlosigkeit über die Landschaft erzielen — so muss er zum Landschaftsthinge, dem Liongathing, fahren und den Beklagten dort friedlos legen lassen[3]).

Bei Vierzigmarksachen bedarf es dreimaliger Ladung zum Heradsthinge, dreimaligen Klagevortrags auf dem Heradsthinge, dreimaliger Absitzung von Fünften beim Beklagten. Erst hier-

---

[1]) v. Amira S. 142. Die Runeninschrift auf dem Forsaringe giebt hier die Entscheidung.

[2]) Ræfstab. 26/1. [3]) Drapab. 3/4.

nach ist zum Liongathinge Ladung zu erlassen, dort Klage zu erheben, von da aus eine Fünft anzuberaumen, diese abzusitzen. Erst jetzt kann auf dem Liongathinge der Beklagte friedlos geurtheilt werden. Zur Friedloslegung sind also vier Ladungen, vier Klagevorträge, vier Fünftenabsitzungen nothwendig[1]).

Bei geringeren Bussschulden ist das Verfahren, welches für Vierzigmarksachen geschildert ist, zweimal zu beobachten. Die einmalige Vornahme hat erst den Erfolg, dass der Beklagte die Zwölfmarkbusse wegen Nichtgehorsam gegen das Liongathing verwirkt. Diese Zwölfmarkbusse ist nun wiederum mit vier Ladungen, vier Klagevorträgen, vier Fünften neben der alten Bussschuld einzuklagen. Erst dann kann der Beklagte friedlos geurtheilt werden. Acht Thinge und acht Fünften sind demnach hier anzugehen, bis Friedlosigkeit erzielt werden kann.

Auffällig ist im dritten Falle, dass die einmalige Beobachtung des Verfahrens nicht zur Steigerung von 40, sondern nur zur Steigerung von 12 Mark führt. Daraus scheint gefolgert werden zu können, dass an Stelle des Unterschiedes von Vierzigmarksachen und geringeren Bussschulden ursprünglich der von Zwölfmarksachen und geringeren Bussschulden bestand. Thatsächlich haben die Vierzigmarksachen erst seit der Königseidgesetzgebung Verbreitung gefunden.

§ 3.

Der älteste schwedische König.

Karg bemessen sind die Rechte des Königs in dieser Rechtsgenossenschaft. Es sind nur subjective Rechte. Ein objectives Recht des Königs neben dem Landrechte ist schlechterdings nicht anerkannt. Der König hat weder ein Gesetzgebungs- noch ein Verordnungsrecht. Er kann weder einseitig neues Recht schaffen noch das geltende Recht durch andere Mittel zur Ausführung bringen, als die ihm vom Landrechte gewährleisteten. Ebensowenig ist er bei der Schaffung des Rechts auch nur betheiligt. Er hat kein Genehmigungs- oder

---

[1]) Ræfstab. $^{26}/_{1}$.

Vorschlagsrecht. Die Worte, welche Snorri dem Schwedenkönige Olafr auf dem Thinge zu Upsala in den Mund legt, „so hätten es alle Schwedenkönige gehalten, die Bauern alles das, was sie wollten, unter einander beschliessen zu lassen“ [1]), treffen in vollstem Maasse für die Rechtsschaffung zu.

Die Rechte des Königs zählen spätere Rechtsquellen dahin auf [2]): „er hat den Upsalaschatz und den verheimlichten Todtschlag und das ledige Erbe: er mag seinen Dienstmannen Lehn geben, Brief schreiben und Lebensmittelbeschaffung aufbieten, in welches Land er auch kommen will“. Die älteren Rechtsquellen weisen jene Aufzählung nicht auf. In der That ist sie auf der einen Seite nicht erschöpfend, auf der anderen für die älteren Rechtsquellen nicht zutreffend. Sie betrifft mit Ausnahme der Belehnung nur die Einnahmequellen des Königs und hier auch nur diejenigen, welche dem Könige allein und ungetheilt zufliessen. Vermöge dieser ihrer Sonderstellung verdienen die aufgezählten Rechte eine kurze Sonderbetrachtung.

Unter Upsalaschatz wird das Krongut verstanden, welches den Königen der Uppsvear von der heidnischen Zeit her in ihrer Eigenschaft als Oberpriester und Oberkönige zukam, und welches sich im Laufe der Zeit, vornehmlich durch Einziehung der Güter der Kleinkönige, vermehrte. Nach dem Zeugnisse der Rechtsquellen vom Schlusse des 13. Jahrhunderts ist der König in der Verfügung über das Krongut beschränkt. Er darf es nicht verschenken oder verleihen, vertauschen oder verkaufen unter der Krone weg. Er hat Leibzucht vom Krongute (agher liva viđ upsala öđa), darf es nicht wissentlich vermindern vor dem Könige, welcher nachfolgt. Für die ältere Zeit scheint ein solches Veräusserungsverbot nicht gegolten zu haben. In einer Urkunde aus der zweiten Hälfte des 12. Jahrhunderts [3])

---

1) Olafs s. h. helga 81; vgl. vita Anskarii Kap. 28; Adam von Bremen IV 21/22.

2) Vgl. für das Folgende den Aufsatz Schlyters, Om Konungaval etc. und Carl Gustav Styffe, Framställning af de så kallede Grundregalernas uppkomst och tillämpning i Sverige in Kongl. Vitterh. Historie och Antiquitets Akademiens Handlingar IV S. 231 ff.

3) D. S. 67.

verkauft König Knut eine villa an das Kloster Juleta, von welcher er erklärt, es sei zweifellos, dass sie zu seinem Eigenthume „ex regio jure“ gehöre, eine zweite villa verschenkt er, welche ihm „ex paterna successione“ zugefallen sei. Wird man unter dem zweiten Besitzthume ein privates Stammgut verstehen müssen, so hat man unter dem ersten Krongut zu verstehen. In einer anderen Urkunde aus der gleichen Zeit[1]) verschenkt und verkauft der König Grundbesitz, „welchen die vorangehenden Könige im Besitze behauptet hätten“. Auch hierunter scheint kaum etwas Anderes als Krongut begriffen werden zu können. Noch das ostgöthische Recht scheint die Veräusserung von Krongut an keine schwereren Voraussetzungen zu knüpfen, als die Veräusserung von Grundbesitz schlechthin[2]).

„Verheimlichter Todtschlag“ ist derjenige Todtschlag, dessen Urheber nicht binnen Jahr und Tag ermittelt wird. Die Ermittelungspflicht liegt dem Herad der begangenen That ob. Das Herad, welches den Todtschläger nicht ermittelt, macht sich des Strafgeldes für den Todtschlag schuldig. Es hat das Strafgeld zu einem Drittel an die Erben des Erschlagenen, zu zwei Dritteln an den König zu zahlen. Der König empfängt zwei Drittel, weil zu dem Drittel, welches ihm nach Landrecht in allen Fällen zusteht, das Drittel, welches dem Herad zustände, tritt[3]). Es kann gefragt werden, ob dieses Recht in diesem Umfange von jeher gegolten hat. Das ältere W. G.[4]) kennt zwar die Ermittlungs- und Bussverpflichtung des Herads bereits, aber es weiss von einer Anwachsung des Antheils des Herads an den des Königs nichts. Der König scheint gegenüber dem Herad denselben Antheil am Strafgelde zu haben, wie gegenüber dem wirklichen Thäter. Während ferner nach späterem Rechte auch der Antheil des Erben dem Könige accrescirt, wenn der Erbe die Todtschlagsklage gegen das Herad nicht rechtzeitig geltend macht[5]), kann, wie es scheint, der

[1]) D. S. 68.
[2]) A. A. Schlyter, Om Konungaval S. 34.
[3]) þy egh hæræþe at egh takær þæn sum böte. O. G. Drapab. 11 pr.
[4]) Af mandr. 14.
[5]) O. G. Drapab. 11 pr.

König im älteren W. G. seinen Antheil nur geltend machen, nachdem der Erbe die Klage erhoben hat, während er bei Verschweigung des Erben seines Antheils verlustig geht. Nach älterem W. G. fällt somit der „verheimlichte Todtschlag" aus der Zahl der besonderen Einnahmequellen des Königs möglicherweise fort.

„Lediges Erbe" ist der Nachlass eines Ausländers oder Inländers, zu welchem sich kein Erbe meldet. Name und Einrichtung sind bereits dem älteren W. G. bekannt. Verschieden ist die Behandlung nach der Nationalität des Verstorbenen bezw. Erben. Ist der Verstorbene bezw. Erbe ein Ausländer, später ein Nichtreichsangehöriger, so fällt der Nachlass, falls sich der Erbe nicht sofort oder nach Ablauf einer kurzen Frist gemeldet hat, endgiltig an den König; — sind beide Inländer, so bleibt, falls der Erbe bekannt ist, der Nachlass liegen, bis der Erbe kommt [1]). Mit Bezug auf den Ausländer, Nichtrechtsgenossen, ist scheinbar das Recht des Königs auf das ledige Erbe entstanden.

Die „Lehnsverleihung an die Dienstmannen" hat in der älteren Zeit einen überwiegend privaten Charakter. Mit der Aemterverfassung der Landrechte hatte sie ursprünglich nichts zu thun. Die landrechtlichen Aemter wurden vom Volke besetzt. Und andere Aemter, als landrechtliche Aemter erkannte das Landrecht in ältester Zeit nicht an. Die königlichen Beamten waren dem Landrechte Beauftragte des Königs, nicht Beamte. Sie hatten die Verwaltung der königlichen Güter, die Einklagung und Einziehung der an den König fallenden Theile der Strafgelder, die Eintreibung der an den König zu entrichtenden Leistungen. Autoritative Befugnisse besassen sie in Friedenszeiten nicht. Aber im Beginne des 13. Jahrhunderts haben sie sich bereits solche errungen. Sie üben sicherheitspolizeiliche Functionen aus, halten den gefangenen Friedensbrecher in Gewahrsam und beaufsichtigen die gehörige Erfüllung der dem Einzelnen obliegenden öffentlichrechtlichen Hand- und Spanndienste (Brücken-, Wege-, Zaunbau). Dagegen

---

[1]) W. G. I Aerfþærb. 14; O. G. Aerfþab. 22/23 pr.

kommt ihnen ein Recht der Mitwirkung bei der Leitung der Thingversammlungen so wenig wie ein Urtheilerrecht zu. Erst in der Zeit der Folkungerkönige verdrängen die königlichen Lehnsmänner die Heradshäuptlinge.

Das „Aufgebot von Lebensmittelbeschaffung" ist nur ein Fall des Rechtes des Königs, die ihm durch das Landrecht eingeräumten Zölle, Abgaben und Naturalleistungen eintreiben zu können [1]. Streng ist hier der König an die Vorschriften des Landrechts gebunden. Er darf nur die gesetzlichen Leistungen eintreiben, er darf keine neue Last auf sein Land legen. Er hat dies im Königseide zu beschwören.

Alle diese Rechte haben mit dem Königsfrieden nichts zu thun. Sie enthalten weder einen subjectiven noch einen objectiven Königsfrieden. Sie dienen mit Ausnahme des „verheimlichten Todtschlags" nicht einmal unmittelbar der Aufrechterhaltung des allgemeinen Friedens. Sie haben einen fiscalischen Zweck und Inhalt.

Anders verhält es sich mit einer zweiten Gruppe von Rechten. Der König hat grundsätzlich ein Recht auf einen Theil der Strafgelder und der durch Verbrechen verwirkten Habe. Das ältere Recht scheidet zwischen unsühnbaren und sühnbaren Vergehen. Die unsühnbaren Vergehen machen den Thäter für ewige Zeit friedlos. Sie ziehen Verlust seiner ganzen Habe nach sich. Das verwirkte Gut wird nach bestimmten Grundsätzen vertheilt. Man soll „die Schulden bezahlen, keinem aber mehr als bis zu drei Mark" bestimmt das ältere W. G. [2]. „Dann soll die Frau ihr Drittel nehmen und drei Mark als Morgengabe. Dann gehört dem Erben die Hälfte von dem, was übrig ist. Hiernach soll man den übrigbleibenden Theil in drei zerlegen. Einen Theil nimmt der Kläger, einen anderen der König, den dritten das Herad." Nach Abzug der Schulden und des Frauengutes erhält der König also ein Sechstel der verwirkten Habe.

---

[1] Ueber sie vergl. Bergfalk, Om svenska jordens beskattning til och med början af 17 århundert. Upsala 1832. Ramstedt, Om krigs-och Skatteväsendet i Svealandens Lagar. Upsala 1875.

[2] Bardagh-B. 7.

Bei sühnbaren Vergehen, d. h. solchen, welche den Thäter entweder nur bei Nichtzahlung oder auch Nichtannahme des gesetzlichen Strafgeldes friedlos werden lassen, oder welche ihn von vornherein nur zur Zahlung eines Strafgeldes verpflichten — hat der König Recht auf den dritten Theil des Strafgeldes. Das schwedische Recht zerlegt das Strafgeld in drei Theile, von welchen ein Theil an den Verletzten, ein zweiter an das Herad, ein dritter an den König fällt. Das schwedische Recht scheidet also nicht Busse und Friedensgeld, wie die deutschen Volksrechte. Es kennt nur ein Strafgeld, an welchem es neben dem Verletzten das Herad und den König theilnehmen lässt. Die Antheile des Herad und des Königs lassen sich nicht ohne Weiteres als Friedensgeld bezeichnen. Versteht man unter Friedensgeld dasjenige Geld, durch welches sich der Thäter in den verlorenen Frieden der Rechtsgemeinschaft einkauft, bezw. sich von dem drohenden Verluste des Friedens der Rechtsgemeinschaft loskauft, so werden dieser Begriffsbestimmung die Antheile von König und Herad am Strafgelde nicht gerecht. Die Antheile von König und Herad greifen nicht bloss da Platz, wo der Thäter den mit der That verlornen Frieden durch Zahlung des Strafgeldes wiedergewinnen will, ihre Nichtzahlung hat nicht ohne Weiteres die Folge, dass der Thäter friedlos bleibt oder wird, ihre Zahlung nicht ohne Weiteres die Folge, dass der Thäter im Frieden bleibt oder in den Frieden gelangt. Die Antheile von Herad und König folgen ihrer rechtlichen Natur durchaus dem Antheile des Verletzten am Strafgelde. Nur soweit der Antheil des Verletzten die Natur eines Friedensgeldes besitzt, soweit besitzen sie auch die Antheile von Herad und König. Die Antheile von Herad und König hängen bezüglich ihrer Geltendmachung ferner davon ab, dass der Verletzte seinen Antheil geltend macht. Verzichtet der Verletzte auf Geltendmachung, so fallen sie zusammen. Die Antheile von Herad und König haben endlich — soweit sie Friedensgeld sind — nur dann die Wirkung des Friedensgeldes, wenn der Verletzte für seinen Antheil Befriedigung erhalten hat. Ist der Verletzte nicht befriedigt worden, so gewährt dem Thäter die Zahlung des Antheils an Herad und

König trotzdem keinen Anspruch auf den Frieden. Aus alledem ergiebt sich, dass der König als Empfänger dieses Antheils nicht einmal Träger eines Königsfriedens in dem oben[1]) gerügten missbräuchlichen Sinne ist. Wohl aber dient dieses Recht des Königs zweifellos der Aufrechterhaltung des gemeinen Friedens.

Ein weiteres Recht des Königs scheint dem Begriffe des Königsfriedens näher zu stehen. Der König giebt dem Friedlosen den Frieden. Der formale Akt des Wiedereintritts in den Frieden erfolgt durch Empfang des Friedens vom Könige. Damit ist nicht gesagt, dass es vom freien Belieben des Königs abhängt, dem Friedlosen den Frieden zu geben. Die Gabe des Friedens seitens des Königs setzt voraus, dass der Empfänger alle diejenigen Bedingungen erfüllt hat, von welchen das Landrecht den Wiedereintritt in den Frieden abhängig macht. Wie sie deshalb für das ganze Gebiet der unsühnbaren Vergehen ohne jede Wirksamkeit war, so setzte sie bei den sühnbaren Vergehen voraus, dass der Friedlose dem Verletzten Befriedigung gewährt hat. War dies nicht der Fall, so war die Gabe des Friedens seitens des Königs nicht vollwirksam. Noch im Ostgötalag[2]) heisst es, dass, „wenn der Friedlose an König oder Herad gebüsst habe oder auch an den Sacheigenthümer und nicht an alle drei, dann der, welcher mit ihm verkehre, dessen Recht büssen soll, an den nicht gebüsst war". Die Gabe des Friedens seitens des Königs bewirkte hier also nur einen theilweisen Frieden, einen Frieden gegenüber dem Befriedigten, nicht gegenüber den am Strafgelde betheiligten Unbefriedigten. Es ist zweifelhaft, ob zur Zeit des älteren W. G. der König bereits das Recht besass, den Frieden für die Rechtsgemeinschaft mit allgemein verbindender Kraft zu geben, ob er nicht vielmehr den Frieden nur für sich gab, soweit er am Strafgelde betheiligt war, und neben ihm Verletzter und Herad für ihre Antheile am Strafgelde gleichfalls den Frieden gaben. Nur auf e i n e Stelle des älteren W. G. könnte sich die Ansicht stützen, welche bereits für das ältere W. G. das Friedengeben als ausschliessliches Recht des Königs auffasste. „Der König

[1]) S. 4. [2]) Drapab. 4/1.

soll drei Männern den Frieden geben, denen, welche nicht Nidingswerk gethan haben," heisst es in Retlb. 1/1 vom neugewählten Könige. Aber diese Stelle wird erst voll verständlich, wenn man die Parallelstelle des Ostgötalag heranzieht. Hier heisst es in Drapab. 5/1:

„Aber der Todtschläger komme niemals in den Frieden, bevor der rechte Erbe (des Erschlagenen) für ihn bittet, ausser dass der König neugewählt zum Könige ist und er die Erichsgasse reitet und er seine Inlandsgebühr erhält: das sind vierzig Mark von jedem Herad. da mag er drei Männern den Frieden geben. so dass die nicht sollen büssen, welche Aufenthalt mit ihnen nehmen. doch sind sie ungefriedet vor den rechten Erben immerfort bis sie an die gebüsst haben."

Die Zahlung der Inlandsgebühr von vierzig Mark steht in offenbarem Zusammenhang mit dem Geben des Friedens an drei Männer. Denn die Summe von vierzig Mark stellt den dreifachen Antheil des Königs an dem Vierzigmarkstrafgelde dar, und die Nichtzahlung des Vierzigmarkstrafgeldes zog sofortige Friedlosigkeit nach sich. Das Vierzigmarkstrafgeld war wahres Friedensgeld. Der König gab also bei dem Ritte über die Erichsgasse den Frieden, weil er Bezahlung seines Antheils am Friedensgelde erhalten hatte. Seine Gabe hatte aber noch im Ostgötalag nur die Wirkung, einen theilweisen Frieden herzustellen. So lange der Empfänger nicht die Erben des Erschlagenen befriedigt hatte, blieb er ihnen gegenüber in der Friedlosigkeit.

In diesem Zusammenhange beweist die Stelle des älteren W. G. also nichts für das formale Recht des Königs, den Frieden für die Rechtsgenossenschaft mit allgemein verbindender Kraft zu geben. An anderen Stellen[1]) des älteren W. G. ist von dem „Urtheilen in den Frieden" seitens der Thingversammlung die Rede. Freilich handelt es sich an den beiden Stellen um die Friedlosigkeit, welche mit der That eintrat, und welche durch rechtsförmliches Angebot der Busssumme seitens des Friedebrechers gehoben werden konnte, um einen

---

[1]) Saræ-mal. 1; Bardagh-B. 1/1.

demnach nicht endgiltigen Friedlosigkeitszustand, bei welchem das Urtheil einen eher declaratorischen, als constitutiven Inhalt besass. Immerhin erscheinen die Stellen verwerthbar, weil auch in jenem Falle der Vertreter des Königs den Frieden gegeben hätte, wenn einmal die formale Friedensgabe ausschliesslich dem Könige zustand.

Wie dem aber auch sein mag, — auch das formale Recht des Königs zur Friedensgabe entspringt einem Königsfrieden nicht. Der König giebt den Frieden nur als Organ der Rechtsgenossenschaft, er giebt ihn nur auf Grund der Voraussetzungen, welche das Recht der Rechtsgenossenschaft fordert, — er giebt ihn nicht freiwillig, sondern gezwungen, nicht „aus Gnade“, sondern kraft Landrechts. Er giebt den Frieden der Rechtsgenossenschaft, nicht einen eigenen Frieden, nicht einmal einen von der Rechtsgenossenschaft ihm gewährten eigenen Frieden. Wohl aber giebt der König den Frieden als oberster Wächter des gemeinen Friedens.

Schliesslich steht dem Könige das Recht zu urtheilen zu. Aber freilich ist über den Umfang dieses Rechtes in ältester Zeit nichts Bestimmtes zu sagen. Viele nehmen an, dass der schwedische König von jeher höchster Urtheiler gewesen sei, — wogegen Ödberg[1]) die Zuständigkeit des Königsgerichtes aus kleinen Anfängen heraus im Laufe der Zeit sich ausdehnen lässt. Zweifellos wird man Ödberg darin beizustimmen haben, dass in der älteren Zeit dem Könige keineswegs diejenige Stellung als Urtheiler zukam, welche sich bei ihm seit der zweiten Hälfte des 13. Jahrhunderts nachweisen lässt. Vor allem wird aus der Erzählung Snorri's über den Spruch des Schwedenkönigs Olafr kein Schluss auf ein Urtheilerrecht des Königs zu ziehen sein. Will man selbst dem augenscheinlich auf norwegische Rechtszustände mehr als auf schwedische zutreffenden Berichte Snorri's[2]) vollen Glauben beimessen, — so ist zu bemerken, dass es sich nicht um die K l a g e einer Partei handelt, sondern um ein Gutachten, welches der Gesetzsprecher bei dem

---

1) Om den Svenske konungens Domsrätt I S. 9 ff.

2) Vgl. Maurer, Entstehung S. 22 Note 2.

Könige in einer Sache einholt, an der er nicht betheiligt ist. Ohne Verhandlung und Untersuchung fällt der König seinen Spruch. Ein „lag skilia" liegt demnach in jener Stelle vor, kein døma, ein Recht-Weisen, wie es auch dem Gesetzessprecher bereits zu einer Zeit zukam, in welcher er noch nicht Urtheilerfunctionen besass. In dem ältesten der schwedischen Landschaftsrechte ist nur an einer Stelle auf das Königsgericht hingewiesen. „Der König hat die næmd vor sich einzusetzen und der Gesetzessprecher auf dem Thinge" [1]), heisst es in Rb. 3. Die Jury, næmd, ist dem älteren W. G. noch ausserordentliches Organ des Rechtsganges. Und somit weist die Stelle auf den ausserordentlichen Charakter des königsgerichtlichen Verfahrens hin. Sie lässt zugleich aber erkennen, dass das Königsgericht neben, nicht über dem Landschaftsthinge stand, was das Ostgötalag ja auch bestätigt. Für welche Sachen das Königsgericht zuständig war, ob für alle Sachen, in welchen das Landschaftsthing angegangen werden konnte, oder nur für gewisse Sachen, ferner ob es ausschliessliche oder gewillkürte Zuständigkeit besass, geht aus der Stelle nicht hervor. Die Urkunden des D. S. weisen nur einige Königsurtheile vor der Mitte des 13. Jahrh. auf. Und diese ergehen sämmtlich in Grundstreitigkeiten [2]). Lässt sich bei der Mangelhaftigkeit des Urkundenmaterials hieraus auch kein zwingender Schluss ziehen, so ist doch bemerkenswerth, dass iorþa delur auch im Ostgötalag der gewillkürten Zuständigkeit des Königsgerichtes unterliegen [3]), dass ferner auch im Schonenrechte das Königsgericht für Grundstreitigkeiten gewillkürte Zuständigkeit besass [4]), dass endlich bei Grundstreitigkeiten im älteren W. G. die Jury in Gestalt der „Schau" auftritt, und zwar nicht bloss die Herads-, sondern auch die Landschaftsschau [5]), was zu der Nebeneinanderstellung von Landschaftsnæmd und Königsnæmd in der obigen

[1]) So lese ich mit Hjärne gegen Schlyter trotz des Letzteren erneuter Verfechtung seiner Lesart im Ordbok.

[2]) D. S. 138. 217. 365. 367.

[3]) Vgl. unten § 7.

[4]) Unten § 12.

[5]) Hjärne S. 19.

Stelle seinerseits passt[1]). Grundstreitigkeiten mochten also im älteren W. G. der Zuständigkeit des Königsgerichtes bereits unterlegen sein, soweit sie der Zuständigkeit der Landschaftsschau unterlagen, d. h. in dem Falle, wenn gleich starke Beweismittel der Parteien sich gegenüberstanden und die Heradschau nicht einstimmig veredicirte.

Bezüglich des Verfahrens ergeben die Urkunden nichts Weiteres, als dass der König das Urtheil fällte[2]).

Die bisherige Darstellung der Rechte des Königs zeigt einen besonderen Königsfrieden noch nicht in die Erscheinung getreten. Die Stellung des Königs gegenüber dem Frieden ist die eines obersten Wächters des Friedens. Aus diesem allgemeinen Berufe des Königs mochte sich ein eigenartiger Königsfriede entwickeln; noch war dazu die Zeit nicht gekommen. Erheben dürfte sich indessen an dieser Stelle die Frage, inwieweit denn der König in seinem Frieden durch das ältere Recht geschützt war. Diese Frage beantwortet das ältere W. G.[3]) nicht unmittelbar, sondern nur mit dem Satze: „Erschlägt Jemand seinen Lohnherrn, das ist Nidingswerk." Die Parallelstelle des jüngeren W. G.[4]) setzt statt dessen: „Erschlägt Jemand seinen rechten Herrn, dem er Treue versprochen hat. dass ist busslose Sache. er habe verwirkt Land und alle Fahrhabe." Aus der jüngeren Fassung geht wohl hervor, dass, wer den König erschlug, in die strenge Friedlosigkeit gelegt wurde. Die ältere Fassung lässt einen Zweifel offen, ob dem Lohnherrn der König jedem Unterthanen gegenüber gleichgestellt wurde. Indessen liegt kein Grund vor, in der Fassung des jüngeren W. G. eine bewusste Aenderung des älteren Rechts zu erblicken. Aus beiden Stellen scheint sich demnach zu ergeben, dass der Todtschlag am Könige, gleich dem Todtschlage am Treuherrn, mit der strengen Friedlosigkeit belegt wurde. Der Umstand, dass der König auch in seinem subjectiven Frieden nur als Mitglied

---

[1]) Vom testimonium veridicorum hominum spricht D. S. 138.

[2]) 138. 217. 365.

[3]) Orb. § 7.

[4]) Orb. I.

einer bestimmten Klasse von Rechtsgenossen angesehen wurde, beweist auch seinerseits das Fehlen eines besonderen Königsfriedens. — Zu keinem anderen Resultate führt die Betrachtung einer Stelle des Ostgötalag, welche Ansätze zu einem Königsfrieden zu enthalten scheint. Es heisst dort[1]):

„Jetzt wird erschlagen des Königs Dienstmann, er wird so geschätzt, wie vorher bestimmt war für den freien Mann und darüber Königs Unehrenbusse. das waren erst zwölf Mark. und hernach gab es so Birghir Jarl in die Gesetze: dass das sollen sein vierzig Mark. erst war das so. dass, ward er erschlagen vor dem Schiffe (auf der Brücke) oder vor der Schiffsbrücke (auf dem Schiffe) oder im Herad. da sollte er (der König) Unehrenbusse nehmen und nicht sonstwo. dann ward es so gegeben in König Erichs Tagen: dass stets, wo er erschlagen ward. da sollten Unehrenbusse dafür nehmen, die sie zu nehmen haben. Jetzt wird erschlagen des Herzogs Mann. da ist er so geschätzt, wie vorher bestimmt war für den freien Mann und seine Unehrenbusse ist neun Mark. die soll der Herzog haben. Jetzt wird erschlagen des Bischofs Mann. er ist so geschätzt, wie vorher bestimmt war und des Bischofs Unehrenbusse ist neun Mark. Jetzt wird erschlagen des Herrn Mann, der einen Stallmeister hat und einen Koch und einen Vierzigruderer auf seine eignen Kosten. da ist er so geschätzt wie vorher bestimmt war und seine Unehrenbusse ist sechs Mark. die hat der zu nehmen dem er diente.“

Der ältere Rechtszustand stellt sich demnach dahin dar, dass für Todtschlag an des Königs Dienstmann an den König eine besondere Gabe von 12 Mark zu entrichten war, wobei es bemerkenswerth ist, dass ursprünglich Voraussetzung war, dass er in der Nähe des Königs erschlagen ward.

Der König steht mit seiner Gabe nicht allein, auch an den Herzog, Bischof, Herrn sind Gaben bei Tödtung von deren Dienstmannen zu entrichten. Dabei ist die Stufenleiter eine regelmässig aufsteigende. Der König steht mit seinen 12 Mark

---

[1]) Drapab. $^{14}/_{6}$.

um eine Stufe höher als der Herzog, welcher um eine Stufe dem Herrn übersteht.

Der König erhält die Gabe nur für Todtschlag[1]) an seinem Dienstmanne, nicht für Todtschlag an jeder Person, die zu ihm in einem Abhängigkeits-[2]) oder Schutzverhältnisse stand.

Die Gabe, welche der König erhält, bezeichnet sich nicht als Friedensgeld, sondern als „Unehrenbusse“, nicht als Sühne für gestörten Frieden, sondern als Sühne für angethanen Schimpf. Der König erhält die Gabe demnach nicht als Wächter des Friedens, noch als Inhaber eines besonderen Friedens, sondern als höchster Würdenträger im Lande, als die höchste Achtung heischende Person.

Demnach können die obigen Sätze des Ostgötalag nicht dazu verwendet werden, für die älteste Zeit einen besonderen, subjectiven Königsfrieden zu construiren.

Das Fehlen eines Königsfriedens im älteren Rechte wird durch eine Betrachtung der vorhandenen Königsurkunden bis zur Mitte des 13. Jahrhunderts bestätigt. Von älteren Königsurkunden sind uns Urkunden über Rechtsgeschäfte, Urtheile, Bestätigungen, Befehle, Schutz- und Immunitätsverleihungen erhalten. Für alle diese Kategorien ist die Urkundenform die einheitliche. Insbesondere weist die öffentlichrechtliche Königsurkunde keine unterscheidenden Merkmale von der privatrechtlichen Königsurkunde auf.

Die Königsurkunde zeigt gegenüber jeder anderen Urkunde eine Sonderheit in der Eingangsformel. Der König sendet den Personen, für welche die Urkunde bestimmt ist „Gruss und Frieden“ (salutem et pacem) oder „Gruss und königlichen Frieden“[3]), „Gruss und guten Frieden“[4]). Für „Friede“ findet sich später „Gnade“ (gratia). Die Worte „Friede“ „Gnade“ sind der Königsurkunde nicht wesentlich. Sie fehlen häufig in privatrechtlichen Königsurkunden, aber sie finden sich nur in Königsurkunden. In ihnen drückt sich die Stellung des Königs,

[1]) oder Verwundung Vaþamal 12.

[2]) Was der Herr für Todtschlag an dem bryti in Drpb. 14 erhält, ist Mannbusse (han ær gildær), nicht þukki.

[3]) D. S. 68. [4]) D. S. 69. 70. 71. 116. 378.

als Wächter des Friedens, aus. Auf einen eigentlichen Königsfrieden sind die Worte nicht zu beziehen.

Die älteren Königsurkunden lassen eine bestimmte Strafandrohung auf die Anfechtung vermissen. Diese Thatsache bezeichnet am besten das Fehlen eines Königsfriedens. Zum Theil beschränken sie sich auf die Excommunicirungsklausel [1]), zum Theile drohen sie neben der poena ecclesiastica die königliche Ungnade an. Der Anfechter sei „regie majestatis obnoxius" [2]). er werde sofort des königlichen Schwertes Rache erfahren [3]). er werde des Königs Zorn und Ungnade sich zuziehen, des Königs Rache fühlen [4]), der König werde die Ueberschreitung mit seiner königlichen Autorität strafen, denn er trage das Schwert zur Bestrafung des Uebelthäters, zum Wohle des Guten [5]). Hinter allen diesen volltönenden Worten verbirgt sich die Schwäche des königlichen Ausstellers, dessen Urkunde keines anderen Schutzes geniesst, als die gewöhnliche Urkunde. Von besonderem Werthe ist das Fehlen einer Strafklausel bei den königlichen Schutzurkunden. Die älteste Schutzurkunde der schwedischen Könige stammt aus der zweiten Hälfte des 12. Jahrhunderts [6]). Sie fasst die Schutzformel dahin „monachos . . . et omnia ad ipsos attinentia sub alis protectionis nostre colligimus decernentes ut si quis eos temerario ausu injuste angarariare praesumpserit regie severitatis ultione multetur. Si quis autem meliori studio eos in quibus indiguerint misericorditer iuverit. regie mansuetudinis gratiam se promeruisse letetur." Der königliche Schutz gewährt hiernach keinen höheren Frieden; er gewährt nur den thatsächlichen Vorzug einer starken Vertheidigung und einer guten Empfehlung. Der König wird, wie es in einer anderen Schutzurkunde derselben Zeit heisst [7]), den Schützling „manu tenere et contra omnem iniusticiam defendere", er wird „provisor ac prolocutor atque defensor ultorque injuriarum secundum possibilitatem omnimodo existere velle" [8]).

---

[1]) D. S. 64. 65. 67. 113. 139. 144. 161. 181.
[2]) D. S. 70. 116. [3]) D. S. 102.
[4]) D. S. 137. 138. 160. 183. 184. 185.
[5]) D. S. 216. [6]) D. S. 63.
[7]) D. S. 64. [8]) D. S. 137.

Ebenso, wie der königlichen Schutzurkunde, fehlte es dem königlichen Urtheile und dem königlichen Befehle an einer bestimmten Strafklausel. Ein königlicher Befehl vom Ende des 12. Jahrhunderts[1]) an die Bauern von Helvacharlaby, den Mönchen von Juleta den zugefügten Schaden zu ersetzen, endet mit der Drohung an die Ungehorsamen: excessum vestrum detestabilem per nos sic puniendum quod fiet metus multorum. Eine königliche Verordnung aus der Mitte des 13. Jahrhunderts[2]), welche den Bauern von Nydingeland und Findwede gewisse jährliche Naturalleistungen an das Kloster Nydala auferlegt, beschränkt sich, zu erklären: „Die, welche diese Stätigung treulich und redlich erfüllen, erhalten Gnade und Lohn von Gott. Aber die, welche mit Vorbedacht dagegen stehen, sollen sicherlich Rache, Bann und Zorn von dem allgewaltigen Gotte sich zuziehen. Die königlichen Urtheile drohen nicht anders, wie die Bestätigungs- und Privaturkunden des Königs den königlichen Zorn und die königliche Rache an.

Die königlichen Immunitätsurkunden gewähren nur Freiheit von dem Anspruche des Königs auf einen Theil des Strafgeldes und auf Leistung der durch das Landrecht festgestellten Abgaben[3]). In einer Immunitätsurkunde von 1200[4]) geht König Sverkir freilich weiter, insofern er der Jurisdiction des Bischofs von Skara alle Kleriker des Bisthums unterstellt, — aber mit welchem Erfolge, lehren päpstliche Sendbriefe der Folgezeit, welche sich über die Heranziehung der causae ecclesiasticae an das weltliche Gericht beschweren[5]).

§ 4.
Die Königseidgesetzgebung.

Einen Wendepunkt in der Entwicklung des altschwedischen Königsfriedens bezeichnen die Gesetze über den Königseidbruch[6]).

---

1) D. S. 69. 2) D. S. 364.
3) D. S. 144. 184.
4) D. S. 115. 5) D. S. 238. 577.
6) Ueber den „Königseidbruch" siehe besonders Schlyter, Utkast till Edsöreslagarnes historia in dessen Juridiska Afhandlingar I S. 55 ff.

Um die Mitte des 13. Jahrhunderts machte sich ein verstärktes Streben des schwedischen Königthums im Sinne des Einheitsgedankens geltend. Durch die kraftvolle Persönlichkeit eines Birger Jarl vertreten schlug das schwedische Königthum zur Erreichung seines Zieles den Weg ein, welcher ihm auf Grund seiner soeben erörterten staatsrechtlichen Stellung vorgezeichnet war. Der schwedische König, von jeher oberster Wächter des Friedens der „Landschaft“ machte sich zum Wächter eines Friedens für das „Reich“, eines Friedens, dessen Aufrechterhaltung eigenthümliche Rechtssatzungen schützten.

Königseidbruch ist Bruch des königlichen Eides. Die Gesetzgebung, welche uns im Folgenden näher beschäftigen wird, nahm ihren Ausgang von königlichen Verordnungen über den Frieden, deren Durchführung der König und alle Vornehmen des Reiches, darunter die Gesetzessprecher der Landschaften, beschworen. Bruch dieses Friedens war Bruch des königlichen Eides. Der Inhalt der königlichen Verordnungen, welche den „Königseid“ in das Leben setzten, wurde in grösserem oder geringerem Umfange Bestandtheil des Landrechts. Der „Königseidbruch“ findet sich in sämmtlichen schwedischen Rechtsbüchern des Festlandes seit dem Ausgange des 13. Jahrhunderts als landrechtliches Institut vor. Aber die drei ältesten, das westgöthische, ostgöthische und upländische gehen so sehr in der Einzelaufzählung der unter den „Königseid“ fallenden Vergehen auseinander, dass sich deutlich ergiebt, wie bei der Ueberführung des Königseides in das Landrecht die königliche Verordnung in jeder Landschaft durch den Willen des Volkes Brechungen erfuhr.

Wann die erste königliche Verordnung über den Königseid erging, ist nicht mit Bestimmtheit anzugeben. Dass sie unter Birger Jarl, also im dritten Viertel des 13. Jahrhunderts erging, wird durch die übereinstimmenden Angaben der Alsnöer Verordnung von Magnus Ladulås und der Reimchronik sicher gestellt. Nach der letzteren erging sie bereits im Jahre 1262 bei Gelegenheit der Hochzeit Valdemars mit der dänischen Prinzessin Sophie. Das Urkundenmaterial des Dipl. Suecan. weist freilich das Wort „Königseid“ nicht vor dem Jahre

1281[1]), also erst unter der Regierung von Magnus Ladulås auf, und auch erst in einer Immunitätsurkunde von 1278[2]) wird Freiheit von der Last „regium causarum, eciam maiorum, que Ensakir vulgariter appellantur" gewährt, worunter wohl die an den König allein fallenden Vierzigmarkstrafgelder gemeint sein mochten, welche erst seit der Königseidgesetzgebung nachweisbar sind. In den Ausgang der Regierung Birger Jarls dürfte danach die erste Verordnung über den Königseid fallen.

Es handelt sich zunächst darum, die Bedeutung der Königseidgesetzgebung für den Königsfrieden festzustellen. Die Königseidgesetzgebung hat zum Gegenstande den Schutz des Friedens. Ihrer Natur nach ist sie ein objectiver Sonderfriede. So ungerechtfertigt es war, diejenigen Vergehen, welche als Königseidbrüche in den Rechtsbüchern bezeichnet werden, unter eine juristische Formel zu zwängen[3]) — so sicher ist es, dass keines dieser Vergehen nicht ein wahrer Friedensbruch ist, ein Angriff auf die Ruhe eines Rechtsgenossen. Kein Königseidbruch wird durch ein Nicht-Handeln, ein Weigern, ein Widerstehen begangen. Und wie der Frieden in ältester Zeit kein Sach-, sondern ein Personenfrieden, Friedensbruch demnach kein Sachvergehen, sondern Angriff auf die Person war, — so ist der Königseidbruch nur Angriff auf die Person des Rechtsgenossen.

Die Verordnung von Magnus Ladulås aus dem Jahre 1285[4]) zählt als Königseidbrüche auf:

„Einer ist der, dass wenn Jemand haut oder erschlägt Jemanden in dessen eignem Hause oder in eines anderen Mannes Hause. da soll alles das was ihm gehört, in drei Theile zerlegt werden. es nimmt einen der König, den zweiten das Herad. den dritten der Kläger. und der, welcher die That that sei friedlos gelegt, bis dass der für ihn bittet, an dem er sie

---

[1]) D. S. 725. 1719. [2]) D. S. 651.

[3]) Vgl. Schlyter S. 67.

[4]) Schlyter, Corpus juris Sueo-Gotorum I S. 313. Ueber den Zeitpunkt, an welchem die Verordnung beschlossen und an welchem sie ausgefertigt wurde, siehe Strinnholm Svenska folkets historia IV S 580, Schlyter, Företal zum Ordbok S. XVII.

verbrochen hat. und er büsse uns sodann 40 Mark. Ebensolche Strafe solle Alle haben, die Frauen gewaltsam entführen oder wer erschlägt, verwundet in der Kirche, Kirchhöfen oder auf Thingen, oder geht wider vorläufigen Frieden und abgeschlossenen Friedensvergleich, oder ergreift einen für die That eines Anderen, oder haut Glied vom Manne ab".

Die sechs Kategorien von Königseidbrüchen, welche hier aufgezählt werden. betreffen Verletzung des Haus-Frauen-Kirchen-Thing-Vergleichsfriedens und eine gewisse Art der Verletzung des gewöhnlichen Mannfriedens. Alle diese Frieden sind aber Personen- nicht Sachfrieden. Die Störung des Haus-Kirchen- und Thingfriedens wird nur insoweit als Königseidbruch betrachtet, als der Friede einer dort befindlichen Person gestört wird. Gewaltsames Eindringen in Haus, Kirche, Thing ist an sich so wenig Königseidbruch, wie gewaltsame Beschädigung des Hauses und der Kirche.

Alle sechs Kategorien betreffen andrerseits reine Friedensbrüche. Sie setzen einen Angriff auf den Frieden voraus, welcher sich in einem Hauen, Erschlagen, Verwunden, Ergreifen, Entführen äussert. Sie werden nicht durch ein Widerstehen, Weigern consummirt. Am wenigsten deutlich tritt dies beim Bruche des Vergleichsfriedens hervor. Aber auch hier ist nicht ein Weigern der Erfüllung von Vergleichsbedingungen, sondern ein „Gehen" wider den Vergleich, eine Handlung, durch welche der durch den Vergleich hergestellte Friede des anderen Theiles verletzt wird, ein „Rächen wider verglichene und gebüsste Sache" gemeint.

In dieser Gestaltung ist der Königseidbruch in die einzelnen Landschaftsrechte und in das gemeine Landrecht übergegangen. Freilich ist sein Gebiet im Laufe der Zeit ausgedehnt worden. Unter den Rahmen der sechs aufgestellten Kategorien wurden Handlungen gefügt, welche nicht von jeher Königseidbrüche waren. Besonders bemerkenswerth ist das „Rächen wider des Königs Urtheil", welches der Kategorie: Verletzung des Vergleichsfriedens zugewiesen wurde. Aber alle die Vergehen, welche das Gebiet der Königseidbrüche vermehrten, trugen das Merkmal des Angriffs auf den persönlichen Frieden auf der Stirn.

Es fällt nicht in den Bereich der vorgeschriebenen Aufgabe, die einzelnen Königseidbrüche nach der Casuistik der Landschaftsrechte juristisch abzugrenzen. In gründlicher Weise hat zudem Schlyter diesen Gegenstand erörtert, so dass auf seine Ausführungen verwiesen werden kann. Es handelt sich hier vielmehr darum, den Fortschritt, welchen der Königsfrie dedurch die Königseidgesetzgebung erfuhr, in das rechte Licht zu stellen.

Mit der Aufnahme des Königseidbruches in die einzelnen Landschaftsrechte ist der durch die Verordnungen von Birger Jarl und Magnus Ladulås beschworne objective Sonderfriede zum Frieden der Landschaft und des Landrechts geworden. Vermöge Landrechts wurde der Rechtsgenosse geschützt, wenn an ihm der Königseid gebrochen wurde. So lange die Aufnahme des Königseidbruches in die einzelnen Landschaftsrechte nicht geschehen war, ist anzunehmen, dass ein Vergehen des Königseidbruches rechtlich nicht bestand. Die erörterten Grundlagen der ältesten schwedischen Verfassung lassen es nicht annehmbar erscheinen, dass zur Zeit von Birger Jarl und Magnus Ladulås ein selbständiges königliches Rechtschaffungsrecht anerkannt wurde, und die Thatsache, dass die ältesten Landschaftsrechte in nicht gleicher Gestaltung den Königseidbruch recipirt haben, beweist den Fortbestand der alten demokratischen Verfassung.

Nichtsdestoweniger war es bedeutungsvoll, dass der Königseidbruch vom Könige ausgehend in das Landrecht Eingang fand. Der König war die letzte Quelle des Königseidbruches. Und den Namen eines vom Könige beschworenen Friedens behielt er bei, obwohl er landrechtlicher Friede geworden war. Der objective Sonderfriede des Königseidbruches trat in Gegensatz zum gemeinen Frieden des Landrechts, einmal als Sonderfriede, sodann als vom Könige besonders beschworner Friede. Ein dritter Gegensatz lag darin, dass der Königseidbruch bei Verschiedenheit im Einzelnen im Grossen gemeinschaftlicher Friede aller Landschaften war. Nunmehr war der König ein doppelter Wächter des Friedens, ein Wächter des gemeinen Friedens der Landschaft und ein Wächter des besonderen, von ihm beschworenen Friedens aller Landschaften.

Die Durchführung beider Aufgaben erfolgte in gänzlich verschiedener Weise. Anders, als beim gemeinen Frieden der Landschaft ist beim Königseidbruche die Stellung des Königs gegenüber Strafgeld und Friedensgewährung, anders als beim gemeinen Frieden der Landschaft ist beim Königseidbruche Gericht, Verfahren und Vollstreckung. Die Betrachtung dieses Gegenstandes verdient ein längeres Verweilen.

1. Der Königseidbruch macht den Thäter friedlos, bis der Verletzte für den Thäter um Friedensgewährung bittet. „Dann soll der König denen den Frieden geben oder der, welcher solche königliche Gewalt hat dass er denen den Frieden geben mag: da sollen die sich wider den König mit 40 Mark lösen und das ist seine alleinige Sache“ [1]).

Schon die Friedlosigkeit des Königseidbruches zieht andere Folgen nach sich, als die Friedlosigkeit des Landrechtes, worüber sogleich gehandelt werden soll. Hier handelt es sich darum, dass der friedlos Gelegte in den Frieden zurückgelangen kann. Der Königseidbruch ist keine „busslose Sache“. Der Friedlose gelangt in den Frieden durch Gabe des Friedens seitens des Königs zurück. Hierfür hat er an den König die Summe von 40 Mark zu entrichten.

Nach zwei Seiten tritt augenscheinlich bereits hier der König beim Königseidbruche stärker in den Vordergrund, als beim gemeinen Friedensbruche. Ganz zweifellos geht hier von ihm die Gabe des Friedens allein aus. Vom Verletzten hängt es freilich ab, ob er für den Thäter bitten will, und die Wirksamkeit der Gabe des Friedens durch den König ist von dieser Bitte abhängig. Aber formal gewährt hier einzig und allein der König den Frieden und seine Friedensgabe macht, wenn sie giltig erfolgt, den Thäter völlig gefriedet, auch gegenüber dem Verletzten.

Wie der König hier alleiniger Friedensgeber ist, so ist er alleiniger Empfänger der Summe von vierzig Mark. Die Summe von vierzig Mark ist ein wahres Friedensgeld, mit welchem

---

[1]) O. G. Eþsöre $^{10}/_{1}$; W. G. II Add. $^{7}/_{22}$; Upll. Kununxb. 9 pr.

sich der Verletzer in den Frieden kauft. Von dieser Summe empfängt der Verletzte und das Herad nichts; sie fällt allein an den König, ist seine „alleinige Sache". Das Strafgeld von vierzig Mark ist dem Königseidbruch eigenthümlich. Es ist kein volksrechtliches Strafgeld. Die beiden schwedischen Rechtsquellen, welche von der Königseidgesetzgebung nicht berührt sind, kennen das Vierzigmarkstrafgeld nur ganz ausnahmsweise. Das ältere W. G. weist es nur an zwei Stellen auf, und das Landrecht von Gotland[1]) ist an den wenigen Stellen, wo es dasselbe zeigt, jedenfalls vom Festlande her beeinflusst worden. Auch das jüngere W. G. zeigt es, von den Königseidbrüchen abgesehen, nur an wenigen Stellen. Erst seit der Königseidgesetzgebung verbreitet sich das Vierzigmarkstrafgeld über einen grösseren Kreis von Vergehen.

2. Der Königseidbruch fällt nicht unter die Zuständigkeit des Volksgerichts, sondern unter die Zuständigkeit des Königsgerichts. Das Königsgericht ist für den Königseidbruch Gericht erster Ordnung und ausschliessliches Gericht[2]). Das Königsgericht wird für den Königseidbruch zu bestimmten Zeiten abgehalten. Nach dem Ostgötalag ist das Königsgericht mindestens jedes dritte Jahr für den Königseidbruch abzuhalten[3]) Es ist im Herad der begangenen That abzuhalten[4]). Es ist vom Könige oder seinem Vertreter, als welcher im Ostgötalag der Heradshäuptling auftritt, abzuhalten[5]). Der König oder sein Vertreter ist im Königsgerichte Urtheiler, nicht bloss Gerichtshalter. Im Königsgerichte urtheilt nicht die Thingversammlung. Im jüngeren W. G. ist das Königsgericht zweimal im Jahre neben dem Heradsthing abzuhalten[6]).

3. Das Verfahren beim Königseidbruche ist ein grundsätzlich anderes, als das volksgerichtliche Verfahren. Es strebt nach materieller Wahrheit und baut sich auf der Untersuchungsmaxime auf.

---

[1]) Gotl. I 8/1. 2. 21/1; Addit. 2. Dies hat schon Wilda, Strafrecht S. 445 bemerkt. Ausführlich wird hierüber später gehandelt werden. Vgl. unten § 6.

[2]) O. G. Eþsöre 13; W. G. II Add. 7/26; Ödberg I S. 29.

[3]) Ræfstab. 3/2.

[4]) Eþsöre 10/2.

[5]) Ræfstab. 1; Eþsöre 11.

[6]) II Fornb. 43; Ödberg I S. 22.

Das königsgerichtliche Verfahren strebt nach materieller Wahrheit. Sein Endziel ist das „sannind leta", das Erforschen des Wahren. Zur Erreichung dieses Endzieles bedient es sich eigner Beweismittel. Das formale Beweismittel des volksgerichtlichen Verfahrens, die Eideshilfe, verschmäht es grundsätzlich. An deren Stelle hat es die Jury gesetzt. Es macht die im volksgerichtlichen Verfahren ausnahmsweise auftretende Beweisjury zum ordentlichen Organe des Rechtsganges und wandelt sie in die Urtheilsjury um [1]).

Das königsgerichtliche Verfahren baut sich auf der Untersuchungsmaxime auf. Es ist kein Verfahren mit „Laden" und „Klagen" seitens des „Sacheigenthümers", sondern ein Verfahren mit „Nachforschen" und „Untersuchen" seitens des Königsgerichtes. Der „Sacheigenthümer" wird hier zu dem, welcher „Schaden empfing". Er „ladet nicht den Beklagten daheim zum Thinge", sondern er „beschwert sich über den Beklagten auf dem Thinge". Er „offenbart dort seine Sache" und überlässt es nun dem Königsgerichte, einzuschreiten. Er erhebt auch nicht seinen Anspruch auf dem Thinge durch förmlichen Klagevorwurf, und der Beklagte gelobt nicht Vertheidigung mit „Holz und Bürgen", sondern das Königsgericht soll „lassen den fangen, über den Beschwerde geführt wird, und nachforschen nach Zeugen, wenn wahre Zeugen sich dazu finden, und auch mit Androhung, wenn er nicht selber gestehen will, findet man da volle Wahrheit entweder Zeugen oder gesteht er selber, da soll man ihn rädern" [2]). Im königsgerichtlichen Verfahren betreiben daher nicht die Parteien die Beweisverhandlung, sondern es sucht das Gericht sich den Beweis zu verschaffen. Der Beklagte ist im königsgerichtlichen Verfahren nicht Partei, sondern Inquisit.

Den Gegensatz zwischen königsgerichtlichem und volksgerichtlichem Verfahren prägt das Ostgötalag [3]) für den Königseidbruch in den Sätzen aus:

---

[1]) Hierüber wird ausführlicher an andrer Stelle gehandelt werden. Vorläufig vgl. Hjärne, Om den fornsvenska Nämnden enligt Götalagarne S. 30 ff. 46 ff.; Ödberg S. 24. 32.

[2]) O. G. Eþsöre 17; vgl. noch Eþsöre 25.

[3]) Eþsöre 12; vgl. W. G. II Add. 7/26.

„Jetzt mag er nicht den Schaden, welchen er empfing, erweisen, nicht Klagen oder Ladung erheben gegen den, welcher den Schaden that, bevor die Jury entweder gefällt oder gewehrt hat, sondern er soll zum Thing fahren und dort die Sache offenbaren, und sodann soll die Sache still stehen bis zum Königsgerichte, geht er vorher mit einigen Beweisen vor gegen den, da sind die ungesetzlich. Nun fällt jetzt die Jury den, da mag er den nicht verklagen, weil der friedlos ist. Nun wehrt jetzt die Jury den vor Königseidbruch. da mag er hernach klagen, worum es ist, ob Todtschlag, Verwundung oder Blutrunst oder Beschädigung. dann mag auch der welcher die That that, nachdem die Jury ihn gewehrt hat vor Königseidbruch, mit Eid leugnen nach Landrecht".

Der Königseidbruch als Angriff auf den persönlichen Frieden schliesst den Thatbestand eines nach Landrecht strafbaren Friedensbruches in sich. Insofern war dem Verletzten der doppelte Weg offen, im Wege des königsgerichtlichen Verfahrens die That als Königseidbruch, im Wege des volksgerichtlichen Verfahrens die That als gemeinen Friedensbruch zu verfolgen. Aus obiger Stelle ergiebt sich, dass der Verletzte den ersten Weg betreten musste, und dass, falls das Königsgericht den Königseidbruch für erwiesen hielt, damit der Anspruch aus dem Friedensbruche nach Landrecht erloschen war, dass dagegen, falls das Königsgericht den Thatbestand des Königseidbruches für nicht erwiesen hielt, dem Verletzten es noch offen stand, die That aus dem Gesichtspunkte des gemeinen Friedensbruches zu verfolgen. Sehr scharf tritt aber in obiger Stelle der Gegensatz von königsgerichtlichem Verfahren mit: „zum Thing fahren", „offenbaren", „Juryverdict" — und volksgerichtlichen Verfahren mit „klagen", „laden", „leugnen nach Landrecht" zu Tage.

Da das königsgerichtliche Verfahren zum Ziele die Erforschung der Wahrheit hat, nimmt es auf den Ungehorsam des Beklagten keine Rücksicht. Es fällt sein Urtheil, sobald es die Wahrheit erforscht hat[1]).

4. Der Königseidbruch macht den Thäter friedlos. Der

---

[1]) Ödberg S. 31.

in Folge des Königseidbruches Friedlose heisst nicht „Friedloser“ „friþlös“, sondern er heisst „biltugher“ [1]). Die Friedlosigkeit des „biltugher“ ist sachlich eine andere Friedlosigkeit, als die Friedlosigkeit des Landrechts.

a) der „biltugher“ ist friedlos für das Reich, der „friþlös“ ist es für das Herad oder für die Landschaft [2]).

b) Der „friþlös“ verliert sein ganzes Vermögen, Land, wie Jahrhabe [3]), der „biltugher“ verliert nur seine Jahrhabe [4]).

c) Das Vermögen des „friþlös“ nimmt halb Erbe, halb König, Herad und Verletzter [5]); die Fahrhabe des „biltugher“ theilen König, Herad und Verletzter [6]).

Suchen wir den Fortschritt, welchen die Königseidgesetzgebung in der Entwicklung des Königsfriedens darstellt, juristisch zu präcisiren, so besteht er darin, dass der König nunmehr Schützer eines von ihm angebahnten, von den Landschaften in den Grundzügen gemeinsam anerkannten objectiven Sonderfriedens ist, dessen Aufrechterhaltung durch eigenartige Einrichtungen amtsrechtlichen Ursprungs und Charakters durchgesetzt wird.

§ 5.
Die Skenninger Verordnung.

Der nächste Schritt zur Schaffung eines Sonderkönigsfriedens wurde unmittelbar nach der Verordnung von König Magnus Ladulås über den Königseid gethan. Einige Jahre nach jener Verordnung erliess König Magnus Ladulås eine Verordnung über den Landfrieden, Schutz von Wittwen, Waisen und Greisen, Bruch des Königsurtheils und andere, hier weniger in Betracht kommende Verhältnisse. Die Verordnung, zu Skenninge im Ostgötaland erlassen und von den Gesetzessprechern

---

[1]) Ueber die Deutung des Wortes siehe Schlyter, Ordbok voce biltugher. Das Wort findet sich im älteren Westgötalag nirgends, im Ostgötalag nur im Abschnitte über den Königseidbruch vor. Auch das gotländische Recht weist es nicht auf.

[2]) O. G. Eþsöre 8; W. G. II Add. 7/20 mit O. G. Drapab. 8/4; Ræfstab. 26/1; W. G. II Giptab. 12, Fornæmisb. 48, Addit. 9/2. 12/1; Gotll. I 2/2. 13/5.

[3]) Vgl. oben S. 20.

[4]) O. G. Eþsöre 8 und die Parallelstellen.

[5]) Oben S. 25.

[6]) O. G. Eþsöre 8 und die Parallelstellen.

der beiden göthischen Landschaften mituntersiegelt, war für das Reich bestimmt. Sie bezeichnet sich in ihrem Eingange als Verordnung im Gegensatze zum Gesetze. Der König erklärt, dass, wenn auch nicht „in die Gesetze gesetzt sei", was er bestimme, — so wolle er doch, dass was er verordne und niederschreiben lasse, oft vor allen Leuten verkündet werde, damit die Leute das beobachten könnten, was er verordne und das unterlassen, was er verbiete" [1]).

Die Verordnung hat ein übleres Schicksal gehabt, als ihre Vorgängerin. Vergleicht man ihren Inhalt mit den Satzungen der Landschaftsrechte, so zeigt sich, dass ihr Inhalt nur von einigen Landschaftsrechten, und auch von diesen nur in grossen Zügen Anerkennung, im Einzelnen dagegen Abänderung erfuhr. Es ist daraus der Schluss zu ziehen, dass die Verordnung an sich nicht rechtlich verbindend war, dass das Gesetzgebungsrecht der Bauern sich der königlichen Satzung zu fügen nicht gewillt war.

Die Verordnung beschäftigt sich zunächst mit dem Frieden. Vom göttlichen Ursprunge des Königthums leitet sie einen Königsfrieden für die Landschaft ab, in welche der König kommt. Es heisst: „Wir wollen, dass es ewiglich so wäre, dass stets, in welche Landschaft in unserem Reiche wir gerade kommen, da vierzehn Nächte, nachdem unsere Briefe, welche die Botschaft bringen wann wir kommen, auf dem allgemeinen Thinge verlesen sind wieder bis dahin. dass unsere Briefe entbieten, dass wir vom Lande fortgezogen sind, Friede wäre zwischen allen Menschen, abgeschafft alle Todtfeindschaft. wie hochgeboren und würdig die Männer auch sind. Wer gegen diese Stätigung geht, dessen Gut werde geplündert und er sei selber ewiglich aus dem Frieden gelegt. Und damit der Friede vollends stark sei, da wollen wir, dass jeder Mann, der irgendwelche derartige Waffen trägt, die zu offenbarem Streite sind, in der Zeit, wo wir in der Landschaft sind, habe dieselbe Strafe, welche früher hier aufgezählt ist" [2]).

---

[1]) Diplomatarium Suecanum Nr. 813.

[2]) Hierauf folgen besondere Fristbestimmungen für Wermland und einen Theil von Westgötaland.

Das ostgöthische Recht, welches zeitlich der Skenninger Verordnung am nächsten steht, zeigt den obigen Königsfrieden in folgenden Einzelbestimmungen anerkannt:

„Jetzt erschlägt ein Mann einen Mann da als der König im Lande war so dass er wusste, dass er in das Land kommen werde, da erhöht er seine Sache um vierzig Mark, das ist des Königs Einsache“[1]).

„Jetzt haut ein Mann einen Anderen mit vollen Wunden in des Königs Frieden, das ist, wenn der König im Lande ist, so dass vorher Boten in das Land kamen, da erhöht sich die Sache dessen der hieb um vierzig Mark. Vierzig Mark Königs Einsache und vierzig Mark theilen sich dreifach: an König und Herad und Sacheigenthümer“[2]).

„Jetzt schlägt ein Mann einem Anderen volle Wunde, wann der König im Lande ist, da erhöht er seine Sache um vierzig Mark, wie vorher gesagt ist. Wenn er leichte Blutrunst schlägt, wo der König im Lande ist, da bricht er nicht des Königs Frieden, ausser er thut das in des Königs Hause“[3]).

Es ergiebt sich aus den Satzungen des ostgöthischen Rechts, dass dasselbe mehrfach von der Skenninger Verordnung abweicht. Zunächst ist im ostgöthischen Rechte nicht jeder Angriff auf den Frieden eines Anderen zugleich Bruch des Königsfriedens, sondern nur der Todtschlag und die schwere Verwundung. Nicht oder wenigstens nicht in der Gestalt[4]) hat das ostgöthische Recht ferner das Verbot des Waffentragens während des Königsfriedens. Endlich ist im Ostgötalag Bruch des Königsfriedens nicht mit der Friedlosigkeit, sondern mit vierzig Mark Strafgeld bedroht, welches zu der landrechtlichen Strafe des fraglichen Vergehens tritt. Das jüngere westgöthische Rechtsbuch und das upländische und södermännische Gesetz haben die obigen Bestimmungen der Skenninger Ver-

---

[1]) Drpb. 15 pr.
[2]) Vaþamal 11.
[3]) Vaþamal 21/1.
[4]) Vgl. Vaþamal 11/1.

ordnung überhaupt nicht aufgenommen. Dagegen bestimmt Uplandslagen:

„Jetzt ist ein Schiff auf Seezug gegangen und ist ausser Hut und Wache gekommen . . . wird da Jemand getödtet oder gehauen mit voller Verwundung da hat der König vierzig Mark für Bruch seines Friedens“ [1]).

Einen ähnlichen Satz hatte schon Ostgötalagen [2]) enthalten. Mehr einschränkend aber ist Södermannalagen [3]).

„Kommt ein Schiff ausser Hut und Wache. da sei das in vollem Seerechte . . . . Wird Jemand gehauen mit vollen Wunden oder auf den Tod geschlagen, während der König aussen ist oder sein voller Vertreter, da wird gebüsst dem Könige für seinen Friedensbruch vierzig Mark“.

Södermannalagen und Uplandslagen erkennen einen Königsfrieden also nur für den Seekriegszustand auf offener See an [4]). Ersteres macht ihn aber von der Anwesenheit des Königs oder seines Vertreters abhängig. Dagegen wissen sie von dem Königsfrieden der Skenninger Verordnung nichts.

Das jüngere westmännische Rechtsbuch zeigt dagegen grössere Anlehnung an die Skenninger Verordnung. Es bestimmt [5]):

„Hauen sich Leute oder erschlagen sich und wissen nicht, dass der König im Lande ist, nicht büsst der (Thäter) dafür 40 Mark, ausser des Königs Brief kommt an ihn oder des Königs Thing wird berufen, kommt der König in das Land, da soll es sieben Nächte vorher verkündet werden und der Friede soll stehen bleiben auch sieben Nächte nachher. Wird des Königs allgemeiner Rath zu ihm einberufen. da soll der Friede stehen vierzehn Nächte vorher und vierzehn Nächte

---

[1]) Dass „utan warþ ok vaku“ zu lesen ist, dafür spricht einmal der Gegensatz zu „æn þat hemæ giörs“, zweitens die Parallelstelle im Södermannalag, drittens Upll. Manh. $^{11}/_{3.\ 5}$.

[2]) Eþsöre 34.

[3]) Kxb. 11.

[4]) Liegt das Schiff noch im Hafen, wenn auch zur Ausfahrt in den Seekrieg gerüstet, so herrscht der Königsfriede nicht Upll. Manh. $^{11}/_{3.\ 5}$; Söderm. $^{26}/_{10}$. Dagegen herrscht ein höherer Volksfriede.

[5]) Manhælgisb. $^{24}/_{4}$.

nachher. Wer rächt an einem Anderen alte Fehde in diesem Frieden, der jetzt gesagt ist, dessen Gut soll geplündert werden und er selber soll friedlos sein".

Auch das jüngere W. M. hat, wie man sieht, die Bestimmungen der Skenninger Verordnung nicht getreu recipirt. Die Friedenszeit ist in ihm eine andere, als in jener und von einem Verbote des Waffentragens weiss auch es nichts. Seine Bestimmungen beruhen auf einer Vereinbarung der Skenninger Verordnung mit dem Ostgötalag.

Die Bestimmungen von Helsingelagen [1]) über den Frieden des Konungsari sind endlich ganz eigenthümlich; sie betreffen nur den persönlichen Frieden des Konungsari. Mit der Skenninger Verordnung haben sie nichts zu thun.

Blicken wir auf den Rechtszustand der einzelnen Landschaften zurück, so gewahren wir, wie sich der in Rede stehende Königsfriede räumlich und sachlich ausdehnt. Zuerst nur für gewisse Vergehen unter gewissen Verhältnissen oder gar nur in unmittelbarer Gegenwart des Königs geltend erweitert er sich mit Bezug auf den Kreis der Vergehen, greift stets Platz, wo nur der König im Lande ist. Für die Erkenntniss der Natur dieses Königsfriedens ist dies bedeutungsvoll. Es beweist, dass vom subjectiven Königsfrieden die Entwicklung ihren Ausgang nahm. Der subjective Königsfriede breitet sich über bestimmte Orte aus. Der König ist es, dessen Friede geschützt wird, dessen Friede geschützt wird kraft Landrechts. An die Personen, mit Bezug auf welche der Königsfriede verletzt wird, ist für die Verletzung deshalb kein erhöhtes Manngeld zu zahlen. Einzig und allein ist an den König für die

[1]) Kxb. 10. „So ist gesagt vom Frieden des Königsamtmannes. Wenn er über den Marþbækker gekommen ist dann ist er im gesetzlichen Schutze der Helsinger . . . . . Läuft Jemand den Königsamtmann auf dem Thinge an, wird eine Axt zum Hiebe ergriffen oder ein Schwert aus der Scheide gezogen, ein Spiess zum Wurfe geschwungen, ein Pfeil vom Strange geschossen, 40 Mark Busse steht darauf. Werden Waffen oder Kleider dadurch beschädigt steht 80 Mark Busse darauf. Auf Blutrunst 100 Mark. Auf Verstümmelung oder Todtschlag 300 Mark. Diesen Frieden hat er auf seinem Sitze in derselben Weise. Wenn er einen Mann mit gezücktem Schwerte anläuft dann hat er seinen Frieden verlaufen (= verwirkt).

Verletzung seines Friedens die Summe von vierzig Mark zu entrichten. Mit anderen Worten: der Königsfriede ist bei seinem ersten Auftreten ein subjectiver Sonderkönigsfriede.

Die Skenninger Verordnung enthält eine Reihe weiterer Satzungen, welche mit der Entwicklung des Königsfriedens ebenfalls in Verbindung stehen. Sie bestimmt:

„Hierzu verordnen wir und wollen dass das stetig gehalten wird: sind Wittwen oder vaterlose Kinder oder sonst alte gute Männer da die wegen ihres Alters aus unserem Dienste fortgelassen werden . oder alte Herrenleute: da nehmen wir die in unseren Dienst und deren Gut und deren Hausleute . und nehmen die mit unserem Briefe unter unseren besonderen Schutz . und die, welche dagegen handeln, nachdem sie diesen unseren Brief empfangen haben, geschieht das aus Uebelwillen und sind sie nicht dazu gezwungen . sollen gelten achtzig Mark dafür, wenn sie irgendwelche böse Thaten gegen deren Leib vornehmen; werden sie gethan an deren Hausleuten oder Vermögen . zahlen sie 40 Mark. Wer gegen Andere, denen wir unseren Brief geben, vorgeht, sei es sie selbst oder deren Hausleute oder Vermögen . dem bestimmen wir die um die Hälfte geringere Strafe . ausser das Unrecht werde öfter verübt . und diese Strafe wollen wir selbst auflegen. Demselben Urtheile wollen wir dass die Männer unterliegen. die gegen unser Urtheil gehen . und ebenso die . welche nicht vor uns kommen wollen . nachdem sie dreimal mit unserem Briefe vor uns gerufen sind."

In obigen Sätzen handelt es sich, wie man sieht, um zwei verschiedene Dinge: um den Königsschutz und um das Königsgericht. Was den Königsschutz betrifft, so nimmt der König alle Wittwen, Waisen und ausgediente Greise unter seinen besonderen Schutz. Die Wirkung dieses besonderen Schutzes soll sein, dass Angriffe auf den persönlichen Frieden der Schützlinge mit achtzig Mark, Angriffe auf deren Hausgenossen oder deren Habe mit vierzig Mark bestraft werden sollen. Der König behält sich ferner vor, auch andere Personen unter seinen besonderen Schutz zu nehmen. Dieser Schutz soll aber nur der halbe gegenüber dem Schutze der Wittwen, Waisen und Greise sein. Jedoch behält sich der König vor, bei wiederholtem Angriffe auf die Schützlinge die Strafe aus eigner Machtvollkommenheit zu erhöhen.

Was das Königsgericht betrifft, so bestimmt die Verordnung, dass Bruch des Königsurtheils und dreimaliger Ungehorsam gegen des Königs Ladung die Strafe von vierzig Mark nach sich ziehen solle.

Auch diese Sätze der Skenninger Verordnung sind nur zum geringen Theile in die Landschaftsrechte übergegangen. Die Landschaftsrechte wissen ebensowenig von dem durch die Verordnung Wittwen, Waisen und Greisen gewährten erhöhten Königsschutze, wie sie von dem anderen Personen zu gewährenden niederen Königsschutze berichten. Die Svearechte[1]) lassen freilich Weiber und Kinder zwiefach, d. h. mit der Summe von achtzig Mark gebüsst werden[2]) — aber der Gedanke des königlichen Schutzes liegt dieser Erhöhung nicht zu Grunde[3]).

Die Strafe von vierzig Mark für Bruch des Königsurtheils hat das Ostgötalag[4]), und stillschweigend auch jedenfalls die anderen Landschaftsrechte, aufgenommen. Dass dreimalige Nichtbefolgung der königlichen Ladung die Vierzigmarkstrafe zur Folge habe, berichtet keines der Landschaftsrechte.

Die beste Probe, inwieweit die Skenninger Verordnung Gesetz wurde, liefert auch hier das Urkundenmaterial des Diplomatarium Suecanum. Dieses enthält eine Anzahl königlicher Schutzurkunden aus dem Vierteljahrhundert nach Erlass der Skenninger Verordnung. Keine dieser Schutzurkunden enthält die Androhung eines Strafgeldes. Sämmtlich beschränken sie sich auf die Androhung der königlichen Ungnade. Dagegen enthalten von den Königsurtheilen aus derselben Zeit einige die Androhung einer unbestimmten pena pecuniaria, viele unmittelbar die Androhung des Strafgeldes von vierzig Mark[5]).

---

[1]) Nicht die Götarechte W. G. I Vaþæs. 2; O. G. Drpb. 9.

[2]) Upll. Manh. $^{11}/_{6}$; Söderm. Manh. $^{12}/_{3}$; Westm. I Manh. $^{8}/_{4}$, II Manh. $^{10}/_{2}$.

[3]) Dies ergiebt sich daraus, dass des Königs Antheil am Strafgelde kein höherer ist, als sonst Upll. Manh. $^{11}/_{6.\,5}$; W. M. I Manhb. $^{8}/_{4}$.

[4]) Vaþamal 31 pr.

[5]) D. S. 1574—1576. 2106. 2466. 3627. 3873. 3885. 3887. 3889. 3896.

Die Skenninger Verordnung ist, wie man sieht, keineswegs in allen Punkten ihrer auf den Königsfrieden bezüglichen Bestimmungen in den einzelnen Landschaftsrechten zum Durchbruche gelangt. Einheitlich scheint nur die Umkleidung des Königsurtheils mit dem Schutze der Vierzigmarkstrafe anerkannt worden zu sein. Im Uebrigen finden ihre grundsätzlichen Bestimmungen nur Widerklänge in zerstreuten Sätzen der einzelnen Landschaftsrechte, von welchen keines einen einheitlichen Königsfrieden ausgebildet hat. Ist somit die Skenninger Verordnung nur ein Versuch zur einheitlichen Ausbildung eines Königsfriedens geblieben, so war ihre Betrachtung geboten, weil sie den Ausgangspunkt für die einzelnen Sätze der Landschaftsrechte, welche auf den Sonderkönigsfrieden sich beziehen, bildet. Zudem wird sich ergeben, dass sie mittelbar einen grossen Einfluss auf die Entwicklung der Stellung des Königs in den Landschaftsrechten ausübte.

§ 6.

Die Ausbreitung des Vierzigmarkstrafgeldes.

In zwiefacher Beziehung äussern die Königseidgesetzgebung und die Skenninger Verordnung eine tiefgehende, mittelbare Wirkung auf die einzelnen Landschaftsrechte. Auf der einen Seite geben sie den Anstoss zu einer theilweisen Aenderung des Zahlensystems von Strafgeldern, auf der anderen Seite bilden sie den Ausgangspunkt einer Umgestaltung der Gerichtsverfassung und des Rechtsganges.

Es ist bereits oben bemerkt worden, dass das Vierzigmarkstrafgeld kein volksrechtliches Strafgeld ist. Das volksrechtliche Zahlensystem von Strafgeldern ist das altgermanische Duodecimalsystem. Mittelpunkt des volksrechtlichen Zahlensystems von Strafgeldern war in älterer Zeit die Zwölfunzenbusse, in späterer Zeit die Dreimarkbusse. Ueberall, wo im Norden sich die Königsgewalt nicht zur Geltung gebracht hat, finden wir die Dreimarkbusse als Grundbusse des Strafgelder-

3913. 3915. 3980. 4101. 4131. 4153. 4159. 4167. 4169. 4173. 4178. 4186. 4187. 4266. 4270. 4094.

systems. Auf Island tritt die Dreimarkbusse als grundsätzlich einziges Strafgeld unter dem Namen der útlegđ auf. Auf Gotland bildet sie die Grundzahl des Strafgeldersystems so sehr, dass das Wergeld des Gotländers auf sie zurückgeführt wird[1]). Die Dreimarkbusse wird verdoppelt, verdreifacht, vervierfacht. Sie wird in Hälften, Drittel und Viertel zerlegt. Die verdreifachte Dreimarkbusse sondert sich im älteren W. G. als selbständiges Strafgeld ab, welches seinerseits wiederum verdoppelt, verdreifacht, vervierfacht wird. Immer aber ist es die Dreizahl, welche die Einheit, an der die Steigerung des Strafgeldes geschehen, darstellt. Wie das Strafgeld in der Dreizahl seine Einheit findet, so zerfällt in den schwedischen Rechten des Festlandes jedes Strafgeld grundsätzlich in drei Theile, von welchen den einen der König, den zweiten die Rechtsgenossen, den dritten der Verletzte erhält.

Die ältere Aufzeichnung des W. G., welche vor der Königseidgesetzgebung entstanden ist, hält an den eben erörterten Strafgelderzahlen grundsätzlich fest. Sie kennt die Strafgelderzahlen: 3, 2×3, 4×3, 2×9 ($=3\times3$) 3×9, 4×9, andererseits $\frac{1}{2}\times3$, $\frac{1}{4}\times3$. Ganz selbständig macht sie die Zahl 3×3, indem sie sie halbirt.

In dieses Zahlensystem passen die drei Fälle des Vierzigmarkstrafgeldes, welche das ältere W. G. bereits kennt, wenig hinein. Der eine Fall betrifft den Umgang des Herad mit einem Aechter, die beiden anderen betreffen die widerrechtliche Freilassung oder Befreiung eines gefangenen Diebes[2]). In allen drei Fällen liegt ein widerrechtliches Eingreifen in

[1]) I 15. Drei Mark Gold gleich vierundzwanzig Mark Silber, zu welchen zwölf Mark Silber als banda vereldi traten. Vergl. Wilda Strafrecht S. 328. Im Stadtrechte von Wisby cap. 9 ist an deren Stelle das Vierzigmarkstrafgeld getreten. Aus den Urkunden entnehmen wir, dass dies bereits früher geschah. D. S. 48 (1163), 1712 (1269). Hansisches Urkundenbuch I 50 (1199) 88 (1211) 232 §§ 1, 11 (1229) 398 (1250) 663 (1268). Die Vergleichung dieser Urkunden lehrt, wie auch hier das Vierzigmarkstrafgeld sein Geltungsgebiet erweiterte. Dass im Stadtrechte das Vierzigmarkstrafgeld so früh auftritt, beruht muthmasslich auf dänischem Einflusse.

[2]) Mdrp. $\frac{1}{8}$; þvb. $\frac{5}{1}$. Die jüngere Redaction hat in þb. 30 dagegen 2×9 Mark.

den Rechtsgang vor. Alle drei Fälle tragen einen ausgeprägt öffentlich - rechtlichen Charakter. Alle drei Fälle setzen ein erstarktes Staatswesen voraus. Alle drei Fälle dürfen der späteren Gesetzgebung angerechnet werden. Im älteren W. G. erscheinen sie jedenfalls als vereinzelte Ausnahmefälle. Noch ein vierter Fall aus dem älteren W. G. scheint hierher zu gehören. Es heisst im Todtschlagsabschnitte 5 pr. „Erschlägt Jemand einen schwedischen Mann oder einen småländischen Mann innerhalb des Königsreiches, einen Nicht-Westgöten, büsse dafür acht Örtugar und 13 Mark und keine Geschlechtsbusse". Die Summe von 13 Mark 8 Örtugar ist der dritte Theil der Summe von vierzig Mark. Nicht geht aus der Stelle hervor, ob die gleiche Summe an den König und das Herad zu zahlen war. Denn ob der darauf folgende Satz „Neun Mark hat der König am Mannestodtschlag und ebenso alle Männer" sich nur auf den Todtschlag am Inländer bezieht, oder auch den vorgehenden Fall miteinbegreift, lässt sich nicht entscheiden. Jedenfalls liegt aber dem obigen Satze der Gedanke des Vierzigmarkstrafgeldes zu Grunde. Aber der Umstand, dass das Vierzigmarkstrafgeld nur bei Todtschlag an einem Ausländer Platz greifen solle, zeigt, dass es dem einheimischen Zahlensystem des älteren W. G. fremd war.

Gegenüber dem älteren W. G. zeigen die festländischen Landschaftsrechte nach der Königseidgesetzgebung das Vierzigmarkstrafgeld in umfassender Geltung.

Im Ostgötalag, dem der Königseidgesetzgebung zeitlich nächsten Landschaftsrechte, ist das Vierzigmarkstrafgeld das höchste Strafgeld des Landrechts.

„Jetzt gelobt ein Mann einen Eid für eine volle Vierzigersache. das ist ein Sechsunddreissigereid. halb ernannt und halb nicht ernannt. Jetzt gelobt ein Mann einen Eid für eine Sechsmarksache, das ist ein Vierundzwanzigereid, halb ernannt und halb nicht ernannt. Jetzt gelobt ein Mann einen Eid für eine Dreimarksache oder Sechsunzensache oder Dreiunzensache . das ist ein Zwölfmännereid [1]."

---

[1]) Ræfstab. 5 pr.

„Jetzt will ein Mann eine Vierzigmarksache als verglichen und gebüsst erweisen . er soll es erweisen mit drei Vierzehnmännereiden. Will ein Mann eine Sechsmarksache als verglichen und gebüsst erweisen . er soll es erweisen mit zwei Vierzehnmännereiden. Will er eine geringere Sache als eine Sechsmarksache als verglichen und gebüsst erweisen . er soll es erweisen mit Vierzehnmännereid [1]).“

Geradezu sehen wir hier die Klimax 3 : 6 : 40 und demnach die Klimax: einfacher, doppelter, dreifacher, Zwölf- bez. Vierzehnmännereid aufgestellt.

Dass das Vierzigmarkstrafgeld indessen nicht von jeher höchstes Strafgeld des Ostgötalag war, geht aus mehrfachen Stellen desselben hervor.

Es finden sich im Ostgötalag zwei Strafgelder, welche zwischen dem Sechsmark- und Vierzigmarkstrafgeld stehen, das Neunmark- und das Zwölfmarkstrafgeld. Das erstere, hauptsächlich im Kirchenrechte [2]) auftretend, erscheint an drei Stellen als landrechtliches Strafgeld, an zweien als „Unehrenbusse“ des Jarls, Herzogs oder Bischofs [3]), an der dritten als Strafgeld für Ungehorsam im Grundstücksprocesse [4]). Dieses Strafgeld dürfte von dem Vierzigmarkstrafgelde nicht in seinem Geltungsgebiete beschränkt worden sein.

Anders steht es mit dem Zwölfmarkstrafgelde. Das Zwölfmarkstrafgeld erscheint in doppelter Verwendung: als „Unehrenbusse“ des Königs und als Strafgeld für Ungehorsam gegen das Landschaftsthing. Als „Unehrenbusse“ des Königs ist indessen das Zwölfmarkstrafgeld im Ostgötalag durch das Vierzigmarkstrafgeld verdrängt worden.

„Jetzt wird erschlagen des Königs Dienstmann: er wird so geschätzt, wie vorher bestimmt war für den freien Mann . und darüber Königs Unehrenbusse. das waren erst zwölf Mark und hernach gab es so Birghir Jarl in die Gesetze, dass das sollen sein vierzig Mark [5]).“

Was für die Unehrenbusse gilt, gilt für das Bussgeld,

---

[1]) Bygdab. 40.

[2]) Krb. $^{3}/_{1}$. 25. 29 pr. 30 pr.

[3]) Drpb. 14; Vaþamal $^{12}/_{12}$.

[4]) Eghns. 4 pr.

[5]) Drpb. $^{14}/_{6}$. Vgl. oben S. 32.

welches der König bei Todtschlag an dem Verwalter seines Krongutes erhält.

„Jetzt wird erschlagen des Königs Verwalter im Upsalagute . er ist geschätzt auf vierzig Mark . die hat der König zu nehmen . so gab Birghir Jarl in die Gesetze . vorher waren das zwölf Mark [1].“

An einer Stelle hat sich dagegen die alte „Unehrenbusse“ des Königs von zwölf Mark erhalten:

„Jetzt bedarf eine Almende der Brücke . da soll das Herad für die Brücke einstehen und den Weg räumen. Jetzt führt ein Weg über die Almende, die das ganze Herad zu bebrücken hat . und es ist die Brücke unbefahrbar oder die angelegte Strasse. reitet der König auf dem Wege und wird seine Reise verhindert und verdorben seine Kleider . da soll das Herad das zurück büssen und dazu zwölf Mark . das ist Königs Unehrenbusse [2].“

Dass der Betrag der königlichen Unehrenbusse nur bei Todtschlag, Verwundung u. dgl. von zwölf auf vierzig Mark erhöht wurde, ist bedeutsam. Es erhellt daraus, wie jene Erhöhung im engen Anschlusse an die Königseidgesetzgebung erfolgte. Ausdrücklich heisst es zudem in den obigen Stellen, dass der Schöpfer der Königseidgesetzgebung, Birger Jarl, die erhöhte Unehrenbusse in das Landrecht einführen liess.

Als Strafgeld für Ungehorsam gegen das Landschaftsthing, das Liongathing, tritt das Zwölfmarkstrafgeld an mehreren Stellen auf [3]. Die eine Stelle ist bereits bei Darstellung des volksgerichtlichen Ungehorsamsverfahrens besprochen worden. [4] Es wurde bemerkt, wie Vierzigmarkstrafgeld und Zwölfmarkstrafgeld in der Stelle in offenbarem Streite mit einander lägen, und dass das Vierzigmarkstrafgeld äusserlich an die Stelle des Zwölfmarkstrafgeldes getreten sei, ohne dass das alte Ungehorsamsverfahren eine entsprechende Umgestaltung erfahren hätte.

Unter die Kategorie des Ungehorsams gegen das Liongathing fällt Bruch des Urtheils des Gesetzessprechers, nachdem

---

[1]) Drapab. 14 pr. [2]) Bygdab. 5 pr.

[3]) Kkb. 16/2; Vaþamal 20; dagegen Ærfþab. 14. 17.

[4]) Vgl. oben S. 21.

der Gesetzessprecher Urtheilerfunctionen erhalten hat. Ueber diesen bestimmt Vaþamal 31:

„Jetzt bricht ein Mann des Königs Urtheil . das ist Vierzigmarksache. Jetzt bricht ein Mann des Gesetzsprechers Urtheil . das ist Zwölfmarksache. Jetzt bricht ein Mann des Heradshäuptlings Urtheil . büsse sechs Mark. Jetzt bricht ein Mann des Viertelshäuptlings Urtheil . büsse drei Mark."

Es ist hierbei im Auge zu behalten, dass König und Gesetzsprecher im Ostgötalag als Urtheiler neben einander stehen. Nirgends wird der Zug vom Gesetzsprecher zum Könige gewährt, stets soll er genommen werden zum Könige oder Gesetzsprecher. Ist des Königs Urtheil aber kein höheres Urtheil gegenüber dem Urtheile des Gesetzsprechers, so war des Königs Urtheil ursprünglich mit keinem höheren Schutze umkleidet, als des Gesetzsprechers Urtheil. Zudem ist anzunehmen, dass, wenn die in der ostgöthischen Landschaft erlassene Skenninger Verordnung das Vierzigmarkstrafgeld auf Bruch des Königsurtheils androhte, vordem das Königsurtheil eines geringeren Schutzes theilhaftig war. Dies zusammengehalten ergiebt, dass Bruch des Königsurtheils erst seit der Königseidgesetzgebung mit dem Vierzigmarkstrafgelde bedroht war.

Von hier aus lässt sich bereits mit ziemlicher Sicherheit der Satz aufstellen, dass überhaupt das Vierzigmarkstrafgeld im Ostgötalag erst seit der Königseidgesetzgebung weitere Verbreitung gefunden hat und in den meisten Fällen an die Stelle des Zwölfmarkstrafgeldes getreten ist.

Die Vierzigmarksachen zerfallen im O. G. in solche, welche „Dreitheilssachen" sind, d. h. an welchen König, Herad und Verletzter zu gleichen Theilen theilnehmen, und in solche, welche „Einsachen" d. h. alleinige Strafgelder des Königs sind[1]).

Die sämmtlichen Vierzigmark-Einsachen des Königs im Ostgötalag enstammen zweifellos erst aus der Zeit der Königseidgesetzgebung. Vierzigmark-Einsachen sind im Ostgötalag: Königseidbruch[2]), Verletzung des königlichen Verwalters und

---

[1]) Ausnahmsweise Zweitheilsachen in Kb. 23.

[2]) Eþsöre 10/1.

Dienstmannes[1]), Verletzung während des Königsfriedens[2]), Verletzung durch Messerstich[3]). Dass die beiden ersten Kategorien erst der Königseidgesetzgebung entstammen, ist zweifellos. Die Verletzung während des Königsfriedens ist durch die Skenninger Verordnung in das Landrecht eingeführt worden. Und der Skenninger Verordnung entstammt offenbar die Vierzigmark-Einsache des Messerstiches. Die Skenninger Verordnung hatte das Verbot des Tragens von solchen Waffen, welche zu offenbarem Streite dienten, während des Königsfriedens ausgesprochen. Im Anschlusse hieran mochte die Bestimmung des Ostgötalag entstanden sein. Dass sie jedenfalls zugleich mit der Bestimmung über Bruch des Königsfriedens in das Landrecht gelangte, beweist die Stelle, an welcher sie steht[4]). Auch lehrt ein Blick auf das ältere Westmannalag[5]), dass Messerstich ursprünglich Zwölfmarksache war.

Die Vierzigmarksachen des O. G., welche Dreitheilssachen sind, entstammen zum grössten Theile der Zeit nach der Königseidgesetzgebung.

Für einen Theil von ihnen lässt sich aus der Vergleichung mit anderen Rechten darthun, dass vordem ein anderes Strafgeld auf ihre Verübung stand: so Mord eines heidnischen Kindes[6]), Leichenraub[7]), Mordgeld[8]), das ganze Gebiet der schweren Verwundungen[9]), Ehebruch[10]). Bei anderen ist das Vierzigmarkstrafgeld nur subsidiär, wenn die That nicht handhaft ist[11]), oder wenn der verbrecherische Wille sich nicht äusserlich mit voller Klarheit documentirt oder wenn die That aus Gründen in der Person des Thäters[12]) oder Betroffenen[13])

---

1) Vaþamal 12 pr.; Drapab. 14/pr. 6.
2) Vaþamal 11 pr.; Drapab. 15/1.
3) Vaþamal 11/1; Drapab. 15/1.
4) Vaþamal 11/1.
5) Mh. 19.
6) Kristnub. 26 pr. mit W. M. II Mh. 10/3.
7) Drapab. 6 mit Upll. Mh. 10; W. M. II Mhb. 21/7.
8) Drapab. 3/1 mit W. G. I Mdr. 14/3; W. M. I Mh. 5.
9) Vaþamal 7 mit W. G. Særml. 1. 4.
10) Vaþamal 30 mit W. G. I Gb. 5; S. M. Gb. 4/1.
11) Eþsöre 29. 31/2. 32; Vaþamal 31/1. 32/pr. 3.
12) Eþsöre 31/1; Drpb. 9/1.
13) Eþsöre 23; Drapab. 10, 13/pr. 1.

sich als eine mildere darstellt. Hier tritt das Vierzigmarkstrafgeld in Concurrenz mit der Friedlosigkeit[1]). Eine dritte Gruppe von Fällen des Vierzigmarkstrafgeldes hat sich offenbar im Anschlusse an die Königseidbrüche ausgebildet, so z. B. das gislingabrut[2]), die Bestimmung von Vaþamal 29 im Anschlusse an das Stocklegen in Eþs. 6, die unrechtmässige Verlobung und Trauung in Giptab. 6. 9. im Anschlusse an den Frauenraub in Eþsöre 3, die Bestimmung von Krb. 23 im Anschlusse an den Kirchenfrieden in Eþs. 8/2.

Eine vierte Gruppe von Fällen des Vierzigmarkstrafgeldes betrifft öffentlichrechtliche Vergehen von Beamten[3]). Auch sie kann nicht alten Ursprungs sein.

Ueberall wird sich nicht entscheiden lassen, ob das Vierzigmarkstrafgeld des O. G. erst der Zeit nach der Königseidgesetzgebung entstammt. Für die grosse Mehrzahl der Fälle werden wir es aber mit Sicherheit anzunehmen haben.

In der jüngeren Aufzeichnung des Westgötalag tritt das Vierzigmarkstrafgeld, ausser in zwei Fällen, in welchen es bereits die ältere Aufzeichnung kennt, nur noch bei Fangen und

---

1) Am besten lässt sich dies beim Todtschlag verfolgen. Im älteren Westgötalag steht auf Todtschlag Friedlosigkeit. Wollen die Blutkläger Busse nehmen, so ist 27 Mark Strafgeld an König, Herad und Erbe zu entrichten, ausserdem 12 Mark Geschlechtsbusse. Im Ostgötalag steht auf Todtschlag ebenfalls Friedlosigkeit. Aber sie steht nur auf Todtschlag begangen an einem Inländer, also nicht auf Todtschlag an einem Ausländer, nur auf Todtschlag begangen von einem mündigen Manne, nicht auf Todtschlag begangen von einer Frau oder einem Unmündigen, nur auf Todtschlag begangen an einem in der Sippe Stehenden. In den Ausnahmefällen tritt an die Stelle der Friedlosigkeit das Vierzigmarkstrafgeld. Das Vierzigmarkstrafgeld liegt ferner der Bussbemessung zu Grunde, wenn der Blutkläger Busse nehmen will. Das O. G. hat die Scheidung zwischen Erben- und Geschlechtsbusse zwar noch behalten, aber den Betrag der Geschlechtsbusse nach dem Vierzigmarkstrafgelde bemessen. Im Uplandslag ist die Scheidung zwischen Erben- und Geschlechtsbusse ganz fortgefallen. Das Strafgeld für Todtschlag ist ein einheitliches von 40 Mark, an welchem König, Hundertschaft und Verletzter theilnehmen. Vgl. hierzu Wilda, Strafrecht S. 400. 401. 379.

2) Drapab. 2/1.

3) Krb. 27; Eþsöre 28; Drapab. 2/2.

Binden eines Mannes wegen Diebstahls auf, ohne ihn desselben überführen zu können[1]). Im Uebrigen kennt das jüngere W. G. das Strafgeld von vierzig Mark ausschliesslich bei dem Verbrechen des Königseidbruches. Dagegen weisen die Additamenta, die Excerpte Lydekins und die Anmerkungen des unbekannten Verfassers eine Reihe von Fällen des Vierzigmarkstrafgeldes auf, welche sie meist aus dem Ostgötalag entnommen haben[2]). Auch dieser Umstand legt Zeugniss ab, dass von der Königseidgesetzgebung aus das Vierzigmarkstrafgeld sich weiter in den Landschaftsrechten ausbreitete.

In den Svearechten mit Ausnahme des Helsingelag ist das Vierzigmarkstrafgeld Strafgeld des Landrechts geworden. Während es in den Götarechten, wenn auch zum Theil häufig auftretend, den Charakter des ausserordentlichen Strafgeldes an sich trägt, während 'ihm vor allem ein einheitliches landrechtliches Gebiet der Anwendung mangelt, — ist es in den Svearechten Grundbusszahl des Landrechts. Es wird verdoppelt und verdreifacht, wie es halbirt wird. Jedoch ist es sehr bemerkenswerth, dass dies nur für einen bestimmten Kreis von Vergehen gilt. Nur Angriffe auf die Mannheiligkeit, insbesondere Todtschlag, Verwundung, Schlag — ferner Vergehen militärischer Art werden grundsätzlich vom Vierzigmarkstrafgelde beherrscht[3]). Wo sonst Fälle des Vierzigmarkstrafgeldes vorliegen, sind sie, wie im Ostgötalag, meist vereinzelte Uebertragungen von der Königseidgesetzgebung her, die in den einzelnen Svearechten nicht gleichmässig auftreten. Während z. B. im Uplandsrechte fahrlässige Brandstiftung an einer Kirche 18, bezw. 7 Mark Busse nach sich zieht[4]), hat sie im älteren W. M.[5]) das Vierzigmarkstrafgeld zur Folge. Vom Vierzigmarkstrafgelde des Upll. für Ehebruch[6]) wissen Södermannal.[7])

---

[1]) þiufb. 4.

[2]) Add. 1. 7/21. 23. 8. III 111. 132. IV 19.

[3]) Auf die einzelnen Bestimmungen braucht hier nicht eingegangen zu werden.

[4]) Kirkiub. 6/2.

[5]) Kristnub. 3/6.

[6]) Ærfþæb. 6 pr.; W. M. II Ærfdab. 6.

[7]) Gipningab. 4.

und älteres W. M. nichts u. dgl. m. In mehrfachen Fällen wird geradezu hervorgehoben, dass es sich um eine Satzung späterer Könige handle, so bezüglich der Bestechung von Beamten [1]), der unrechtmässigen Cession von Klagen [2]).

Indessen lässt sich auch für das Gebiet der Angriffe auf die Mannheiligkeit die allmähliche Ausdehnung des Vierzigmarkstrafgeldes in den Svearechten verfolgen. Im Uplandslag greift es grundsätzlich bei Todtschlag Platz, bei Verwundung dagegen nur, wenn es sich um eine Verwundung im Haus-, Kirchen- und Thingfrieden handelt [3]). Das ältere Rechtsbuch für Westmannaland fügt den Fall der Verwundung auf öffentlichem Markte hinzu und legt einzelnen schweren Verwundungen, Hand- und Fussabschlagen, die Vierzigzahl als Einheit zu Grunde, für welche Uplandslagen noch an der Dreizahl als Einheit festgehalten hatte [4]). Södermannalagen geht wiederum einen Schritt weiter, indem es Verwundungen, welchen im älteren W. M. die Dreizahl zu Grunde lag, die Vierzigzahl unterlegt, Abhauen der Ohren, Nase, Ausstechen der Augen [5]). Das jüngere W. M. endlich legt für das ganze Gebiet der Verstümmelungen (affhog) die Vierzigzahl als Einheit zu Grunde [6]).

Todtschlag einerseits und Verwundung im erhöhten Frieden andererseits scheinen somit in den Svearechten von den Vergehen gegen die Mannheiligkeit die ältesten zu sein, auf welche das Vierzigmarkstrafgeld Anwendung fand. Dass es auch hier nicht von jeher in Geltung war, lässt sich aus einer Stelle des älteren W. M. entnehmen. Manhb. 5:

„Wird ein Mann erschlagen im Dorfbezirke der Leute . die Dorfleute sollen den Todtschläger auffinden innerhalb Jahr und Tag .... Finden sie ihn nicht innerhalb Jahr und Tag . büssen die Dorfleute zwölf Mark . diese Busse nimmt der König auf. das heisst heimlicher Todtschlag.“

---

1) Södermlg. Köpmalb. 12/1.

2) W. M. I þb. 11.

3) Upll. Manh. 28 finis, 29 pr.

4) I Manh. 12. 17.

5) Manh. 6. 10. 12.

6) Manhb. 23.

Der „heimliche Todtschlag“ ist das Strafgeld für Todtschlag, welches eine bestimmte Rechtsgemeinschaft zu zahlen hat, wenn sie den unbekannten Todtschläger nicht ausfindig macht. Sein Betrag entspricht dem Betrage des Strafgeldes für Todtschlag. Es beträgt neun Mark im älteren W. G., wie die Erbenbusse neun Mark beträgt [1]), es beträgt vierzig Mark im Ostgötalag [2]) und den übrigen Svearechten [3]), wie das Todtschlagsstrafgeld vierzig Mark beträgt. Aus seinem Betrage im älteren W. M. lässt sich also der Schluss ziehen, dass das Strafgeld für Todtschlag ursprünglich auf dem Zwölfersysteme beruht haben muss.

Wann jenes ältere Strafgeld durch die vierzig Mark in den Svearechten ersetzt wurde, lässt sich nicht mit Sicherheit angeben. Indessen verdient die Thatsache Beachtung, dass keines der Svearechte, welche das Vierzigmarkstrafgeld beim Todtschlage kennen, eine Betheiligung der Familie an der Todtschlagsbusse aufweist, wie das noch zu betrachtende Helsingelag. Beachtung verdient ferner die Bezeichnung des Vierzigmarkstrafgeldes im westmannaländischen Rechtsbuche als þingsgiæld [4]), Unterthanengeld, welche die öffentlichrechtliche Seite des Strafgeldes in den Vordergrund stellt. Wahrscheinlich ist es auch hier, dass das Vierzigmarkstrafgeld erst seit der Königseidgesetzgebung an die Stelle des Zwölfmarkstrafgeldes und anderer getreten ist.

Das Strafgeld von vierzig Mark ist auch in den drei Svearechten entweder dreitheiliges Strafgeld oder Einsache des Königs. Die Einsachen des Königs sind in den Svearechten in der Vermehrung begriffen. Einzelne dreitheilige Strafgelder der Götarechte sind hier Einsachen des Königs. Die „Unehrenbusse“ des Königs ist hier auch in dem Falle auf

---

[1]) W. G. I Af mandrapi 14/3.

[2]) Drapab. 3/1.

[3]) Upll. Manh. 8 pr.; Söderm. Manh. 22 pr.; Helsl. Manh. 5. Im jüngeren Westmannalag sind die 12 Mark auf 13 Mark erhöht worden. Manh. 8 pr.

[4]) Manhb. 11 pr.

vierzig Mark gesteigert, wo sie im Ostgötalag noch zwölf Mark betrug[1]).

Sehr bemerkenswerth ist endlich, dass in späteren Svearechten nur Todtschlag an des Königs Dienstmann eine „Unehrenbusse“ nach sich zieht, während die „Unehrenbusse“ des Herzogs, Bischofs und Herrn abgeschafft ist[2]). Die Entwicklung der Einsachen des Königs in den Svearechten wirft auch ihrerseits ein Licht auf den Ausgangspunkt für die Ausbreitung des Vierzigmarkstrafgeldes.

Ganz eigenthümlich ist der Rechtszustand des Helsingelag. Das jüngste unter den schwedischen Landschaftsrechten hat es an mehr Stellen älteres Recht bewahrt, als die meisten Landschaftsrechte, so im Erbrechte, Eherechte, Rechtsgange. Unter den Svearechten ist es das einzige, welches noch eine Betheiligung der Familie an der Todtschlagsbusse kennt. Es heisst in Mhb. 38:

„Erschlägt ein Mann einen Anderen und bekennt gesetzlich den Todtschlag, habe der Sacheigenthümer Gewalt ob er Rache nehmen will oder Busse nehmen. Will er Busse annehmen, da soll er haben 7 gewogene Mark . . . der König habe als Manngeld 4 Mark . der beim Todtschlag Haltende und zum Todtschlag Rathende, jeder von denen zahle 15 Mark oder leugne mit vierzehn Männer Eide. Vater oder Mutter nehme nach ihrem Sohne 16 Unzen . der Bruder 8 Unzen . die Hausfrau 12 Unzen. Wer der erste in der Sippe ist . nehme vier Unzen. Geschwisterkinder 2 Unzen . der dritte Grad eine Unze . der vierte Grad eine halbe Unze. Büsse auch jeder, wie er nimmt bis zum 4. Grade.“

Die Stelle enthält augenscheinlich älteres und jüngeres Recht. Jüngeren Rechtes ist der Satz über den Gehilfen und Anstifter zum Todtschlage. Denn wiewohl die einzelnen schwedischen Rechte in den Bussbestimmungen über Beihilfe und Anstiftung zum Todtschlage im Einzelnen auseinandergehen, so wird doch in allen die Beihilfe und Anstiftung mit einem bedeutend

---

1) Södmlg. Bygnb. 24/3.

2) W. M. II Manh. 17.

geringeren Strafgelde belegt, als der Todtschlag selbst[1]). In obiger Stelle aber kommt es dem Strafgelde für Todtschlag — selbst Erbenbusse, Königsmanngeld und Geschlechtsbusse zusammengerechnet — ungefähr gleich[2]). Zweifellos liegt dem Satze demnach ein höheres Strafgeld für den Todtschlag zu Grunde, als welches wir das Vierzigmarkstrafgeld ansehen können. Betrachten wir aber das Strafgeld für den Todtschlag in obiger Stelle, so ergiebt sich, dass Erbenbusse und Geschlechtsbusse zusammen etwa die Summe von zwölf Mark ausmachen, zu welchen des Königs Manngeld in Höhe von vier Mark — trat. Das Duodecimalsystem dürfte somit auch im Helsingelag ursprünglich Grundzahl des Strafgeldes für den Todtschlag gewesen sein.

Obige Stelle des Helsingelag ergiebt aber, mit den Stellen des Helsingelag über die fahrlässige Tödtung verglichen, eine weitere, überaus wichtige Thatsache. Nach ihr ist die Erbenbusse an Betrag der Vaþabot, der Busse für fahrlässigen Todtschlag, gleich[3]). Die Busse für fahrlässigen Todtschlag beträgt aber nicht bloss im Helsingelag, sondern in den sämmtlichen Svearechten die Summe von sieben Mark[4]). Diese Summe fügt sich in das Zahlensystem der Svearechte, mit Ausnahme des Helsingelag, nicht ein. Man könnte etwa daran denken, sie als halben Theil des auf den Erben des Getödteten fallenden Drittels von 40 Mark aufzufassen. Indessen stimmt der Betrag nicht genau, da sie dann acht Örtugar weniger betragen müsste gleich der Vaþabot des O. G.[5]). Zudem spricht dagegen, dass im älteren W. G. gleichmässig mit dem Helsingelag die Vaþabot einfach an Betrag der Erbenbusse gleich-

---

[1]) Vgl. W. G. I Mandr. $^{3}/_{2}$. 3; O. G. Drapab. $^{5}/_{1}$; Upll. Manh. $^{9}/_{4}$; Söderm. Manh. 24 pr. (3 : 9 : 40); W. M. II Manhb. $^{9}/_{5}$.

[2]) Erbenbusse 7 Mark. Königs Manngeld 4 Mark. Geschlechtsbusse $16 + 12 + 8 + 4 + 2 + 1 + \frac{1}{2}$ Unze $= 43\frac{1}{2}$ Unze, das ist etwas über 5 Mark. Zusammen also etwa 16 Mark.

[3]) Manhb. 3.

[4]) Upll. Manhb. $^{6}/_{1}$; Söderm. Manhb. 19 pr.; W. M. I Manh. 22, II Manh. 7 pr.

[5]) Vaþamal $^{1}/_{1}$.

kommt[1]). Die Vaþabot der Svearechte von sieben Mark weist vielmehr darauf hin, dass sämmtliche Svearechte die gleiche Todtschlagsbusse von zwölf Mark, welche Erben- und Geschlechtsbusse in sich begriff, als ursprüngliche Todtschlagsbusse kannten. Für das ältere W. M. gewannen wir von einem anderen Standpunkte aus bereits dieses Resultat. Für das Uplandslag und Södermannalag wird es von dem eben erörterten Standpunkte aus gewonnen.

Das Helsingelag zeigt noch an einer anderen Stelle älteres Recht. Die „Unehrenbusse" für Todtschlag an des Königs Dienstmann beträgt nach Mh. 7 nur zwölf Mark. Was das Ostgötalag als durch Birger Jarl abgeschafft erklärte, hat sich im Helsingeland erhalten. Umgekehrt zeigt merkwürdiger Weise das Helsingelag an der Stelle, wo das Ostgötalag die „Unehrenbusse" von zwölf Mark sich erhalten hatte, das Vierzigmarkstrafgeld[2]).

Im Uebrigen findet sich im Helsingelag das Vierzigmarkstrafgeld meist an den Stellen vor, wo es die anderen Svearechte aufwiesen. Helsingelagen hat es meist von jenen entlehnt. Dabei entstanden innere Widersprüche im Rechtsbuche, wie zwischen Mhb. 5 und 38.

Die vorstehende Betrachtung dürfte erwiesen haben, dass das Vierzigmarkstrafgeld erst im Laufe des 13. Jahrhunderts eine umfassendere Geltung in den schwedischen Landschaftsrechten erlangte. Sie zeigte, wie, von den Fällen des Königseidbruches abgesehen, trotz umfassender Geltung das Vierzigmarkstrafgeld entweder, wie im O. G., eines einheitlichen Anwendungsgebietes ermangelte, oder, wie in den Svearechten, einheitlich nur für einen ganz fest abgegränzten Kreis von Vergehen Platz griff, welche sich als Angriffe auf die Mannheiligkeit darstellten. Sie wies für diese Vergehen das Vorhandensein eines älteren Strafgeldes nach, welches auf dem Duodecimalsystem beruhte und welches in den meisten Fällen dem Vierzigmarkstrafgelde wich, im Westgötalag und Helsingelag sich aber

---

[1]) Vaþæsar 2/2.
[2]) Viþb. 18/2.

für den Todtschlag erhalten hat. Sie zeigte, dass bei der königlichen „Unehrenbusse“ eine Verdrängung der Zwölfzahl durch die Vierzigzahl erst seit der Königseidgesetzgebung stattgefunden hat. Und sie zeigte, wie in demjenigen Rechtsbuche, welches zeitlich der Königseidgesetzgebung am nächsten stand, ein Ringen zwischen Zwölf- und Vierzigmarkstrafgeld sich auch sonst bemerkbar machte. Sie suchte endlich, die Hauptfälle des Vierzigmarkstrafgeldes aus der Königseidgesetzgebung selbst herzuleiten.

Sind die einzelnen Vordersätze richtig, so rechtfertigt sich der Schluss, dass die grosse Masse der unter das Vierzigmarkstrafgeld fallenden Vergehen ihm erst seit und in Folge der Königseidgesetzgebung unterlag.

§ 7.
Die Ausbreitung des Königsgerichtes.

Der Gegensatz zwischen volksgerichtlichem und königsgerichtlichem Verfahren, wie er bereits früher für den Königseidbruch dargelegt wurde, tritt am stärksten in demjenigen Landschaftsrechte hervor, welches der Königseidgesetzgebung am nächsten steht. Er findet sich noch nicht im älteren W. G. und er findet sich nicht mehr in gleichem Grade im Uplandslag und den anderen Svearechten. Er wurde somit in der Zeit unmittelbar vor dem Ostgötalag ins Leben gerufen und seine Ausgleichung erfolgte in der Zeit unmittelbar nach dem Ostgötalag. Der erstere Process ist bereits dargestellt worden, der zweite soll nunmehr dargestellt werden.

Im Ostgötalag wird der Kampf zwischen Königsgericht und Volksgericht mit doppelten Waffen geführt. Auf der einen Seite zieht das Königsgericht eine Reihe von Rechtssachen mit an sich, welche vordem nur der Zuständigkeit des Volksgerichtes unterlagen. Auf der anderen Seite beginnt eine Umgestaltung der Gerichtsverfassung des Volksgerichtes im Sinne des Königsgerichtes.

Das O. G.[1]) unterwirft der Zuständigkeit des Königs-

[1]) Ræfstab. 2.

gerichtes und der Heradsjury: alle Königseidbrüche, alle Zweischwüre, d. h. die Fälle, in welchen sich die Parteien mit gleich starken Beweismitteln gegenüberstehen, alle ungesetzlichen Eide, Messerstich, Königsurtheilsbruch, alle Grundstreitigkeiten, alle Hochvergehen, d. h. Vergehen mit Strafe auf Leib und Leben, alle Vierzigmarksachen, Raub, ungesetzliche Verdictsabgabe, den Fall des Mordgeldes, endlich wenn drei Personen zugleich gegen denselben Beklagten die Diebstahlsklage erheben.

Die Aufzählung darf nicht so verstanden werden, als ob alle aufgezählten Rechtssachen der alleinigen Zuständigkeit des Königsgerichtes unterlagen. Ausschliesslich zuständig ist das Königsgericht nur für Königseidbruch[1]), Zweischwur[2]) und auch wohl ungesetzliche Verdictsabgabe[3]). Für die anderen Fälle ist es nur gewillkürtes Forum. Es hängt von der Wahl des Klägers ab, das Königsgericht oder das Volksgericht anzugehen.

Für den ungesetzlichen Eid ergiebt dies Ræfstab. $^{15}/_{1}$:

„Jetzt sagt Jemand, der Eid sei ungesetzlich . ladet und klagt hernach . da ist das Beweisrecht auf Seite dessen der vor die Klage gestellt ist . mit Güteeid von vierzehn Männern, wenn der (Eid) weniger war als ein Vierundzwanziger-Eid . war er ein Vierundzwanziger-Eid . da soll er güten mit zwei Eiden von vierzehn Männern . man soll güten Eid mit Eid und nicht zwei mit einem. Es mag auch nicht der in Güteeiden stehen. der in den früheren Eiden stand ..... Jetzt ladet man nicht hernach . sondern trägt die ungesetzlichen Eide zum Königsgerichte . da soll die Heradsnæmd bekunden. was daran wahr ist und er (der Beklagte) komme nicht weiter zum Beweise."

Den gleichen Satz bringt Eghnasal 15 pr.:

„Jetzt sagt Jemand . Grundstücksvertheidigung sei ungesetzlich vor sich gegangen . lade er drei Thinge und drei

---

1) Eþsöre 13.

2) Eþsöre 29; Drapab. $^{3}/_{2}$; Vaþamal $^{8}/_{2}$. 26; Bygdab. $^{9}/_{1}$. $^{28}/_{1}$.

3) Dies muss in anderem Zusammenhange dargethan werden.

Fünften . da beweise der (Beklagte) auf der dritten Fünft mit Eid von vierzehn Männern, dass er das Grundstück gesetzlich vertheidigt hatte . fällt er am Eide . da büssen die welche vorher schwuren für ungesetzlich. *Jetzt wartet er auf das Königsgericht* . da soll die Heradsnæmd bekunden was daran wahr ist und bekunden ob das gesetzlich oder ungesetzlich ist."

Für *Messerstich* ergiebt es Vaþamal $^{11}/_{1}$:

„Jetzt sagt des Königs Kläger es sei Messerstich und der Bauer sagt: nicht — und bekennt doch die Wunde . des Königs Kläger *ladet* und *klagt* hernach . da wehre er sich mit Sechsunddreissiger-Eid oder büsse vierzig Mark . *will des Königs Kläger nicht klagen gegen ihn*: da soll die Heradsnæmd bekunden, was daran wahr ist."

Königsurtheilsbruch, Raub und Mordgeld fallen unter die Vierzigmarksachen. Dass für diese das Königsgericht nur gewillkürtes Forum war, ergiebt Vaþamal $^{31}/_{4}$:

„Jetzt begeht Jemand Handraub gegen einen Anderen auf Wegen draussen . wird das mit Gerüffte und Ladungsstock verfolgt . da ist es voller Vierzigmarkraub . wird es nicht mit Gerüffte verfolgt . da ist es zwölf Männer Eid oder er büsse drei Mark. Wird das mit Haussuchung vorgefunden was er von dem raubte oder bei ihm in der Hand . da ist das Vierzigmarksache . oder er leugne mit Sechsunddreissiger-Eid . *will der nicht hernach laden sondern auf das Königsgericht warten* da soll die Heradsnæmd bekunden was daran wahr ist."

Ueberhaupt wird an einer Reihe von Stellen der Sechsunddreissiger-Eid als Reinigungseid der Vierzigmarksachen hingestellt. Wäre das Königsgericht ausschliesslich für die Vierzigmarksachen zuständig, so wäre jenes unverständlich.

Für die *Hoch*vergehen bezeugen mehrfache Stellen die lediglich gewillkürte Zuständigkeit des Königsgerichtes.

Eþsöre 17:

„Jetzt kann es so werden . dass eine Frau ihren Mann mordet oder ein Bauer seine Frau . da soll man ihn rädern . wenn er das thut . und sie steinigen . wenn sie das thut.

Jetzt werden sie der Sache verdächtig . da war das so zuerst in den Gesetzen . dass die sich mit Eisen und Gottesurtheil wehren sollten . und seit Birghir Jarl das Eisentragen abschaffte . da ist das so: wollen die welche darüber sich beschweren . auf das Königsgericht warten . da soll man den fangen lassen . über den Beschwerde erhoben wird . und nach Zeugen suchen . wenn wahres Zeugniss sich dazu findet und auch mit Drohung wenn er nicht selbst gestehen will . findet man volle Wahrheit . entweder Zeugen oder gesteht er selber . da soll man ihn rädern und sie steinigen lassen. Wenn der welcher sich darüber beschwert nicht auf das Königsgericht warten will. sondern ladet und klagt darnach . da soll er leugnen mit Sechsunddreissigereid."

Eþsöre 25:

„Jetzt mordet ein Mann einen Mann oder eine Frau einen Mann oder eine Frau eine Frau . trägt sie in Versteck und legt sie heimlich . da soll man ihn rädern und sie steinigen lassen . wenn sie dabei ergriffen werden oder offenbares Zeugniss sich dann findet . wollen die vor des Königs Gericht sich beschweren . da soll man ihn oder sie fangen lassen und nachforschen nach wahren Zeugen und drohen oder locken. Wenn die selbst gestehen oder offenbare Zeugen dazu sind . da soll man ihn rädern und sie steinigen lassen. Will der welcher darüber sich beschwert nicht auf das Königsgericht warten . da gehe der . über den beschwert wird . Sechsunddreissiger-Eid für sich."

In einem Falle tritt das Königsgericht auch wider Willen des Klägers ein.

Eþsöre 23:

„Nur wenn eine Mutter ihr Kind todt liegt . da ist sie werth ihr Erbe zu verlieren. Jetzt beschweren sich die väterlichen Verwandten über sie . dass sie mit ihrem Willen ihr Kind todt lag . da sollen sie ihre Verwandten vertheidigen mit Sechsunddreissiger-Eid . dass sie es nicht todt lag mit ihrem Willen . und hat sie so geringe Verwandte . dass sie nicht vermögen . Sechsunddreissigereid zu gehen . da liege das bei der Heradsnæmd . ob sie sie vertheidigen oder fällen will."

Darnach scheint es, als ob das Königsgericht auch bei Anrufen des Beklagten zuständig war.

Dass für Grundstreitigkeiten das Königsgericht keineswegs ausschliessliche Zuständigkeit besass, geht aus dem Liegenschaftsabschnitte hervor[1]). Die Fälle, in welchen es hier ausschliesslich eintrat, sind mit Ausnahme eines Sonderfalles einfach Fälle des Zweischwures[2]).

Was endlich den Fall der Diebstahlsklage betrifft, so heisst es in Vaþamal $^{32}/_{6}$:

„Wenn nun drei Männer gegen Einen Klage erheben Jeder von denen wegen eines Diebstahls und wegen solchen Diebstahls . *wo er nicht verklagt war mit geladenem Thinge* . und wo er sich nicht vorher mit Eiden gewehrt hatte . und wegen solchen Diebstahls . der voller Diebstahl ist . und gesetzlich gekündigt ist hinterher — *und sie geben ihm Klage vor Königsgericht* . da soll die Heradsnæmd bekunden . was daran wahr ist."

In allen diesen Fällen tritt das Verfahren mit Ladung und Klage dem Verfahren mit Beschwerde, das Verfahren mit formeller Wahrheit und Reinigungseid dem Verfahren mit materieller Wahrheit und Heradsnæmd gegenüber.

Gewillkürtes Forum ist aber das Königsgericht nicht allein in diesen Fällen. Es ist allgemein gewillkürtes Forum für Dreimarksachen. Es heisst in Ræfstab. $^{8}/_{1}$:

„*Diese Sachen sind von der Viertelsnæmd zu schlichten* . alle Dreimarksachen, gesetzlich geladen und gesetzlich angerufen mit Gesetzesklage . *wenn* es nicht Grundstreitigkeiten sind *und nicht zum Liongathinge vorher geladen ist*. Wenn zu dem vorher geladen ist . da kommt das nicht zur Viertelsnæmd. Jetzt ist zum Liongathing nicht vorher geladen . da soll die Næmd *den* (Kläger) fällen wegen falsch geklagt oder den Anderen von ihnen wegen falsch an-

---

1) Vgl. 4. 7. 8.

2) So in 4. 10. $^{15}/_{3.\,4}$; den Sonderfall behandelt $^{12}/_{1}$.

geboten, und nicht hat er selbst zu wehren sich . weder der welcher klagte noch der welcher verklagt war . gehen die mit Eiden dagegen . das ist ungesetzlich . Jetzt streiten die darum . es sagt der Eine . die Gesetzesklage wäre ausgeklagt und der Andere sagt: nein . da wisse die Viertelsnæmd . was daran wahr ist. Ist sie ausgeklagt . da haben sie den Einen von ihnen zu fällen . ist sie nicht ausgeklagt . da haben sie die Klage nicht an sich zu nehmen."

Damit ist zu vergleichen Ræfstab. $^{23}/_{1}$:

„Wenn der nicht will Recht thun (= erfüllen oder sich einlassen) auf dem ersten Thinge oder der ersten Fünft . da soll er zum zweiten Thinge laden und die zweite Fünft absitzen. thut der ihm da wieder nicht Recht . da ist der schuldig sechs Mark . sodann soll er zum dritten Thinge laden und die dritte Fünft absitzen . will der da Recht thun . oder bietet er Eid für sich . da mag man ihn nicht von der Klage gefallen heissen . . . . *Jetzt kommt die Viertelsnæmd bevor er* (Kläger) *zum Liongathing ladet* . da merke sie dass sie den nicht fälle . der vor der Klage sass . wenn er Recht auf der dritten Fünft that. Will der nicht Recht annehmen. der lud . da mag sie ihn fällen wegen falsch geklagt. Will der nicht Recht thun . der geladen war . da mag sie ihn fällen wegen falsch angeboten."

Die Viertelsnæmd ist die aus Mitgliedern des Viertels bestehende Jury des Königsgerichtes. Sie ist für Dreimarksachen, wie sich aus obigen Stellen ergiebt, zuständig in Concurrenz mit dem Liongathing, das Königsgericht concurrirt für Dreimarksachen mit dem Gerichte des Gesetzsprechers. Das Königsgericht setzt voraus, dass drei Thinge und drei Fünften abgesessen sind. Es fällt wegen „falsch geklagt" oder „falsch angeboten". Unter die erste Kategorie fällt aber auch Verweigerung der Annahme der Erfüllung, unter die zweite Ungehorsam des Beklagten. Das Königsgericht wird für Dreimarksachen zuständig nicht bloss auf Anrufen des Klägers, sondern auch auf Anrufen des Beklagten.

Dies sind die Fälle, in welchen das Königsgericht im Ostgötalag zuständig ist. In dem bei Weitem grösseren Theile von ihnen besitzt das Königsgericht, wie man sieht, gewillkürte Zuständigkeit. Nur für Königseidbruch, Zweischwur, ungesetzliches Verdict besitzt es ausschliessliche Zuständigkeit. Der Königseidbruch wurde dem Königsgerichte durch die Königseidgesetzgebung zugewiesen. Das ungesetzliche Verdict setzt die Geltung der Næmd voraus, welche, wie an anderem Orte zu zeigen ist, erst seit der Königseidgesetzgebung weitere Verbreitung fand. So bleibt nur der Zweischwur als einziger Fall übrig, für welchen das Königsgericht bereits in älterer Zeit ausschliesslich zuständig sein mochte. Aber es ergiebt sich aus dem älteren W. G., dass auch hier eine Entwicklung stattgefunden hatte, bei welcher muthmaasslich die Königseidgesetzgebung eingriff. Die Næmd bei Zweischwur ist im Ostgötalag eine Urtheilsnæmd, die Næmd bei Zweischwur ist im älteren W. G. Beweisnæmd. Die Umwandlung der Beweisnæmd in die Urtheilsnæmd ging, wie noch zu zeigen ist, gerade von der Königseidgesetzgebung aus. Erst sie hat desshalb muthmaasslich den Zweischwur dem Königsgerichte unterstellt.

Klarer noch tritt bei den Fällen der gewillkürten Zuständigkeit des Königsgerichtes hervor, dass sie durch die Königseidgesetzgebung ins Leben gerufen wurden. Diejenige Stelle des Ostgötalag, welche die gewillkürte Zuständigkeit des Königsgerichtes für Dreimarksachen bespricht, fährt folgendermaassen fort:

„Nun war das so zuerst . wenn ein Mann gesetzlich überführt war . da sollte er (der Kläger) nehmen . so auch für Geldschuld . doch durfte er nicht nehmen innerhalb des Zaunes und Heckpfahles . nahm er da . da hatte er seinen Anspruch vernommen (= verwirkt) und dazu drei Mark . da wurde das abgeschafft in König Knuts Tagen, so dass man nicht mochte nehmen: und wer nahm, er hatte vernommen seinen Anspruch und dazu drei Mark . stets wofür er nimmt, ob es ist für Geldschuld oder für Bussanspruch . erleidet der den Tod oder Verletzung . der das Nehmen vollzieht . sei das ungegolten. Thut er Jemandem Schaden sei das zwiefach gegolten. So sind auch jetzt die Gesetze: damals wurde auch so festgesetzt. dass . wird jemand für eine geringere Sache als Geiselschaftsbruch gesetzlich überführt . da sollte das auf die Ræfst warten. die Ræfst sollte jedes dritte Jahr sein: wer da gefällt wird und wollte es nicht büssen . da sollte man ein Thing heim zu ihm ernennen und ausmessen seine Schuld . zuerst den Anspruch des Sacheigenthümers . dann theilten die sodann . welche dem Thinge folgten und nicht der König ausser er folgte selber. Nun kam das so . dass der König nimmt . ob er dabei ist oder nicht. Nun gab das Birghir Jarl so: nachdem die Ræfst die Sache gesetzlich überführt hat da soll man Tagfahrt legen ob sie büssen wollen. Wollen die nicht büssen . da soll die Næmd die fällte heim zu denen fahren und zuerst der Kinder Antheil fortlegen und dann der Hausfrauen Antheil . und von seinem Antheile so viel herauslegen wie er sachfällig ist."

Das volksgerichtliche Verfahren kannte, wie bereits hervorgehoben ist, keine Vollstreckung in das Vermögen. Es besass in der aussergerichtlichen Pfändung ein Sicherungsmittel für die Erreichung der Befriedigung. Diese Pfandnahme wurde, wie aus obiger Stelle hervorgeht, von König Knut abgeschafft. König Knut kann nicht Knut Eriksson sein, wie v. Amira u. A. annehmen, da das ältere W. G. die Pfandnahme als Rechtsinstitut noch kennt, sondern es kann nur Knut Lange um 1230 sein. Knut Lange schuf als Ersatzmittel für die Pfandnahme die Ræfst. Der in geringeren Busssachen, als Geiselschaftsbruch, Ueberführte sollte durch die Ræfst nochmals gefällt werden, und dann der Vollstreckung unterliegen. Geiselschaftssachen sind im O. G. mit dem Vierzigmarkstrafgelde bedroht. Zur Zeit von Knut Lange unterlagen sie muthmaasslich dem Zwölfmarkstrafgelde. Für das Zwölfmark-, später das Vierzigmarkstrafgeld bedurfte es, wie bereits ausgeführt ist, nur dreier Thinge und des Liongathings, um die Friedlosigkeit des Ungehorsamen herbeizuführen, d. h. es bedurfte der einfachen Ueberführung des Angeklagten im volksgerichtlichen Verfahren, um ihn friedlos zu legen. Die Abschaffung der Pfandnahme schuf hier also keinen Nothstand. Dagegen schuf sie einen solchen für geringere Busssachen, wo ein neues Verfahren mit drei Thingen und dem Liongathinge nothwendig war, um die Friedloslegung zu erzielen. Um dieses zu erübrigen, griff die Ræfst ein, auf Grund von deren Spruch eine obrigkeitliche Vollstreckung erfolgte. Die Ræfst griff aber anfänglich ein, wenn der Angeklagte bereits überführt war (varþær man laghunnin), also nach Durchführung des Verfahrens mit drei Thingen und dem Liongathinge. Sie concurrirte also nicht mit dem Liongathinge, sondern sie setzte dessen Urtheil voraus, sie setzte voraus, dass die Klage „ausgeklagt" war. Sie war demnach kein gerichtliches, sondern ein Vollstreckungsorgan. Erst Birger Jarl gab der Ræfst das „laghwinna malit", das Ueberführen der Sache, machte sie also zu einem gerichtlichen Organe, welches nun in der früher erörterten Weise neben das Liongathing trat.

Wie in Dreimarksachen die Viertelsnæmd sich demnach auf Birger Jarl, den Schöpfer der Königseidgesetzgebung, zurückführt, so sind die Fälle, in welchen die Heradsnæmd als gewillkürte Næmd zuständig ist, ihr sicher nicht vor der Königseidgesetzgebung zugewiesen worden. Das Verfahren, welches das O. G. der Heradsnæmd zuschreibt, ist augenscheinlich dem Verfahren bei Königseidbruch nachgebildet, ja ein Theil der Fälle, mit Bezug auf welche ihre Zuständigkeit ausgesprochen ist, rührt in der Gestalt, in welcher sie im O. G. auftreten, erst aus der Zeit der Königseidgesetzgebung her.

Fassen wir das Resultat der bisherigen Darstellung zusammen, so ist es dieses, dass in Ostgötland seit der Königseidgesetzgebung das Königsgericht in einer Reihe von Rechtssachen mit dem Volksgerichte in Concurrenz tritt, in einzelnen Rechtssachen an Stelle des Volksgerichtes tritt. Die inneren Gründe hierzu waren vornehmlich: das Fehlen der Vollstreckung beim Volksgerichte und der auf die Spitze getriebene Formalismus des Verfahrens, welcher sich schliesslich überschlug.

Bei diesem scharf ausgeprägten Gegensatze zwischen Volksgericht und Königsgericht zeigt indessen das Ostgötalag bereits den Beginn einer Umgestaltung des Volksgerichtes. Freilich nicht auf dem Gebiete des Verfahrens, sondern auf dem Gebiete der Gerichtsverfassung. Die Gerichtsversammlung als urtheilendes Organ macht dem Einzelurtheiler Platz. An mehreren Stellen des Ostgötalag finden wir noch die Thingmänner als Urtheiler. So heisst es in Kristnub. 19 pr., dass die Thingmänner dem Beklagten die Fünft zur Eidesablegung anberaumen. In Bygdab. 8/8 nimmt, wer eine Mühle erbauen will, der Thingmänner Urtheil, sie zu erbauen. In Bygdab. 33, wer einen eignen Baum auf fremdem Boden fällen will, der Thingmänner Urtheil, ihn zu fällen. An anderen und zahlreicheren Stellen ist aber vom Einzelurtheiler die Rede, welcher die Fünft anberaumt[1]), das Urtheil fällt[2]).

Dass der Einzelurtheiler der Herads- oder Viertelshäuptling war, ergiebt sich aus Vaþamal 31 pr. Der Heradshäuptling war Einzelurtheiler im Königsgerichte, sofern nicht der König den Urtheilerstuhl einnahm. Das Königsgericht wurde im O. G. auf dem Heradsthinge abgehalten. Es ist wahrscheinlich, dass vom Königsgerichte aus die Verdrängung der Urtheilerversammlung durch den Einzelurtheiler im O. G. ihren Ausgang nahm.

Im jüngeren W. G. zeigt sich ein ähnlicher Kampf zwischen Thingversammlung und Einzelurtheiler. „Nicht mag man den Dieb hängen oder stäupen ausser er ist auf dem Thinge mit Genehmigung des Heradshäuptlings abgeurtheilt" heisst es im Diebstahlsabschnitte 17, und an einer anderen Stelle des Diebstahlsabschnittes (58) urtheilt der „welcher das Urtheil führt" den Vieh- und Getreidedieb „ungegolten vor Erben und Verfolgenden . so vor Volksgenossen wie vor König". Letztere Stelle ist offenbar späteren Ursprungs. Im Uebrigen hält das jüngere W. G. noch an der Thingversammlung als urtheilendem Organe fest, soweit es sich nicht um Königseidbruch handelt.

Die Svearechte zeigen die Thingversammlung völlig durch den Einzelurtheiler verdrängt. Der Einzelurtheiler wird durch zwölf, vom königlichen Lehnsmanne ernannte Hundertschaftsmänner gewählt und vom Könige eingesetzt[3]). Der Einzelurtheiler ist also königlicher Beamter. Er leitet sein Urtheilerrecht vom Könige ab. Was der Heradshäuptling der

---

[1]) Krb. 8/1; Es. 8. 14 pr.; R. 21/1. 22/1.

[2]) Bygdab. 21 pr.

[3]) Upll. þingm. 1; Söderm. þingm. 1; Westm. II þingmb. 1.

Götarechte im Königsgerichte war, ist der Einzelurtheiler der Svearechte im Volksgerichte.

In den Svearechten tritt ein derartiger Gegensatz zwischen Königsgericht und Volksgericht, wie er in dem Ostgötalag bemerkt wurde, nirgends hervor. Dies beruht darauf, dass die Svearechte Einrichtungen, durch welche das Königsgericht sich im O. G. vom Volksgerichte scharf abhob, in das Volksgericht eingeführt haben. In den Svearechten ist die Næmd volksgerichtliches Organ geworden. Nicht als ob die Eideshilfe in den Svearechten der Næmd ganz und gar Platz gemacht hätte. Aber es hat eine Ausgleichung stattgefunden. Das volksgerichtliche Verfahren bedient sich in einer Reihe von Fällen ausschliesslich der Næmd, in anderen wendet es die Næmd oder die Eideshilfe an. Die Næmd ist also nicht mehr ausserordentliches Organ des Volksgerichtes.

Die Friedlosigkeit der Svearechte ist die Friedlosigkeit des Königsgerichtes. Die früher erörterten Unterschiede zwischen dem „biltugher" des Königsgerichtes und dem Friedlosen des Volksgerichtes sind in den Svearechten fortgefallen. Der Friedlose der Svearechte heisst „biltugher" und wird nach denjenigen Grundsätzen behandelt, welche für den „biltugher" Platz greifen.

Die Svearechte kennen die Vollstreckung in das Vermögen. Die Mæt der Svearechte ist in ihren Grundlagen dasselbe Vollstreckungsverfahren, welches das Königsgericht in den Götarechten besessen hatte. Die Mæt der Svearechte greift, wie jenes, nur für öffentliche Busssachen, aber für Busssachen von beliebiger Grösse, Platz[1]). Eine Steigerung der Bussschuld durch wiederholtes Verfahren ist nicht geboten. Die Mæt greift mit der erfolgten „Ausklagung" sofort Platz, wenn der Beklagte sich einliess und verurtheilt wurde. War der Beklagte contumax, so soll nach dem Uplandslag die Mæt allerdings noch drei Thinge „stehen", in welchen der Beklagte sich wehren mag. Hierin liegt ein Zugeständniss an den älteren, durch das O. G. dargestellten Rechtszustand. Die späteren

[1]) Vgl. v. Amira S. 121.

Svearechte lassen die Mæt bei Ungehorsam des Beklagten schneller wirksam werden[1]).

Das Ungehorsamsverfahren der Svearechte ist ein kürzeres, als das des O. G. Erscheint der Beklagte nicht in den drei Thingen, welche zur Ausklagung der Sache nothwendig sind, so wird das endgiltige Urtheil gefällt[2]).

Auch im Gange des Verfahrens zeigen die Svearechte Annäherung an das Königsgericht. Die Beweisverhandlung spielt sich in den Svearechten auf dem Thinge, nicht daheim beim Beklagten, ab, der Eid wird auf dem Thinge, nicht daheim abgeleistet[3]).

Auch so sind nicht alle Unterschiede zwischen Königsgericht und Volksgericht aufgehoben. Das volksgerichtliche Verfahren beruht auch jetzt noch grundsätzlich auf der Verhandlungsmaxime, hat auch jetzt noch die formelle Wahrheit zum Gegenstande, das Ungehorsamsverfahren des Volksgerichts setzt drei Thinge voraus.

Zwar nicht das Uplandslag, aber das Södermannalag lässt diese drei Unterschiede zwischen Volksgericht und Königsgericht erkennen.

Es heisst im Thingabschnitte 7:

„Kommt der Mann zur Hundertschaft . und beruft ein Thing vor sich oder ladet die Jury . der die Einsache des Königs hat . er soll ernennen von jedem Viertel drei Männer. Untersuchen mit denen und nachspüren den Männern . die auf Uebles ausgehen . . stehlen und unsittlichen Handlungen folgen . da soll der rechte Sacheigenthümer dabei sein und seinen Schadensthäter benennen . »der stahl von mir vollen Diebstahl eine halbe Mark oder mehr«: da ist den Männern Diebes Name gegeben und Beschuldigung gegen sie erhoben. das soll auf dem Eide von 12 Männern stehen . wen sie als

---

[1]) Vgl. über das Ganze v. Amira S. 119. 120.

[2]) Upll. þingm. 3; Söderm. þingm. 4.

[3]) Upll. þingm. 5; Söderm. þingm. 5; W. M. II þingm. 12/4. Im älteren W. M. þinghb. 13 und im Hels. þingm. 7 ist wohl der ältere Standpunkt eingenommen.

den wahrscheinlichsten dazu bekunden wollen oder frei schwören. der den sie wehren sei sachfrei vor Busse und Eiden . der den sie fällen wehre sich mit 12 Männern in drei Gesetzesthingen."

Die Stelle ist in anderer Hinsicht bemerkenswerth. Sie legt von der Existenz der Anklagejury Zeugniss ab. Für uns ist sie insofern von Wichtigkeit, als sie offenbart, dass das Königsgericht, von welchem sie handelt, von Amtswegen einschreitet, an Stelle der Ladung die blosse Anzeige verlangt, zu der der Sacheigenthümer verpflichtet ist.

In dem jüngeren W. M. heisst es (þingm. 19): „der König hat das Wahre zu erforschen . . . . . der Gesetzessprecher das Recht zu weisen".

Der König ist von der formalen Strenge des Volksgerichtes entbunden, er kann nach materieller Wahrheit entscheiden.

An einer anderen Stelle (10) der Zusätze wird das Königsgericht „Einzelthing", Thing, an welchem nach einmaliger Verhandlung entschieden werden kann, genannt.

Alle drei Stellen bringen kein neues Recht. Sie zeigen, dass die Structur des königsgerichtlichen Verfahrens, welche im O. G. scharf hervortrat, auch in den Svearechten erhalten ist.

Durch diese drei Momente: Einschreiten von Amtswegen, materielle Wahrheit, unmittelbare Urtheilsfällung unterscheidet sich also das Königsgericht auch in den Svearechten vom Volksgerichte.

Aber das Königsgericht unterscheidet sich nicht stets in den Svearechten durch diese Momente vom Volksgerichte. Das Königsgericht kennt in den Svearechten auch ein Verfahren mit L a d u n g.

Södermlg. Additam. 10:

„Wird Jemand zum Einzelthinge g e l a d e n vor den der Königsgericht hat . . . sind die nicht da . büssen sie drei Mark dem der Königsgericht hat. Ist auch auf dem Thinge der Mann. Klagt man über ihn ohne Ladung . habe er keine Gewalt oder anderes Recht . als zu antworten auf die Klage . die zu ihm getragen wird . oder er büsse wie vorher gesagt ist für seinen Trotz.“

Darnach kann auch Ladung zum Königsgerichte ergehen. Die Ladung wird jedoch durch Ansprache des auf dem Thinge anwesenden Beklagten ersetzt. Es ist klar, dass das Königsgericht an dieser Stelle nicht gleichartig ist dem Königsgerichte in Kap. 7 des Thingabschnittes.

Während in den Götarechten das Königsgericht auf einen bestimmten Kreis von Rechtssachen beschränkt ist, ist es in den Svearechten allgemeines Gericht. Es ist für jede Art von Rechtssachen zuständig, und es tritt, wenn es functionirt, an die Stelle des Volksgerichtes. Je nach 'der Beschaffenheit der Rechtssachen tritt es von Amtswegen ein, oder setzt es Ladung voraus.

In den Svearechten ist der König der Urquell alles Richtens geworden. Von ihm geht alle Gerichts- und Urtheilsgewalt aus. Der Einzelurtheiler des Hundertschaftsthinges wird von ihm eingesetzt und urtheilt in seinem Namen. Wenn der Einzelurtheiler sein Urtheilerrecht vom Könige ableitete, so lag es nicht weit, das Recht zu geben, an Stelle des Einzelurtheilers selbst zu urtheilen.

Es lässt sich aus den Quellen nicht entnehmen, wann dieses allgemeine Urtheilerrecht des Königs zur Entstehung gelangt ist. Die erste, deutliche Spur desselben scheint eine Urkunde vom 16. Juni 1306[1]) zu zeigen. Hier bestätigt der König das Kloster Fogdö im Besitze eines Grundstücks und zieht etwaige Processe über das Grundstück unter seine ausschliessliche Zuständigkeit. Nichts in den Svearechten weist darauf hin, dass Grundstreitigkeiten aller oder gewisser Art der ausschliesslichen Zuständigkeit des Königsgerichtes unterlagen. Auch im ostgöthischen Rechte unterlagen sie, wie wir sahen, nur der gewillkürten Zuständigkeit des Königsgerichtes. Darum liefert die Urkunde einen sicheren Beweis für das allgemeine Recht des Königs, nach seinem Belieben Rechtssachen

---

[1]) D. S. 1505.

an sich zur Aburtheilung zu ziehen, d. h. für das allgemeine Urtheilerrecht des Königs.

Der König übt sein allgemeines Urtheilerrecht entweder von seinem königlichen Hofe aus oder er übt es an Ort und Stelle aus. Das Königsgericht, welches an Ort und Stelle urtheilt, heisst Ræfstaþing, es ist historisch aus der Konungsræfst der Götarechte hervorgegangen. Die Konungsræfst der Götarechte trat, wie wir sahen, zu bestimmten oder innerhalb bestimmter Zeiten zusammen. Das Ræfstaþing der Svearechte tritt zu beliebiger Zeit zusammen, wann es dem Könige gefällt, sein Urtheilerrecht auszuüben.

Auf dieses Ræfstaþing scheinen sich die Worte zu beziehen, welche die Svearechte in ihren Thingabschnitten bringen[1]):

„Jeden siebenten Tag mag der Lehnsmann Thing haben auf rechter Thingstätte; nur in dem einen Falle öfter wenn des Königs Botschaft etwa kommt."

Im Gegensatze zum Einzelurtheiler ist der königliche Lehnsmann in den Svearechten Inhaber der Gerichtsherrlichkeit. Sein Amt ist jetzt nicht mehr darauf beschränkt, die an den König fallenden Strafgelder einzuziehen und einzuklagen, er ist nicht mehr blosser „soknari" des Königs, sondern er ist Beamter innerhalb des landrechtlichen Organismus. Er beruft vor allem das Hundertschaftsthing ein. Die obige Stelle bestimmt, dass der Lehnsmann das Thing in Zwischenräumen von Woche zu Woche einzuberufen habe. Nur dann, wenn der König es gebietet, wird ihm die öftere Einberufung gestattet. Dass bei der kurzen Spanne Zeit von einer Woche zwischen zwei Hundertschaftsthingen das Gebot des Königs sich auf andere Fälle, als die seines Ræfstaþing beziehen sollte, ist nicht wohl annehmbar. Bezieht sich aber die obige Vorschrift auf das königliche Ræfstaþing, so wäre uns dessen Existenz bereits für das Uplandslag bezeugt.

Es wird später sich die Gelegenheit finden, auf die Organisation des königlichen Ræfstaþing genauer einzugehen. Hier

---

[1]) Upll. þingm. 1 pr.; Söderm. þingm. 1; W. M. II þingm. 2; Helsl. þingm. 3.

sollte allein die Ausbreitung des Königsgerichtes in grossen Zügen vor Augen geführt werden. Vom Königseidbruche nahm die Zuständigkeit des Königsgerichtes als erstinstanzlichen ausschliesslichen Gerichtes ihren Ausgang. Es trat als solches zunächst in einen offenen Kampf mit dem Volksgerichte, mit welchem es um die Zuständigkeit von Fall zu Fall rang. In diesem Kampfe standen sich Gerichtsverfassung, Gerichtsverfahren und Vollstreckung von Königsgericht und Volksgericht gegenüber. In allen drei Punkten wirkte das Königsgericht auf das Volksgericht ein. Auf dem Gebiete der Gerichtsverfassung trat im Volksgerichte der vom Könige eingesetzte Einzelurtheiler an die Stelle der Thinggemeinde, auf dem des Verfahrens bürgerte sich die Jury ein, die Vollstreckung des Königsgerichts ging in das Volksgericht über. War so die Annäherung von Volksgericht und Königsgericht vollzogen und hatte sich so das Uebergewicht des Königsgerichtes über das Volksgericht bewährt, so war dem Schritte, das Königsgericht zu einem allgemeinen Gerichte zu machen, der Weg gebahnt. Jenes eifersüchtige Streben des Volksrechtes, dem Königsgerichte keinen weiten Spielraum zu lassen, fiel fort, sobald die alten Grundlagen von Gerichtsverfassung und Gerichtsverfahren nach Volksrecht verschoben waren. Das Königsgericht war nun nicht mehr ein fremdes, sondern ein gleichgeartetes, aber besseres, stärkeres Gericht, dem das Volksgericht folglich wich, sobald es eingreifen wollte.

Hand in Hand mit diesem Processe vollzog sich die Entwicklung, welche das Königsgericht als Zuggericht nahm.

Es ist früher auseinandergesetzt worden[1]), dass es einen Zug in älterer Zeit nicht gab. Indessen haben die sämmtlichen schwedischen Rechte des Festlandes nach dem älteren W. G. bereits einen Zug gegen das Urtheil des Heradsthinges aufzuweisen. Nach dem O. G. geht der Zug vom Heradsthinge zum Liongathinge oder Königsgerichte[2]). Es hängt von der Wahl der Parteien ab, ob sie das Liongathing oder das Königsgericht

[1]) Oben S. 12.

[2]) Ræfstab. 4/1.

angehen wollen. Das O. G. spricht diesen Satz zwar nur für einen besonderen Fall aus. Aber er entspricht der bereits wahrgenommenen Rivalität zwischen Königsgericht und Liongathing so sehr, dass kein Anstand zu nehmen ist, ihn als allgemein giltigen hinzustellen. Zudem bestätigt ihn eine königliche Verordnung für Öland vom 29. December 1281[1]), also aus der Zeit, welcher etwa das O. G. entstammt. Darnach soll der Zug vom Urtheile des Heradshäuptlings zum Gesetzessprecher von Öland, von diesem zum Gesetzessprecher von Ostgötland oder zum Könige ergehen. Was für Öland eine königliche Verordnung aussprach, scheint für Ostgötland angenommen werden zu können.

Im jüngeren W. G.[2]) und in den Svearechten[3]) nimmt dagegen das Königsgericht die Stellung des höheren Zuggerichtes gegenüber dem Landschaftsthinge ein. Der Zug geht nun vom Herads- bezw. Hundertschaftsgerichte zum Landschaftsgerichte zum Königsgerichte. Der König ist „höchster Urtheiler".

Das Verfahren beim Zuge ist ein „Wettverfahren".

Die Partei, welche sich mit dem Urtheile nicht begnügt, hat mit den Urtheilern zu „wetten". Nach den Svearechten hat sogar der Urtheiler, sobald er das Urtheil fällt, seinerseits Wette anzubieten[4]). Will eine Partei das Urtheil ziehen, so wettet sie dagegen. Die Wettsumme ist von der Partei bei einem Bürgen zu hinterlegen[5]). Die Wettsumme ist im O. G. dem Strafgelde, zu welchem die Partei verurtheilt ist, gleich[6]). In den Svearechten gelten bestimmte Ansätze für die Wettsumme, welche mit der Instanz, zu welcher und von welcher gewettet wird, steigen[7]). Die Wettsumme bei Wette „unter

---

[1]) D. S. 736.

[2]) II Kirkyub. 70; vgl. hierzu Ödberg S. 17.

[3]) Upll. þingm. 7/1. 10; Söderm. þingm. 8/2; W. M. I þingb. 3/2, II þingm. 14/1.

[4]) Upll. þingmb. 10; Söderm. þingm. 8/1.

[5]) Upll. þingmb. 10 und die Parallelstellen.

[6]) Ræfstab. 4/1.

[7]) Upll. þingmb. 10; Söderm. þingmb. 8/1. 2; W. M. II þingmb. 14/1.

den König" beträgt in den Svearechten 40 Mark. Bereits dieser Betrag würde daran erinnern, dass das Königsgericht höchstes Zuggericht erst nach der Königseidgesetzgebung geworden ist, auch wenn das O. G. nicht zeigte, dass es mit dem Landschaftsthinge vorher nur concurrirte. Auch schliesst eine Stelle in den Additam. zum Södermannalag 6 das Königsgericht in einem Falle des Zuges aus, welchen wir aus gewissen, an anderer Stelle zu erörternden Gründen für einen der ältesten Fälle, in denen der Zug stattfand, zu halten haben. Es lässt sich somit auch für das Königsgericht als Zuggericht der Satz aufstellen, dass es höchstes Zuggericht erst nach der Königseidgesetzgebung geworden ist.

§ 8.

Das Königsrecht.

Auf dem Gebiete des Friedens und auf dem Gebiete der Rechtsprechung sehen wir das schwedische Königthum eine sich stets machtvoller gestaltende Thätigkeit entfalten. Ein eigenes Königsrecht, welches neben oder über dem Landschaftsrechte stand, hat sich dagegen diese ganze Periode hindurch nicht entwickelt. Der alte Satz, dass allein und ausschliesslich die Rechtschaffung beim Volke liege, hielt sich zwar in seinem ganzen Umfange nicht aufrecht. Das Königthum schwang sich zum mitwirkenden Factor bei der Gesetzgebung auf. Aber ohne Annahme seitens der Landschaft wurde auch im 14. Jahrhundert noch kein Rechtssatz Recht innerhalb der Landschaft.

Dass das Königthum ein Mitwirkungsrecht bei der Gesetzgebung seit dem 13. Jahrhundert erhielt, tritt am klarsten in den königlichen Sanctionsurkunden für Uplandslagen und Södermannalagen hervor. Auf Bitten des Gesetzessprechers, das veraltete Recht einer Revision zu unterwerfen, beauftragt der König den Gesetzessprecher, mit Hilfe eines von ihm gewählten Ausschusses das neue Gesetz zu entwerfen. Nachdem der Entwurf vollendet und von der Landschaft angenommen ist[1]), wird er dem Könige eingebracht, welcher ihn „stätigt und bekräftigt“, ihm „volles Gesetzesrecht und Gesetzeskraft giebt“[2]).

Wohl haben die kräftigen Folkungerkönige bereits im 13. Jahrhundert ein selbständiges Königsrecht zu schaffen versucht. Königliche Verordnungen gaben den Anstoss, wie wir sahen, zu der Königseidgesetzgebung und zu den Bestimmungen über Königsfrieden und Königsgericht. Aber wir nahmen zugleich wahr, dass zwischen dem Inhalte jener Verordnungen und den Satzungen der Landschaftsrechte Unterschiede obwalteten, welche sich nur daraus erklären lassen, dass der Volkswille sich dem Königswillen nicht beugte, dass er die Einführung der Verordnung in die Landschaftsrechte von Bedingungen abhängig machte. Eine bekannte Thatsache ist es, dass noch das gemeine Landrecht nicht Reichsgesetz mit einem Schlage wurde, sondern in den verschiedenen Landschaften zu verschiedenen Zeiten, ja sogar in verschiedenem Umfange an die Stelle der alten Landschaftsrechte gesetzt wurde[3]). War in der zweiten Hälfte des 14. Jahrhunderts das Gesetzgebungsrecht des Volkes dem königlichen Gesetzgebungsrechte noch nicht gewichen — um wie viel weniger mochte dies ein halbes Jahrhundert und länger vorher der Fall gewesen sein!

Waren somit die Grundlagen des alten Rechts nicht völlig zu Gunsten des Königthums verschoben, so ergab sich doch in der Wirklichkeit ein selbständiges Vorgehen des Königthums auf dem Gebiete der Rechtschaffung. Auch ohne auf dem for-

---

[1]) Siþæn þæssir allir hafþu giörlikæ um welt ok gamul lagh skuþæt ny dictæþ samæn sætt ok iwir sætt . þa lystu þer þem a þingi þem a hörændi ær um warþæþi . framleþis siþæn allir mæn . mæþ samsæt ok utæn genmæli wiþ þem laghum takit haffþu . þa komo mæn atær til war . ok kunnughæþu os . hwat i þæssu mali syst war.

[2]) þa aff kununglíku waldi giwm wir fullæn laghæ rætt ok kraffpt þöm samu nyu laghum ær i þæssu brewe þiklæ næmpd æru . ok stæþium . ok staþfæstum.

[3]) Vgl. Ödberg II S. 12 ff., dessen Bemerkungen aber nicht erschöpfend sind. Siehe Svenska Riks-Archivets Pergamentsbref Nr. 107. 2239. 655. Ferner Silfverstolpe Svenskt Diplomatar. Nr. 1218.

malen Boden des Rechtes zu stehen, hätte ein starkes Königthum sich die Wege gesucht, seinen Willen durch Normen zur Geltung zu bringen. Hinzu kam aber, dass in Schweden seit der zweiten Hälfte des 13. Jahrhunderts das Beamtenthum in Rechtsprechung und Verwaltung königlich war, dass das Königsgericht sich zu einem allgemeinen und höchsten Gerichte ausgebildet hatte. Vermöge seiner Organe vermochte das Königthum zur Ausführung zu bringen, was auch nicht den Worten des Landrechtes entsprach. In denjenigen Gebieten, in welchen die Landschaftsverfassung nicht bestand, so im neueroberten Karelien[1]), ferner gegenüber denjenigen Personen, welche nicht Rechtsgenossen waren, wie Fremden, endlich in Zeiten des Krieges bestand ohnedies ein unbeschränktes Recht des Königs zur Rechtschaffung.

In diesen letzteren Fällen sehen wir den König denn auch bewusst „Gesetz“ setzen[2]), während sich da, wo es sich um ein landrechtliches Gebiet handelt, der Abstand zwischen dem, was er setzt, und dem, was Landrecht ist, ihm nicht verborgen bleibt. Den besten Maassstab für die wachsende Bedeutung des Königthums auf dem Gebiete der Rechtschaffung gewähren nicht so sehr die vereinzelten, grossen Verordnungen, welche von Zeit zu Zeit zur Aufrechterhaltung des Friedens vom Könige erlassen wurden, wie die Verordnungen von Upsala und Telge, als die Königsurkunden, welche Anordnungen und Verbote enthalten und dieselben durch Strafgelder zu erzwingen suchen. Denn in jenen handelt der König unter Zuziehung der Grossen seines Reiches, welche jetzt nach und nach an die Stelle des Volkes treten[3]), zwar nicht dessen Genehmigung überflüssig machen, aber durch ihre Zustimmung thatsächlich die volle Bürgschaft für die Ueberführung der Verordnung in das Landrecht bieten, auf der anderen Seite aber den Willen

---

[1]) Vgl. D. S. Nr. 2067.

[2]) D. S. Nr. 2067.

[3]) Ueber die Umwandelung der demokratischen Landschaftsverfassung in die aristokratische Reichsverfassung handelt mit besonderer Beziehung auf den Gesetzessprecher die citirte Schrift von Linder, De svenske Lagmännens Ställning u. s. w.

des Königs einschränken. In den Königsurkunden concreten Inhalts tritt dagegen der königliche Wille frei hervor. An ihnen erweist sich die Grenze, innerhalb deren er sich frei bewegen konnte, am klarsten. Der älteren Königsurkunde war die Androhung eines bestimmten Strafgeldes, wie wir sahen, nicht bekannt. Sie beschränkte sich auf die Androhung der poena ecclesiastica oder der königlichen Ungnade. Seit Ende des 13. Jahrhunderts tritt aber ein zwiefaches Strafgeld in den Königsurkunden auf: ein kleineres von drei und ein grösseres von vierzig Mark. Eine scharfe Grenze lässt sich für das Gebiet beider Strafgelder nicht ziehen. Jedoch ist im Grossen so viel bemerkbar, dass das grössere Strafgeld von vierzig Mark mehr für eigentliche Friedensbrüche und solche Handlungen, welche einen flagranten Eingriff in fremde Privatrechte darstellen, das geringere Strafgeld mehr für administrative Delicte Platz griff. Insbesondere gegen Handeltreibende, welche die Bestimmungen über den Handelsbetrieb übertraten, finden wir das Dreimarkstrafgeld, sei es verbunden mit Confiscation ihrer Waaren oder ohne solche, in Königsurkunden angedroht. Den ältesten Fall dürfte eine Verordnung von 1284[1]) darstellen, welche eine Verordnung Königs Magnus über den Landhandel enthält. Zu berücksichtigen möchte dabei wohl sein, dass der Handel hauptsächlich von Fremden betrieben wurde, gegen welche der König frei vorgehen konnte[2]). Das Strafgeld von vierzig Mark spielt dagegen in den grossen Verordnungen von Upsala und Telge eine Hauptrolle. Zudem tritt es sonst in zahlreichen Königsurkunden auf, in welchen der König die Rückgabe unrechtmässig angeeigneter Gegenstände anbefiehlt, die Zahlung einer Schuld auferlegt, die Untersuchung eines Vorfalles anordnet, ein Rechtsgeschäft bestätigt. Wie wir sehen, ist in diesen Einzelfällen der König, ohne dass ein Urtheil vorliegt, im Dienste der Rechtspflege thätig. An das Vierzigmarkstrafgeld für Bruch des Königsurtheils scheint sich dieses Strafgeld demnach anzulehnen. Die weite Auffassung von dem

---

[1]) D. S. Nr. 3020.

[2]) Vgl. D. S. Nr. 3581.

königlichen Berufe auf dem Gebiete der Rechtspflege, wie sie in den jüngeren Landschaftsrechten hervortritt, gewährte einem königlichen Verordnungsrechte Spielraum [1]).

Bemerkenswerth ist aber, dass ein technischer Name für die beiden Strafgelder, gleich dem fränkischen bannus und norwegischen brèfabrot, in Schweden sich nicht vorfindet. So weit hatte sich die königliche Machtstellung nicht verdichtet, dass das Strafgeld, mit welchem sie ihre Befehle, Verbote und Satzungen durchzusetzen suchte, eine eigne, den Gegensatz von Königsrecht und Volksrecht zum Ausdruck bringende Bezeichnung erhielt.

§ 9.

Der Königsfriede im gemeinen Landrechte von König Magnus.

Königsfriede, Königsgericht und Königsrecht stellen sich im gemeinen Landrechte im Wesentlichen in derjenigen Gestaltung dar, in welcher wir sie am Ausgangspunkte der landschaftsrechtlichen Entwicklung antrafen. Am schärfsten ausgeprägt zeigt sich die Bedeutung des Königthums auf dem Gebiete der Rechtspflege. Der Königsfriede auch ist anerkannt, ja hat Erweiterungen erfahren. Auf dem Gebiete der Gesetzgebung dagegen wird grundsätzlich an dem Mitwirkungsrechte des Volkes festgehalten.

> „Der König soll den Kirchen, Geistlichen und Klöstern den Rittern und Dienstleuten und all' deren Gut und Gesinde alle alte Freiheit unbeschadet der Krone Recht halten und alle alten Gesetze Schwedens, welche *die Allgemeinheit mit gutem Willen und Zustimmung angenommen hat*, und welche von den früheren Königen und ihrer königlichen Gewalt bestätigt sind, halten, stärken und vertheidigen, so dass kein Unrecht über das rechte Gesetz gehe, insonderheit, dass kein ausländisches Recht in das Reich gebracht werde der Allgemeinheit als Gesetz und

---

[1]) Vgl. D. S. Nr. 3083. 3815. 3900. 4152. 4207.

Recht: auch kein Gesetz der Allgemeinheit gegeben werde ohne ihr Ja und ihren guten Willen,"
lautet einer der Artikel, welche der von sämmtlichen Gesetzessprechern des Reiches auf der Morawiese neu gewählte König zu beschwören hat[1]).

Der Königsfriede ist darum auch im gemeinen Landrechte ein Friede vermöge Landrechts, nicht ein Friede vermöge Königsrechtes. Aber diesen Frieden hat das gemeine Landrecht erweitert. Zum ersten Male tritt im gemeinen Landrechte der Begriff der königlichen Gnade auf. Wer sich den Kriegspflichten entzieht, sei es durch Nichtbefolgung des Aufgebotes oder durch Fahnenflucht, verfällt strenger Strafe, wenn ihn der König nicht begnadigt[2]), und auch, wer ein Nidingswerk begeht, erhalte, heisst es, um so weniger Gnade, je weniger er deren werth ist[3]). Jeden Verbrecher kann ferner der König mit offenem Briefe in seinen Frieden nehmen, und wer ihn dann angreift, habe Leben und Fahrhabe verwirkt[4]). Den endgiltigen Frieden giebt dem Verbrecher allein der König, aber freilich darf er ihm die Friedensgabe nicht willkürlich verweigern[5]). Die allgemeine Aufgabe des Königthums auf dem Gebiete des Friedens fasst ein Artikel des Königseides dahin zusammen:

„Er soll auch seine Allgemeinheit befrieden und beschirmen . insonderheit den Friedfertigen . der in Ruhe und nach den Gesetzen leben will . so vor zügellosen und gesetzlosen Inländern . wie vor Ausländern . insonderheit in Obhut haben und aufrecht halten und stärken den Kirchenfrieden . Thingfrieden . Frauenfrieden und Hausfrieden. Aller Friede mehrt sich und Unfriede vergeht . je nachdem der König dazu ist" [6]).

Am einheitlichsten ist die Stellung des Königs auf dem Gebiete der Rechtspflege. Der König ist höchster Urtheiler

---

1) Kgxb. 5/7.
2) Kgxb. 16. 17. Vgl. Ödberg II S. 26 ff.
3) Drpb. Vil. 16.
4) Kgb. 27.
5) Drpb. Vil. 14.
6) Kgxb. 5/7.

über alle Urtheiler. Er ist aber auch höchster Richter über alle Richter. Er ist Inhaber aller Gerichtsgewalt. Er ernennt die Urtheiler, sowohl den Heradshäuptling als den Gesetzessprecher[1]), und er ist höchster und allgemeiner Urtheiler[2]). Vom Heradshäuptling geht der Zug zum Gesetzessprecher, vom Gesetzessprecher geht der Zug zum Könige[3]). Der König kann jede Rechtssache an sich ziehen, und wo er urtheilen will, weicht ihm jeder andere Urtheiler.

Der König als höchster, wie als allgemeiner Urtheiler ist an das Verfahren der landschaftlichen Gerichte nicht gebunden. Er sucht „die volle Wahrheit", entscheidet nicht nach der Strenge des volksgerichtlichen Verfahrens[4]).

Der König übt sein höchstes, wie sein allgemeines Urtheilerrecht in Person oder durch Vertreter aus[5]), welche er ad hoc, oder welche er auf die Dauer ernennt. Er übt sein Urtheilerrecht, wo er in Person urtheilt, von seinem königlichen Hofe[6]) oder an Ort und Stelle aus[7]).

Das schwedische Königsgericht, wie es um die Zeit des gemeinen Landrechts sich in voller Blüthe entfaltet hat, bedarf eines genaueren Eingehens an dieser Stelle schon deshalb, weil im Verlaufe der früheren Darstellung die Organisation des Königsgerichtes nicht gehörig zur Erörterung gelangt ist. Die Satzungen der Landschaftsrechte waren zu dürftig, um sich aus ihnen ein Bild von der Einrichtung des schwedischen Königsgerichtes zu gestalten. Die Svearechte schwiegen von seiner Organisation vollständig, und in den Götarechten trat es, wie wir sahen, nur für einen beschränkten Kreis von Rechtssachen auf. Erst aus dem Urkundenmaterial des 14. Jahrhunderts

---

[1]) þingmalab. 1. 2.

[2]) Kgxb. 5/9.

[3]) þingmalab. 34/1. 35. 36. Ödberg II S. 24.

[4]) Kgxb. 5/9 (æpter laghum ællæ æfter ut leta fulla sannind huat han hælder vill). þingmalab. 32 pr. 38 (Kununger ægher sannind leta; han ma ater bryta allæ skruksoknær ok upsoknær).

[5]) þingmalab. 39.

[6]) Kgxb. 29.

[7]) þingmalab. 39.

lässt sich in Verbindung mit dem gemeinen Landrechte seine Gestaltung ersehen.

Das schwedische Königsgericht tritt in dreifacher Gestaltung im 14. Jahrhundert auf[1]). Es tritt als königliches Rættaraþíng auf. Es tritt als königliches Hofgericht auf. Und es tritt als Gericht der königlichen Næmd auf.

A. Das königliche Rættaraþíng[2]).

Das königliche Rættaraþíng oder Ræfstaþíng oder kurz Ræfst ist dasjenige Königsgericht, welches in den einzelnen Landschaften von dem Könige oder seinem Vertreter abgehalten wird. Das königliche Rættaraþíng ist ein Abkömmling der Konungsræfst, welche wir in den Götarechten kennen lernten[3]), und mit welcher es seinen Namen gemeinsam hat. Während aber die Konungsræfst zu bestimmten Zeiten abgehalten wurde, tritt das Rættaraþíng zusammen, wann es dem Könige beliebt[4]). Während die Konungsræfst regelmässig oder gar stets von dem Heradshäuptling abgehalten wurde, wird das Rættaraþíng vom Könige oder seinem Vertreter[5]), als welcher niemals der Heradshäuptling fungirt, abgehalten. Während die Konungsræfst sich auf einen bestimmten Kreis von Rechtssachen beschränkte, besitzt das Rættaraþíng allgemeine Zuständigkeit[6]).

Das königliche Rættaraþíng tritt auf Gebot des Königs, welches sechs Wochen vorher zu ergehen hat[7]), zusammen. Es tritt nicht an festen Stätten zusammen. Wo es dem Könige beliebte, vermochte er innerhalb der Landschaft das Rættaraþíng abzuhalten. Insbesondere war er nicht an das Landschaftsthing gebunden. Regelmässig finden wir bis zum Anfang des 15. Jahrhunderts das Rættaraþíng innerhalb eines Herad abgehalten.

---

1) Ueber das Folgende siehe Ödbergs Eingangs citierte Schrift Heft II, von welcher ich in einzelnen Punkten abweiche.

2) Ödberg II S. 16—22. 36—72.

3) Siehe oben §§ 4. 7.

4) L. L. þingmalab. 39.

5) Ödberg II S. 17. 36.

6) Ödberg II S. 70 f.

7) L. L. þingmalab. 39. Vgl. hierzu Ödberg II S. 72.

Aber es treten auch Fälle auf, in welchen es auf dem Landschaftsthinge und andere, in welchen es im Kirchspiele abgehalten wurde [1]). Seit dieser Zeit wird es dagegen regelmässig auf dem Landschaftsthinge abgehalten [2]).

Auf dem königlichen Rættaraþing sind nicht die Bauern der ganzen Landschaft, sondern nur die Bauern desjenigen Bezirks, für welchen das Rættaraþing abgehalten wird, in ihrer Gesammtheit zu erscheinen verpflichtet [3]). Aus diesen Bauern ernennt der Vorsitzende mit Zustimmung der Parteien die Næmd, welche in den vor das Rættaraþing gelangenden Sachen ihr Verdict abgeben soll. Diese Næmd ist eine ständige Næmd, eine Næmd, welche für die Gesammtheit der im jeweiligen Rættaraþing zu verhandelnden Sachen ihr Verdict abgiebt [4]). Diejenigen, welche auf dem königlichen Rættaraþing Klage erheben wollen, haben ihre Gegner zu dem ersten Thinge, oder, wenn in dem fraglichen Bezirke kein Thing abgehalten wird, zu der ersten Kirchspielversammlung, auf welchen das Rættaraþing abgehalten werden soll, zu laden, falls sie in dem Rættaraþing berücksichtigt werden sollen. Laden sie nicht, so ist der Gegner zur Einlassung nicht verpflichtet. Erscheint der Gegner auf ordnungsmässige Ladung im Rættaraþing nicht, so wird, falls die Sache spruchreif erscheint, das Urtheil sofort gefällt [5]).

Das Verfahren des Rættaraþing strebt nach materieller Wahr-

---

[1]) Vgl. hierzu Ödberg II S. 63 f. Das Letztere geschah besonders in Finnland.

[2]) Silfverstolpe Svenskt Diplomatarium Nr. 844—846. 1079. 1084. 1088—1090. 1092. 1095—1097. 1100. 1101. 1103—1118. 1122—1126. 1128 — 1130. 1132—1135 u. s. f.

[3]) „Mit" einem bestimmten Herad, „mit" einem bestimmten Kirchspiel wird nach dem Wortlaute der Urkunden das Rættaraþing abgehalten. Ödberg II S. 64.

[4]) Ödberg II S. 19. Vorbehalten blieb den Parteien natürlich das Recht, befangene Mitglieder der Næmd auszuscheiden und an deren Stelle für ihren Process andere zu vereinbaren. Hierauf werden wohl die Verschiedenheiten in der Zusammensetzung der Næmd, welche in den Protocollen desselben Rættaraþing wahrnehmbar sind, zurückzuführen sein.

[5]) Þingmalab. 39. Ödberg II S. 19.

heit. Im Rættaraþíng treten die formalen Beweismittel des Volksgerichtes, insbesondere der Reinigungseid mit Eideshelfern nicht auf. Vielmehr ergeht das Urtheil im Rættaraþíng auf Grund des Verdictes der Urtheilsnæmd.

Gegen das Verdict der Næmd und gegen das Urtheil des königlichen Vertreters ist nur der Zug an den König zulässig, gegen das Verdict der Næmd jedoch nur so lange, als die Næmd ihr Verdict noch nicht beschworen hatte[1]). Hielt der König das Rættaraþíng selbst ab, so vermochte er sofort das materiell oder formell ungerechtfertigte Verdict der Næmd zu vernichten und ein neues Verdict zu provociren. Hielt sein Vertreter das Rættaraþíng ab, so ruhte die Sache, bis der König von seinem Hofe aus auf den Zug die Entscheidung fällte.

Das Urtheil des Rættaraþíng ist mit dem Schutze umgeben, welchen das königliche Urtheil seit der Skenninger Verordnung besass, mit dem Schutze des Vierzigmarkstrafgeldes. Als Beisitzer urtheilte im Rættaraþíng neben dem königlichen Vertreter regelmässig der Gesetzessprecher der jeweiligen Landschaft. Darum wird das Urtheil zugleich als ein Urtheil des Gesetzessprechers aufgefasst und mit der seit dem gemeinen Landrechte auf sechs Mark herabgesetzten Urtheilsbruchstrafe umkleidet[2]). Urtheilte der König selbst, oder war er auf dem Rættaraþíng zugegen, so urtheilte der Gesetzessprecher als Beisitzer nicht mit. Darum lautet die Schlussklausel des Rættaraþíngsurtheiles hier allein auf die Vierzigmarkstrafe[3]).

Vergleichen wir das Rættaraþíng in seinen Grundzügen mit der Konungsræfst, so finden wir, dass es das Princip der materiellen Wahrheit und des schleunigen Ungehorsamsverfahrens mit jener gemein hat. Wenn es Ladung voraussetzt, statt, wie jenes, sich mit der blossen Anzeige zu begnügen, so liegt dies an der weiten Zuständigkeit, welche ihm zukam. Das Einschreiten von Amtswegen war für das ganze Gebiet der civilen Sachen, für welche das Rættaraþíng nunmehr thätig war,

---

[1]) Ödberg II S. 69.
[2]) Ödberg II S. 65.
[3]) D. S. Nr. 3627. 3866. 3867. 4476.

nicht geboten. Für das Gebiet der criminalen Sachen, vor allem des Königseidbruches, für welche letztere das Königsgericht auch jetzt noch ausschliesslich zuständig war, trat es denn in der That von Amtswegen ein. Die Satzungen des O. G. über das Verfahren bei Königseidbruch hat das gemeine Landrecht wörtlich übernommen[1]. Wie dort, hatte bei Königseidbruch der Verletzte die That im Heradsthinge anzuzeigen, und nunmehr ruhte das Verfahren, bis das Rættaraþing abgehalten wurde, welches gegen den Königseidbrecher einschritt.

Das Rættaraþing kennt demnach ein Verfahren mit Ladung und ein Officialverfahren. Aber in beiden Verfahrensarten herrscht das Princip der materiellen Wahrheit. Die Ladung ist nur ein äusseres Zugeständniss, welches das Königsgericht mit Rücksicht auf den Charakter der civilen Rechtssachen dem volksgerichtlichen Verfahren macht. In seinem Kerne ist das Verfahren im Rættaraþing ein unverändertes geblieben.

B. Das königliche Hofgericht.

Das königliche Hofgericht ist dasjenige Gericht, welches der König an seinem Hofe abhielt. Schon vor Einführung der Konungsræfst war, wie wir sahen, diese Gestaltung des Königsgerichtes in Geltung gewesen, und zwar muthmaasslich ursprünglich als mit dem Landschaftsthinge concurrirendes Gericht. Neben dem königlichen Rættaraþing erhielt es sich sowohl als Zug- wie als erstinstanzliches Gericht.

Der König urtheilt an seinem Hofe allein oder mit Zuziehung seines Rathes[2]. Er urtheilt nach eigner Untersuchung, oder er überträgt die Untersuchung einem Dritten und behält sich das Endurtheil vor[3].

---

[1]) Eþsörisb. 28. 30.

[2]) Die Scheidung, welche Ödberg zwischen beiden Fällen macht, hat, wenigstens für die hier behandelte Zeit, keine Begründung. Durch die Zuziehung des Rathes wurde das königliche Urtheil so wenig wie das Verfahren im Königsgerichte beeinflusst. Die L. L. wissen auch von einer solchen Scheidung nichts.

[3]) Ödberg II S. 82 ff.

Eine feste Grenze für diejenigen Rechtssachen, welche vor das königliche Hofgericht gelangten, lässt sich nicht angeben. Insoweit das Rættaraþing zuständig war, besass jedenfalls auch das königliche Hofgericht Zuständigkeit. Nur die Königseidbrüche gehörten der ausschliesslichen Zuständigkeit des Rættaraþing an[1]).

Vermöge seiner Stellung als „höchster Urtheiler" konnte der König Rechtssachen unter sein eignes Urtheil ziehen. Insbesondere finden wir in Schutzurkunden aus dieser Zeit die Klausel, dass der König sich das Urtheilerrecht über den Schützling in Rechtsstreitigkeiten vorbehalte[2]). Diese Rechtsstreitigkeiten gelangten ausser Königseidbruch vor das königliche Hofgericht, nicht vor das Rættaraþing. Das Rættaraþing diente mehr allgemeinen, das königliche Hofgericht mehr besonderen, privilegirten Rechtssachen. Dies äussert sich auch darin, dass im königlichen Hofgerichte in gewissen Rechtssachen ein besonderes Verfahren galt. „Kommt Jemand vor den König", heisst es im gemeinen Landrecht[3]), „der eine Urkunde auf einen Anderen wegen Geldschuld hat und der ist nicht zur Antwort da . der verklagt wird . da hat der König dem welcher Kläger ist . Einen oder Zwei in der Landschaft einzusetzen . in welcher der Beklagte wohnt . und vor dem Einen oder den Zweien soll der Beklagte dem Kläger Recht an dem Tage thun . welchen der König mit seiner Urkunde anberaumt . oder er soll seine Quittungsurkunde vorlegen . oder erweisen, dass er ihm nach den Landesgesetzen bezahlt habe . und es haben Die dem Könige urkundlich zu melden . die dabei waren . dass es so geschehen war." Auffällig ist, dass hier in Civilsachen der König ladet. Auch in einem anderen, von Ödberg[4]) angeführten Falle, in dem das königliche Hofgericht urtheilte, finden wir, dass der König vorladet. Darnach scheint im Gegensatze zum Rættaraþing am königlichen Hofgerichte die Ladung vom Könige ausgegangen zu sein.

---

[1]) L. L. Eþsörisb. 28. 30.

[2]) D. S. 1505. 4380. 4453. 4468.

[3]) Kgxb. 29.

[4]) II S. 91.

Ueber das sonstige Verfahren im königlichen Hofgerichte ist im gemeinen Landrecht nichts gesagt. Dass auch hier der Grundsatz der materiellen Wahrheit galt, folgt aus den allgemeinen Sätzen, welche das gemeine Landrecht über das Königsgericht enthält.

Auf Verletzung des Urtheils des königlichen Hofgerichtes stand die Vierzigmarkstrafe, wie auf Verletzung des Urtheils des Rættaraþing.

C. Die königliche Næmd.

Die königliche Næmd ist eine Neuschaffung des vierzehnten Jahrhunderts, welche, wenn überhaupt Geltung, doch nur vorübergehende Geltung besessen hat. Durch das Statut von Upsala vom Jahre 1344[1]) gelangte sie in das gemeine Landrecht.

Die königliche Næmd war ein Zwölfergericht jeder Landschaft, welches vom Könige und Gesetzessprecher gemeinsam eingesetzt ward. Es war ein Gericht, keine blosse Jury, es waren Urtheiler, keine blossen Geschwornen, wie ihr Name annehmen lassen könnte. Das gemeine Landrecht Königs Magnus drückt sich zwar derartig aus, dass man in der königlichen Næmd möglicherweise bloss eine Anklagejury erblicken könnte. „Wen die wehren“, heisst es[2]), „der sei gewehrt vor Königthum . Herad und Sacheigenthümer . wen die fällen . der sei gefällt unter die Königsræfst nach Hand Hals Leib oder Gut und Pfennigen.“ „Er werde gefällt nach seinem Verbrechen und es gehe das Recht über ihn je nachdem er verbrochen hat.“ Darnach könnte man zu der Annahme gelangen, dass der verurtheilende Spruch der Königsnæmd erst das Inkrafttreten der Konungsræfst zur Folge habe. Aber eine authentische Interpretation des Königs legt der Königsnæmd ausdrücklich die Urtheilereigenschaft bei, sie „habe des Königs volles Urtheilerrecht . zu urtheilen und zu richten nach Landschafts-Reichsrecht und des Königs Verordnung“, sagt König

[1]) D. S. 3864.

[2]) Kgxb. 31.

Magnus in einem Schreiben an die Bauern des Uplandes vom 26. August 1346[1]). —

Die königliche Næmd ist in ihrer Zuständigkeit auf das Gebiet der Königsvergehen im engsten Sinne beschränkt. „Wenn etwas verbrochen wird gegen den König von dem was im Königsabschnitte steht“ soll nach dem gemeinen Landrecht[2]) die königliche Næmd urtheilen. Hierhin gehören ausser den Vergehen des Hochverrathes die militärischen Vergehen der Dienstentziehung und Fahnenflucht, Bruch des Königsurtheils und Königsfriedens, ferner gewisse Vergehen, auf deren Beseitigung der König zur Zeit des gemeinen Landrechts seine ganze Kraft richtete. Nichts dagegen hat die königliche Næmd mit den Königseidbrüchen zu thun, welche vielmehr dem Rættaraþing unterlagen[3]).

Die königliche Næmd schreitet von Amtswegen ein. Auch ohne dass der Verletzte bei ihr Beschwerde erhebt, hat sie „nachzuforschen und zu offenbaren Alle, die der Allgemeinheit Unfrieden thun gegen dieses Recht“[4]).

Da die königliche Næmd es nur mit schweren Criminalsachen zu thun hat, so urtheilt sie in allen Fällen auf Grund der erlangten, materiellen Wahrheit.

Findet sich der Beklagte vor der königlichen Næmd nicht ein, so ergeht nichtsdestoweniger bei Spruchreifheit das Urtheil.

Auffällig ist, dass die königliche Næmd in der Gestaltung, wie sie das gemeine Landrecht aufweist, in den Urkunden der Folgezeit nur ganz vereinzelt auftritt[5]). Was dort unter dem Namen: Königsnæmd erscheint, ist Jury, nicht Urtheilerversammlung, und fast stets Næmd des rættaraþing. In König Christophs Landrecht sind zwar die Sätze des gemeinen Land-

---

1) Ödberg II S. 23.

2) Kgxb. 31.

3) Eþsörisb. 28.

4) Kgxb. 31.

5) Siehe die sorgfältige Untersuchung Ödbergs S. 73—77. Von den von ihm citirten Urkunden ist eigentlich nur die Urkunde vom 2. Februar 1348 — D. S. 4282 — voll beweiskräftig.

rechts über die Ernennungsart der Königsnæmd im Grossen übergegangen: aber die Næmd ist dort Jury, welche auf dem Landschaftsthing veredicirt, und nicht selbständiger Gerichtshof[1]).

So scheint es, dass die Königsnæmd in derjenigen Gestaltung, welche das gemeine Landrecht aufweist, bald ausser Kraft getreten ist.

Von den drei behandelten Formen des Königsgerichtes hat das Rættaraþíng in der Folgezeit eine Spaltung erfahren. Es ist bereits auseinandergesetzt worden, dass das Rættaraþíng entweder durch den König in Person oder durch seinen Vertreter abgehalten werden konnte. Im Laufe des vierzehnten Jahrhunderts griff die letztere Art seiner Abhaltung mehr und mehr um sich. Zugleich wurde es üblich, das Rættaraþíng auf dem Landschaftsthinge abzuhalten.

Bereits seit der Mitte des vierzehnten Jahrhunderts sass im Rættaraþíng neben dem königlichen Vertreter der Gesetzessprecher der jeweiligen Landschaft auch dann, wenn das Rættaraþíng im Herad oder Kirchspiel tagte. Dies führte dazu über, dass das Rættaraþíng da abgehalten wurde, wo der Gesetzessprecher seinen dauernden Sitz hatte. Die Abhaltung des Rættaraþíng auf dem Landschaftsthinge machte aber letzteres praktisch überflüssig. Seitdem das Königthum im Bunde mit den Grossen auf dem Gebiete von Rechtschaffung und Rechtsprechung dem Volke mehr und mehr von seinen Aufgaben abnahm, — trat das Landschaftsthing naturgemäss in den Hintergrund. Ohnedies war der Gesetzessprecher seit dem gemeinen Landrecht königlicher Beamter. Durch eine Verordnung vom 9. April 1413[2]) hob König Erich das Landschaftsthing auf und setzte an dessen Stelle das „ræfstathing".

---

[1]) Kgxb. 35. Thingmb. 37.

[2]) Silfverstolpe 1702. (Item skula engin annor laghmandzthing wara i Lyncøpunx biscopsdøme, utan all mal, som kæras, skula ther ændas uppa the forscreffna refstathinge, som før ær saght.) Die Verordnung ist nur für das Bisthum Linköping erlassen. Der König erklärt am Schlusse aber, dass er für die anderen Bisthümer und Landschaften gleiche Verordnungen erlassen habe. cf. 1703.

Im Ræfstathing sollten, falls der König nicht selbst urtheilte, als Urtheiler der Bischof, zwei Domcapitulare, eine Anzahl vom Könige ernannter Männer und der Gesetzessprecher fungiren. Es sollte zweimal[1]) im Jahre zusammentreten. Es sollte für alle die Rechtssachen zuständig sein, für welche vordem das Landschaftsthing zuständig war[2]).

Das Verfahren sollte im Ræfstathing durch die Ladung[3]) eröffnet werden. Das Urtheil sollte auch gegen den Abwesenden ergehen. Der Zug sollte vom Ræfstathing nicht an den König gestattet sein — sondern das Urtheil des Ræfstathings sollte volle Rechtskraft besitzen[4]).

Ueber das weitere Verfahren im Ræfstathing spricht sich die königliche Verordnung nicht aus. Jedoch belehren uns Urkunden, dass im Ræfstathing die Næmd veredicirte[5]). Auch hier herrschte also der Grundsatz der materiellen Wahrheit. —

In diesen Grundzügen ist das Ræfstathing in das Gesetzbuch König Christophs übergegangen[6]).

---

[1]) Silfverstolpe 1703. Wenn in 1702 für das Bisthum Linköping der König dreimalige Abhaltung vorschrieb, so lag dies wohl an dem weiten Umfange des Bisthums (vergl. Styffe, Skandinavien under Unionstiden 1880 S. 101).

[2]) All Kæromaal oc twædrakt oc osæmio ... at høra .. oc ranzsaka oc fulkomplika ower at døma, rætta oc ænda ..

[3]) Item vare nakar ...... stæmder til the forna ræfstathing ..... Item hwa som stæmpder wardher ..

[4]) Thy at wi engaledhis unna stædhia æller lüdha willioin, at nakar skal wædhia æller skiuta sik for oss æller wart rikesens raadh ytermer, æn hwat thene for: de, som ower rættin sithia, døma rætta æller sæmia thet scal bliwa stadhught oc fast i alla matto, utan alla gensæghn til ewærdhelik tüdh.

[5]) Silfverstolpe 1743. 1747. 1748. 1749. 1750. 1751. 1754. 1761. 1767. 1769. 1791. 1813. 1816. 1817. 1822. 1824. 1828. 1830. 1833. 1839. 1842. 1843. 1846. 1847. 1848. 1849. 1850.

[6]) Thingmalab. 9. Doch soll hiernach mindestens einmal im Jahre in jeder lagsaga das Ræfstathing abgehalten werden. Ræfst und Landsthing wird in diesem Gesetzbuche mit einander dementsprechend identificirt. Das Urtheilercollegium im Ræfstathing soll, falls der König nicht selbst urtheilt, nach Thingmalab. 10 aus dem Bischof, zwei Domcapitularen, dem Gesetzessprecher und zwei Mitgliedern des Reichsrathes bez. zwei vom Bischofe und Gesetzessprecher gewählten Männern bestehen.

Das Urtheileramt des Gesetzessprechers ist durch das Ræfstathing ebenso wenig aufgehoben worden, wie das Rættaraþing des Königs. Der Gesetzessprecher fungirte nur auf dem Ræfstathinge nicht als Einzelurtheiler. Andererseits soll er in den einzelnen Heraden mindestens einmal des Jahres Thing abhalten[1]). Das Rættaraþing ist fortan Thing, welches der König oder sein Vertreter „in anderen Zeiten, als wie vorgeschrieben steht", in den einzelnen Landschaften abhält[2]). —

Nach dem Erörterten kennt das gemeine Landrecht König Christophs drei Arten von Königsgerichten:

1. das königliche Hofgericht,
2. das Ræfstaþing,
3. das Rættaraþing.

Das königliche Hofgericht wird am Hofe des Königs, das Ræfstaþing und Rættaraþing werden in der Landschaft abgehalten.

Im Ræfstaþing und Rættaraþing urtheilt der König selbst oder es urtheilen seine Vertreter. Im Hofgerichte fällt das Endurtheil stets der König.

Das Ræfstaþing ist ordentliches Gericht, das Hofgericht und Rættaraþing sind ausserordentliche Gerichte. Darum wird das Ræfstaþing zu bestimmten Zeiten, das Rættaraþing und Hofgericht zu willkürlichen Zeiten abgehalten.

Für die Zuständigkeit aller drei Gerichte gelten keine bindenden Normen. Sie sind für a l l e Klagesachen der Allgemeinheit zuständig[3]).

Alle drei Gerichte sind oberste Gerichte und die Urtheile aller drei Gerichte sind mit dem gleichen Schutze des Vierzigmarkstrafgeldes umgeben.

In allen drei Gerichten herrscht das Princip des „sannind leta". —

---

1) Chr. L. L. Thingmalab. 9. Dieses Thing heisst im Gegensatze zum Landsthing Laghmanztingh.

2) Chr. L. L. Thingmalab. 40.

3) Die Sonderstellung des Königseidbruches, welche noch das gemeine Landrecht von Magnús kannte, ist durch Christophs Landrecht aufgehoben. Edzörisb. 24. 35.

Bei dem Rechtszustande, wie ihn das Gesetzbuch Christophs darbietet, schliessen wir den Ueberblick über den Entwickelungsgang des Königsgerichtes. Ganz abgesehen davon, dass die weitere Verfolgung ausserhalb unserer Aufgabe liegt, erscheint dies um deshalb geboten, weil die Gesetzgebung Christophs einen wirklichen Abschluss bedeutet. Die Verdrängung des Landschaftsthinges durch das Ræfstaþing stellt den endlichen Sieg des Königsgerichtes über seinen Nebenbuhler, das Gericht der Landschaft, dar. —

§ 10.
Rückblick.

Aus kleinen Anfängen heraus sahen wir in Schweden den Königsfrieden erwachsen. Nicht mehr als ein verfassungsmässiges Organ der jedweden Landschaft war in historisch noch wahrnehmbarer Zeit der schwedische König. Bestimmte Rechte waren dem Könige durch das Landrecht der einzelnen Landschaft zugewiesen. Der König stand nicht über, er stand nicht neben dem Landrechte. Er stand durchaus im Landrechte, dessen strenge, formale Satzungen seinen Willen in die Richtung zwängten, welche das Landrecht anwies. Einen objectiven Königsfrieden kannte das älteste schwedische Recht nicht.

Auch ein subjectiver Sonder-Königsfriede war dem ältesten schwedischen Rechte unbekannt. Es behandelte den Königsfrieden nach gemeinem Rechte. Als Treuherr genoss der König seinen Unterthanen gegenüber eines Friedens, gleich jedem anderen Treuherrn.

Als Organ der einzelnen Landschaft standen dem Könige behufs Wahrung des Friedens gewisse Befugnisse formalen und materiellen Charakters zu. Der König ertheilte dem Friedlosen den Frieden im Namen der Rechtsgemeinschaft, ursprünglich neben dem Verletzten und der Gemeinde, später an deren Stelle. Der König hatte Anspruch auf einen Theil des Ächtergutes und auf einen Theil der Strafgelder.

Hierin erschöpften sich seine Rechte gegenüber dem Frieden. So wenig er die Ordnung des Volksrechtes umstossen oder abändern konnte, so wenig besass er ein eignes Gericht, durch welches er seine Stellung als Wahrer des Friedens ausübte. Im Volksgerichte musste der König gleich dem Volksgenossen seine Rechte geltend machen. —

An das geringe Maass der königlichen Befugnisse knüpften kräftige Herrscher an, um den König in seiner Stellung gegenüber dem Frieden auf eigne Füsse zu stellen. Sie vermochten es nicht durchzusetzen, dass neben dem Landrechte ein eignes Königsrecht entstand, welches den Frieden regelte, sie vermochten es also **nicht** durchzusetzen, dass ein objectiver Königsfriede in das Leben trat. Sie setzten aber so viel durch, dass innerhalb der einzelnen Landschaftsrechte im Grossen und Ganzen übereinstimmende Satzungen in eigner, vom Landrechte dem Namen und der Sache nach abweichender Gestaltung den Frieden regelten, dass sich innerhalb des Landrechts ein Friede vom gewöhnlichen Frieden des Landrechts abhob, welcher seinem Ursprunge und Inhalte nach ein Königsfriede, der Form nach ein Landrechtsfriede war. Dies war die Bedeutung des Königseidschwures. Dieser eigne Friede erhielt ein eignes Gericht mit eignen Formen. Das Königsgericht, vordem in kümmerlicher Geltung, wenn überhaupt in Geltung, wurde nun ein kräftiger Factor im Staatsleben. Die Untersuchungsmaxime, das Princip der materiellen Wahrheit, die Jury, der Einzelurtheiler, die Vollstreckung in das Vermögen des Beklagten, eine eigene Friedlosigkeit über das Reich hin unterschieden es vom Volksgerichte mit Verhandlungsmaxime, formeller Wahrheit, Eidhelfern, Urtheilergemeinde, Mangel der Vollstreckung in das Vermögen und gemeiner Friedlosigkeit über die Landschaft hin. —

Vom Königseidschwure und vom Königsgerichte gingen Umwälzungen im landrechtlichen Systeme aus.

Vom Königseidschwure ging eine Umwälzung im landrechtlichen Strafensysteme aus. Die Vierzigmarkbusse und die neue Friedlosigkeit bürgerten sich im Landrechte ein und verdrängten die Zwölfmarkbusse und die alte Friedlosigkeit.

Vom Königsgerichte drangen die Reformen der Jury, des Einzelurtheilers, der Vollstreckung in das Vermögen in die Volksgerichte ein.

Indem so das Königsgericht Vorbild für das Volksgericht wurde, hatte es seine Ueberlegenheit gegenüber dem Volksgerichte dargethan. Es entwickelte sich zum höheren Gerichte gegenüber dem Volksgerichte. Es entwickelte sich ferner zum allgemeinen Gerichte neben dem Volksgerichte. So gelangte es am Ende unserer Periode zu dem Abschlusse seiner Entwicklung. —

Nicht zum Abschlusse gelangte im Uebrigen die Entwicklung des objectiven Königsfriedens. Ein objectiver Königsfriede wird nicht erzielt. Der König erlangt ein Mitwirkungsrecht auf die Gesetzgebung. Er erlangt auch von Fall zu Fall ein Verordnungsrecht. Aber die Grundlage der alten Verfassung, dass ohne Ja und Willen der Bauerschaft nichts Gesetz ist, erhält sich bis zum Schlusse dieser Periode.

Was den subjectiven Königsfrieden betrifft, so gelang es auch hier den Königen nicht beim ersten Anlaufe, ihre weitgehenden Bestrebungen durchzusetzen. Von ihrer Person aus wollten sie einen erhöhten Frieden der Landschaft, in welcher sie weilten und den Unterthanen, welche sie unter ihren Schutz nahmen, durch die Skenninger Verordnung mittheilen. Aber diese Satzungen stiessen zunächst in den einzelnen Landschaftsrechten auf Widerspruch. Erst am Ablaufe unserer Periode sehen wir diesen subjectiven Königsfrieden zum Durchbruche gelangt. —

Unter den drei skandinavischen Reichen nimmt Schweden in der Entwicklung des Königsfriedens in dreifacher Hinsicht eine Sonderstellung ein. Einmal prägt sich hier der Gegensatz zwischen der alten Ordnung und der neuen Ordnung am schärfsten aus. Wie in Schweden überhaupt Volk und König unvermittelter gegenüberstehen als in Dänemark und vor allem als in Norwegen, so hebt sich der Königsfriede mit seinem Organe, dem Königsgerichte, wirksamer vom Volksrechte ab, als in den beiden anderen nordischen Reichen.

Dem entspricht es aber zweitens, dass bedeutsamer und einschneidender als in Dänemark und Norwegen in Schweden die Wirkungen dieses Königsfriedens sind. Nicht nur eine theilweise Umänderung des Bussensystems und eine Aenderung der

Friedlosigkeit, sondern auch die Herstellung eines einheitlichen obersten und allgemeinen Billigkeitsgerichtshofes und die Einführung verschiedener Reformen in das Gerichtsverfahren des Landrechts sind ihm zuzuschreiben. —

Endlich steht Schweden in der formalen Ausprägung des Königsfriedens, als Königseidschwures, unter den skandinavischen Ländern isolirt da. Weder in Dänemark noch in Norwegen findet sich ein vom Könige und den Grossen beschworner Friede, welcher gewisse Klassen von Friedensbrüchen umfasst. Halten wir sonst Umschau in den germanischen Ländern, so stossen wir auf die Landfriedensordnungen Deutschlands. Die Aehnlichkeit des schwedischen Königseidschwures mit den deutschen Landfriedensordnungen liegt klar zu Tage. Hier wie dort handelt es sich um einen vom Könige ausgehenden Frieden. Hier wie dort wird dieser Friede vom Könige und den Grossen beschworen. Hier wie dort ist es ein Sonderfriede.

Aber in Deutschland stand dem Könige nicht mehr das alterthümliche Gefüge der einzelnen Landschaften gegenüber, wie in Schweden. In der Zeit, in welcher die deutschen Landfriedensordnungen ergingen, waren die demokratischen Stammverfassungen längst verschwunden. Das karolingische Einheitskönigthum selbst, welches sie getilgt hatte, war dahin. Neue Bildungen waren erwachsen, deren Gepräge ein aristokratisches war. Ihnen entsprach es, wenn der König mit den Grossen den Frieden beschwor. In Schweden genügte dieses nicht. Der vom Könige und den Grossen beschworne Friede bedurfte der Annahme seitens der Landschaft, um dort Recht zu werden. Und wir sahen, wie wenig die einzelnen Landschaften gewillt waren, den vom Könige ihnen vorgelegten Frieden ohne Weiteres anzunehmen, wie sehr sie an den königlichen Satzungen modelten. Ist somit der schwedische Königseidschwur möglicherweise eine Uebertragung von deutschen Vorbildern auf schwedische Verhältnisse, so ist er die Uebertragung einer späteren Bildung auf frühe Verhältnisse. Die schwedische Verfassung um die Mitte des dreizehnten Jahrhunderts war ungefähr auf den Standpunkt gelangt, auf welchem sich die deutsche Verfassung im Beginne der Karolingerzeit befand. Und wie diese deutsche

Verfassung das Amtsrecht der Könige nur widerwillig aufnahm, wie in ihr sich der Antagonismus von Volksrecht und Amtsrecht geltend machte, so trat in das Gefüge des Landrechts der Königseidschwur als ein Fremdes ein. Und wie die fränkischen Könige sich einen obersten Gerichtshof schaffen mussten, um ihre Neuerungen in das Volksrecht überzuführen, so schufen sich die schwedischen Könige einen obersten Gerichtshof, mit dessen Hilfe sie die Gerichtsverfassung und das Gerichtsverfahren des Volksrechts reformirten.

Der Hergang, welchen wir in Schweden im dreizehnten Jahrhundert beobachten, entspricht dem Hergange, welcher sich in Deutschland etwa ein halbes Jahrtausend früher abspielte. Nur die äussere Form hat zum Theil Schweden den Vorbildern seiner Zeit entlehnt.

ZWEITER THEIL.

DER KÖNIGSFRIEDE DER DÄNEN.

§ 11.

Die altdänische Verfassung[1]).

Die älteste dänische Verfassung zeigt in ihren Grundzügen grosse Verwandtschaft mit der ältesten schwedischen Verfassung. Eine Reihe von Territorien tritt uns entgegen, welche, ursprünglich selbständige staatsrechtliche Gebilde, in historischer Zeit sich wenigstens durch die Einheit des Rechtes zu den drei grossen Landschaften Schonland, Seeland, Jütland zusammengeschlossen haben. Jede dieser Landschaften stellt ein selbständiges Rechtsgebiet dar. Und wenn auch die Abgeschlossenheit der einzelnen Rechtsgebiete gegen einander nicht eine so schroffe ist, wie in den schwedischen Landschaftsrechten[2]), wenn

[1]) Ausser den Darstellungen bei Kolderup Rosenvinge, Schlegel, Stemann, Aschehoug vergl. vor Allem Larsen: om Rigsdage og Provindsialforsamlinger samt Rigsraadet i Danmark fra det 13de Aarhundrede indtil Statsforandringen 1660, sowie Om de danske Kongers personlige Deeltagelse i Retspleien fra de ældste Tider indtil den nuværende Tid in der Historisk Tidsskrift von Molbech Bd. I und in seinen Samlede Skrifter II S. 215 ff., 305 ff., ferner Larsen: om Kongeværdighedens Arvelighed fordum i Danmark in Saml. Skr. II S. 173 ff. Für das dreizehnte Jahrhundert liefert reiche Beiträge Johannes C. H. R. Steenstrup, Studier over Kong Valdemars Jordebog. Kopenhagen 1874.

[2]) Darin geht Steenstrup S. 1. 2. zu weit. Nirgends wird in den dänischen Landschaftsrechten gesagt oder gezeigt, dass der einer anderen Landschaft angehörige Däne als Fremder gilt. Die Friedlosigkeit der einzelnen Landschaftsrechte ist zwar noch eine Friedlosigkeit über die Land-

der Begriff des Reiches mehr in den Vordergrund tritt, als in Schweden, so sind wir doch weit von dem Zustande eines einheitlichen Rechtes entfernt. Denn auch ein Allthing, auf welchem das gesammte Volk ein die Gesammtheit bindendes Recht schafft, ist nicht vorhanden. Nur zur Beschlussfassung über Krieg und Frieden und zur Wahl des Königs tritt ein gemeinsames Thing zusammen, welches für den letzteren Fall nach Svend Aagesen[1]) und Saxo[2]) am Isefjörd in Seeland, nach den isländisch-norwegischen Geschichtsquellen[3]) zu Viborg in Jütland abgehalten wurde. Aber der auf dem allgemeinen Thinge neu gewählte König pflegte wohl, gleich dem schwedischen Könige, in den anderen Landschaften sich nachträglich huldigen zu lassen und als König galt er in jeder Landschaft auch dann, wenn er nur auf deren Landschaftsthing gewählt ist, ohne auf dem allgemeinen Thinge gewählt worden zu sein.

Der dänische König der Zeit, welcher unsere Rechtsquellen angehören, ist Wahlkönig. In einer älteren Zeit war möglicherweise in Dänemark das Königthum ein Erbkönigthum, so wie es dies möglicherweise in Schweden war. Aber die geringen Machtbefugnisse des ältesten Königthums und der Mangel einer festen Thronfolgeordnung haben dem Volke von jeher einen gewissen Einfluss auf die Besetzung des Thrones gewährt und sie führten in Zeiten gestörten Friedens leicht von selbst zum Wahlkönigthume hinüber. Bereits am Schlusse des zehnten Jahrhunderts regt sich das Recht des Volkes, den König zu

---

schaft hin, aber in den Verordnungen der dänischen Könige vom Anfange des dreizehnten Jahrhunderts tritt bereits die Friedlosigkeit über das Reich auf. Hauptsächlich tritt die Landschaft im Gegensatze zum Reiche hervor, wenn es sich um die Abwesenheit eines Menschen und den daran geknüpften Verlust gewisser Rechte oder um deshalb drohende Nachtheile handelt. Aber dies letztere gilt auch noch in Norwegen, wo das fylki vom Reich vollständig verschlungen ist.

[1]) Historia regum Dan. 5 (Scriptores rer. Dan. I S. 56).

[2]) ed. Müller-Velschow S. 569, 645 u. s.

[3]) Knytlíngasaga 24. 26. 28. 65. Heimskringla Magnús saga góða $^{22}/_{530}$, Haralds saga harðráða $^{29}/_{568}$, Frissbók Magnus s. góða $^{26}/_{179}$, Haralds s. harðráða $^{33}/_{210}$. Fagrskinna S. 92. 99. 102. 120. vergl. hierzu Larsen Samlede Skrifter I/2 S. 200 ff.

wählen. Vom Schlusse des elften Jahrhunderts ab sehen wir es in festen Formen uns entgegentreten. Das Volk setzt sich bewusst über das Recht des Thronfolgers hinweg und wählt sich einen König, welcher ihm die Herrschereigenschaften in höherem Maasse zu besitzen scheint, als der geborene Thronfolger. Die Bürgerkriege des zwölften Jahrhunderts trugen dazu bei, dem Wahlrechte des Volkes den Sieg über das Erbfolgeprincip zu verschaffen, und um die Mitte des zwölften Jahrhunderts ist das dänische Königthum de jure ein Wahlkönigthum geworden.

Der König ist das einigende Band der drei Landschaften, welche durch ein weiteres einigendes Band nicht verknüpft sind. Dem Könige steht aber in Dänemark kein Vertreter der Bauern in den Landschaften gegenüber, wie dem schwedischen Könige der Gesetzessprecher. Weder die älteren dänischen Landschaftsrechte noch die geschichtlichen Quellen lassen eine Spur des Gesetzsprecheramtes in Dänemark erkennen, und was sich in der späteren Zeit davon findet, scheint fremden Ursprungs zu sein [1]).

Die Verfassung innerhalb der einzelnen Landschaften trägt denselben demokratischen Charakter, wie die Verfassung der schwedischen Landschaften. In altgermanischer Weise zerfallen sie in Herade, territoriale, den Zwecken der Rechtspflege dienende Bezirke, diese wieder in Unterabtheilungen [2]). Innerhalb der Landschaft und innerhalb der Herade sind die freien Bauern die Träger, Pfleger und Schöpfer des Rechtes. Ständisch abgestuft sind die Bauern nicht. Dem Rechte ist nur der Unterschied zwischen Bauern und Unfreien geläufig, wenn auch im Leben Reichthum, Abkunft, Rechtskenntniss, kriegerische Tapfer-

---

[1]) Vergl. K. Maurer, Das Alter des Gesetzsprecheramtes in Norwegen S. 21.

[2]) Neben der Eintheilung in Herade läuft eine andere, muthmaasslich spätere, Eintheilung in Syssel, grössere Bezirke, deren Alter, Ursprung und Bedeutung noch nicht ganz aufgeklärt ist. Vergl. über sie Larsen s. Skr. I S. 256, Nielsen, Bidrag til Oplysning om Sysselinddelningen i Danmark, 1867; Steenstrup, Studier S. 3—17; Sars, Udsigt over den Norske historie I S. 127. Nicht für das weltliche Recht von Bedeutung ist die Eintheilung in sóknir.

keit Vorzüge verliehen. Ein Adel als Stand gehört erst der späteren Zeit an[1]).

Der dänischen Landschaftsverfassung fehlt ein volksrechtliches Amt, wie es die schwedische Verfassung im Heradshäuptling kannte. Von einem Heradshäuptling wissen die dänischen Rechtsquellen nichts, um nicht zu sagen nichts mehr. Andererseits füllt dessen Platz nicht ein königlicher Beamter aus. Zwar vom königlichen Voigt sprechen bereits die ältesten Rechtsquellen. Aber der königliche Voigt, Konungs umbuzmann, exactor regius, hat in dem ältesten der dänischen Landschaftsrechte nur beschränkte Befugnisse. Er hat die Eintreibung der königlichen Strafgelder und sonstigen Einkünfte des Königs[2]), die Bewachung des gefangenen oder zur Strafknechtschaft dem Könige übergebenen Uebelthäters[3]), die Verwaltung der königlichen Domänen[4]). Eine Mitwirkung bei oder ein Einfluss auf die Gesetzgebung und Rechtspflege steht ihm in älterer Zeit nicht zu[5]). Ebenso wenig hat er in älterer Zeit die Hegung,

---

[1]) Ueber den jüngeren Ursprung und die Entwicklung des dänischen Adels, welcher ein Amtsadel war, siehe Larsen, samlede Skrifter I S. 312 ff. Stemann, Retshistorie § 22: Steenstrup, Studier S. 106. 107; Sars, Udsigt II S. 356 ff. Der wieder von Kinch om de danske Adels Udspring fra Thinglid in den Aarbøger 1875 aufgenommene Versuch, den dänischen Adel von der Witherlagsgenossenschaft abzuleiten, erscheint nicht gelungen. Jørgensen in den Aarbøger 1876 S. 56 Anm. nimmt einen alten Geburtsadel in Dänemark an, giebt aber ebenda S. 68 zu, dass ein Standesunterschied zwischen Adligen und Bauern ursprünglich nicht bestand. Kann man dann, wie schon Steenstrup bemerkt, von Adel als Stand sprechen? Derselbe Jørgensen bringt mit seinem alten Adel die „aldungæ" des älteren Rechtes in Verbindung (Aarbøger 1872 S. 297, 298), unseres Erachtens ohne Grund.

[2]) Skånelagen 105. 156. 157.

[3]) Skånelagen 154. 216.

[4]) Als Konungsbryti, Schlyter Glossar zum Skånelag voce bryti. Ueber den Konungsbryti vergl. Velschow om Bryderne, en egen Classe af den danske Bondestand i Middelalderen in der Historisk Tidsskrift von Molbech I. Die Stellung des dänischen exactor entspricht im Ganzen der des norwegischen ármadr, von welchem handelt K. Maurer, die ármenn des altnorwegischen Rechtes in Sitzungsber. der philos.-phil. hist. Classe der k. bayer. Akademie 1879 S. 49 ff., 72, 126, 128 ff. vergl. auch Sars Udsigt I. S. 163.

[5]) Skånelagen 147, Andreas Sunesen 95.

Leitung und Schliessung des Thinges, da seine Anwesenheit auf dem Thinge nicht nothwendig ist[1]). Erst im Laufe des dreizehnten Jahrhunderts wird ihm eine Mitwirkung bei der Rechtspflege durch das Recht der Beistimmung zum Urtheile, schliesslich durch Gewährung eines alleinigen Urtheilerrechtes[2]) eingeräumt. —

Die Gesetzgebung und die Rechtspflege wird von den Bauern der Landschaften ausgeübt. Die Gesetzgebung wird von den Bauern auf dem Landschaftsthinge ausgeübt. Das Landschaftsthing ist ein örtlich ständiges Thing, welches in bestimmten Zwischenräumen zusammentritt[3]). Auf dem Landschaftsthinge sind die Bauern in ihrer Gesammtheit, nicht durch einen Ausschuss thätig.

Die Gesetzgebung liegt in vollem Umfange bei den Bauern, insofern ohne „Ja und Willen" der Bauern nichts Gesetz ist. So wenig ohne „Ja und Willen" der Bauern der König ursprünglich Krieg erklären und Frieden schliessen konnte[4]) und so wenig er ohne „Ja und Willen" der Bauern noch im dreizehnten Jahrhundert neue Steuern auferlegen kann[5]), so wenig kann er ohne „Ja und Willen" der Bauern Landrecht schaffen. Dass die Gesetzgebung in älterer Zeit ausschliesslich bei den Bauern lag, bezeugen historische Quellen, wie Ælnoths Lebensbeschreibung Knuts des Heiligen[6]). Dass sie im zwölften und dreizehnten Jahrhundert zwar nicht mehr ausschliesslich, aber doch in vollem

---

[1]) Valdemars Sæll. III 13.

[2]) Dies bereits in der Verordnung von 1251 in Aarsberetninger des Geh. Ar. V S. 10, 12; vergl. über ihn noch Stemann S. 212, Nielsen Bidrag S. 37 ff.

[3]) Vergl. Stemann § 44.

[4]) Auf das ehemalige Mitwirkungsrecht des Volkes auch in auswärtigen Angelegenheiten weist der Brief hin, welchen Knut der Grosse von Rom aus an die englischen Bischöfe richtete. Der für uns werthvolle Passus ist in den Regesta diplomatica historiae Danicae Bd. I Nr. 70 abgedruckt. Der König erklärt, er habe die Absicht, nach Dänemark zurückzukehren „ut pacem et firmum pactum omnium Danorum consilio cum adversariis gentibus componat".

[5]) Steenstrup S. 208 f.

[6]) Scriptores rer. dan. III 341, 361.

Umfange bei den Bauern lag, bezeugt der Umstand, dass das schonische und seeländische Kirchenrecht Satzungen der Bauernschaft sind, welche sie mit dem Erzbischofe von Lund, bez. Bischofe von Roeskild vereinbart hat, um sie nachträglich erst vom Könige bestätigen zu lassen, bezeugt eine Stelle des seeländischen Rechtsbuches Erichs, welche die Gründe der Annahme einer Satzung durch das Land erörtert[1]), bezeugt die Knytlingasaga[2]), bezeugt schliesslich noch die Vorrede zum jütischen Königsgesetze, welche dem Könige verbietet, das zwischen ihm und dem Lande vereinbarte Recht einseitig abzuändern, sofern es nicht offenbar gegen Gottes Recht ist[3]). Aber die Gesetzgebung liegt im zwölften und dreizehnten Jahrhundert nicht mehr ausschliesslich bei den Bauern. Neben den Bauern ist Factor der Gesetzgebung der König.

Auch die Rechtspflege liegt in vollem Umfange bei den Bauern, so weit diese nicht durch freie Entschliessung darauf verzichtet haben[4]). Die Urtheilsfindung wird von den Bauern auf dem Landschaftsthinge und auf den Heradsthingen ausgeübt. Das Heradsthing tritt von Woche zu Woche an einem be-

---

[1]) III 47.

[2]) cap. 28.

[3]) ed. Petersen S. 4.

[4]) Dementsprechend sind die Berichte von Saxo (p. 575) und von dem anonymen Roeskilder Chronisten (Scr. v. D. I 380), dass Knut der Heilige die Geistlichen bei Streitigkeiten unter einander und dass Nicolaus sie als Beklagte überhaupt der weltlichen Gerichtsbarkeit entzogen habe, so zu deuten, dass die Bauern der einzelnen Landschaften auf diese Gerichtsbarkeit verzichteten. Vorausgesetzt, dass man diesen Berichten Glauben zu schenken hat, was nicht ohne Weiteres geschehen darf. Gegen die Exemtion der Geistlichen von der weltlichen Gerichtsbarkeit spricht z. B. das ausdrückliche Verbot Innocenz' III. von 1199 und Gregors IX. von 1228 im Dipl. Arn. I S. 76. 106. re ullus episcopus vel qualibet alia persona die Klosterbrüder von Sore ad synodos vel conventus forenses ne vel iuditio seculari de vestra propria substantia vel possessionibus vestris subiacere compellat. Vergl. auch das Privileg Gregors IX. für das Kloster Esrom von 1228 (D. A. L. S. 110). Noch im Jahre 1297 muss König Erich verbieten, Geistliche vor das weltliche Gericht zu ziehen. Oldemoder (ed. Nielsen 1869) S. 24.

stimmten Tage[1]) oder es tritt von Fall zu Fall bei handhafter That zusammen[2]). Das Landschaftsthing tritt nur in bestimmten Zwischenräumen zusammen.

Heradsthing und Landschaftsthing scheinen in ältester Zeit, wie in Schweden, grundsätzlich gleiche Zuständigkeit besessen zu haben. Jedoch konnte allein das Landschaftsthing die Friedlosigkeit über die ganze Landschaft hin aussprechen, während das Heradsthing nur über das Herad hin friedlos legen konnte. Bei Sachen, welche auf Friedlosigkeit über die Landschaft gingen, war daher, falls das Heradsthing angegangen war, das Landschaftsthing nachträglich nochmals anzugehen, um die volle Friedlosigkeit des Thäters zu erzielen. Im Laufe der Zeit bildete sich hieraus eine ausschliessliche Zuständigkeit des Landschaftsthinges für Sachen, die auf Friedlosigkeit gingen, da die Friedlosigkeit über das Herad verkümmerte, und es bildete sich eine ausschliessliche erstinstanzliche Zuständigkeit des Heradsthinges für geringere Sachen. Dies ist bereits der Rechtszustand in dem Erichschen Rechtsbuche für Seeland[3]). Aber die schonische Rechtsaufzeichnung weiss hiervon noch nichts, wenn sie auch stillschweigend voraussetzt, dass bei Sachen auf Friedlosigkeit regelmässig das Landschaftsthing angegangen wurde, ja dies für Todtschlag sogar vorschreibt[4]). —

Auf den Herads- und auf den Landschaftsthingen urtheilen die Bauern in ihrer Gesammtheit. Weder ein Einzelurtheiler noch ein Ausschuss der Bauernschaft urtheilt, sondern der Gesammtheit der Bauern steht die Urtheilsfindung zu[5]).

---

1) Eriks Sæll. Lov II 48. Stemann S. 215.

2) Skånelagen 204.

3) II 50. vergl. dazu Jyske Lov II 3, Stemann S. 219.

4) Sk. 115. 118.

5) Skånelagen 18. 41. 82. 131. 133. 134. 137. 138. 145. 147. 154. 161. 203. 214. 220. Sunesen 85. 89. 112. Valdemars sæll. Lov 22. 24. 32. 50. 58. 60. 71. 84. 87. Eriks sæll. Lov I 33. 46. II 42. 48. 50. Jyske Lov II 59. 61. 87. 88. Eine andere Frage ist, ob die Gesammtheit verpflichtet war zu erscheinen und das Urtheil zu finden. Diese Frage ist für die spätere Zeit bekanntlich zu verneinen. Eriks Sæll. II 48, Jyske Lov I 38. Wie auf den landrechtlichen Thingen die Gesammtheit der Bauern urtheilt,

§ 12.

Der altdänische Rechtsgang.

Das altdänische Gerichtsverfahren ist gleich dem altschwedischen Gerichtsverfahren ein formstrenges Verfahren. Die Formstrenge tritt, wie dort, besonders bei der Ladung und bei der Eidesableistung hervor. Die Ladung hat beim Beklagten daheim[1]) auf dessen Grundstück und, falls er ein solches nicht besitzt, an seinem Niederlassungsorte[2]) zu ergehen. Sie muss an dem bestimmten Tage vor Sonnenuntergang in lauten förmlichen Worten, welche Gerichtsstätte und Gerichtstag angeben, in Gegenwart von zwei gezogenen Zeugen durch den Kläger in Person erfolgen[3]).

Der Eid ist von der Partei auf der Tagfahrt, welche die Thingleute legen, in der Weise abzuleisten, wie er „gelobt ist". Bei Civilstreitigkeiten ist er daheim abzuleisten. Dreht sich der Streit um ein Grundstück, ist er auf dem Grundstücke[4]), dreht er sich um Fahrhabe, ist er an der Thür des Wohn-

---

urtheilt in den Städten die Gesammtheit der Bürger, das placitum (altes Stadtrecht von Schleswig 41. 43. 69. 38), urtheilt auf den Gildeversammlungen die Gesammtheit der Gildegenossen. Pappenheim, Die altdänischen Schutzgilden 1885 S. 285.

[1]) Schonisches Kirchenrecht (ed. Schlyter S. 375) 16: Laden soll man den Mann an seiner Hausthür, dass die Nachbarn darauf hören.

[2]) Darum erfolgt, wie Kinch richtig bemerkt, im alten Witherlagsrecht die Ladung am Königshofe. Denn die Witherlagsgenossen waren ursprünglich an den Hof des Königs gefesselt.

[3]) Eriks Sæll. Lov II 50: „Er hat ihn zum Landschaftsthinge laden zu lassen mit zwei Männern zwei Nächte bevor das Landschaftsthing stattfindet und an dem Tage, wo er ladet, da soll er ihn früher laden lassen, als die Sonne niedergeht, und soll dazu rufen mindestens zwei seiner Nachbarn". II 51: „Aber zum Heradsthinge da mag man laden eine Nacht vorher, aber auch bevor die Sonne niedergeht und muss haben zwei Nachbarn dabei und mit zwei Nachbarn soll man ihn laden lassen". Jyske Lov I 50: „Der, welcher klagt, soll laden den, welcher vor der Klage ist, fünf Nächte vor dem Thinge mit zwei Männern an seinem Hause."

[4]) Skånelagen 82, daher sætia a iorþ tyltær eth, setzen auf das Grundstück Zwölfereid in 18.

hauses abzuleisten [1]). In Strafsachen ist der Eid auf dem Thinge abzuleisten.

Das altdänische Gerichtsverfahren beruhte, gleich dem altschwedischen Gerichtsverfahren, auf der Verhandlungsmaxime. Ohne Kläger kein Urtheil. Ein Einschreiten der Urtheilergemeinde erfolgte auch da nicht, wo der Thäter sich freiwillig stellte und die That bekannte. Kläger war aber in ältester Zeit grundsätzlich allein der Verletzte. Die öffentliche Gewalt hatte, wo sie am Strafgelde betheiligt war, nur dann Klage, wenn der Verletzte Klage erhoben hatte [2]). Die Verhandlung am Thinge wurde von den Parteien geführt, Klage und Antwort zwischen den Parteien gewechselt [3]). Das Urtheil der Thingversammlung, ob Beweis-, ob Endurtheil, hatte denselben formalen objectiven Charakter, wie das Urtheil im altschwedischen Gerichtsverfahren.

Die Beweismittel waren im ältesten Verfahren dementsprechend einseitige [4]). Es waren das gezogene Zeugniss, das Erfahrungszeugniss, der Eid, die Eideshilfe und das Gottesurtheil, welches nach Abschaffung des Zweikampfes [5]) nur in der Gestalt des glühenden Eisens [6]) auftritt. Aus demjenigen Beweismittel, welches am wenigsten der Einseitigkeit Merkmale an sich trug, dem Erfahrungszeugnisse, hat sich indessen das zweiseitige Beweismittel der Jury [7]) bereits entwickelt, welches sodann das Gottesurtheil verdrängt.

---

[1]) Skånelagen 137. Eriks sæll. Lov II 99. 100. Der Schiffer hat im ältesten Stadtrechte von Schleswig 62 neben dem Schiffe zu schwören.

[2]) Reste hiervon in Eriks Sæll. Lov III 48. 49. 52. 53. Aeltestes Stadtrecht von Schleswig 19. Jyske Lov II 91.

[3]) Skånelagen 149. Eriks sæll. Lov III 48. 49. 52. 53.

[4]) Ueber die Beweismittel des altdänischen Rechtes überhaupt vergl. Rosenvinge, Dissertatio de usu juramenti in litibus probandis et decidendis juxta leges Daniae antiquas 1815. 1817. Stemann § 29—42. Sylow, Den materielle Bevisteories Udviklingshistorie, 1879. Pappenheim S. 303 ff.

[5]) Ueber den Zweikampf vergl. Stemann § 27 und die daselbst Citirten.

[6]) Ueber die Eisenprobe vergl. Stemann § 28.

[7]) Ueber die altdänische Jury wird ausführlich an anderem Orte gehandelt werden. Einstweilen vergl. über sie ausser den oben Citirten Larsen s. Skr. I/1 S. 78 ff. und Schlyter Ordbok S. 803.

Von den dänischen Landschaftsrechten hält freilich nur das von Schonen den Grundsatz der Verhandlungsmaxime und einen damit verbundenen Formalismus noch streng aufrecht. Wie es die Jury nur in wenigen Fällen kennt, so betont es schärfer als die beiden anderen Landschaftsrechte, die Nothwendigkeit des Ladungsactes, das Auftreten eines privaten Klägers. Neben der Ladung lässt das seeländische Rechtsbuch von Erich[1]) bereits in ganz schweren Fällen die Ankündigung am Thinge zu, gestattet es dem Vertreter der öffentlichen Gewalt, unter Umständen Klage zu erheben, auch ohne dass der Verletzte Klage erhebt[2]), was dann das jütische Königsgesetz verallgemeinert[3]). Alle dänischen Landschaftsrechte gestatten aber bereits die processuale Stellvertretung[4]).

Dem ältesten dänischen Rechte war die Vollstreckung in das Vermögen des Beklagten so unbekannt, wie dem ältesten schwedischen Rechte. Es kannte, soweit wir sehen können, gleich jenem zwei Wege, auf welchen der Kläger mittelbar sich Befriedigung seines Anspruches verschaffen konnte: die Friedloslegung des Beklagten und die Pfandnahme. Keines unserer Landschaftsrechte steht freilich mehr ganz auf dem ursprünglichen Standpunkte, wie wir ihn noch in Schweden gewahrten. Nur mittelbar durch Schlussfolgerungen können wir ihn gewinnen.

1. Der Kläger erzielte die Friedloslegung des Beklagten. Das älteste dänische Recht kennt, gleich dem ältesten schwedischen Rechte, eine doppelte Friedlosigkeit, eine Friedlosigkeit über die Hundertschaft hin und eine Friedlosigkeit über die Landschaft hin. Unbekannt ist ihm dagegen eine Friedlosigkeit über das Reich hin. Diese tritt, wenn wir vom Witherlag[5])

---

[1]) II 50. 51. Vergl. bez. der analogen Entwickelung im isländischen Rechte Lehmann und von Carolsfeld die Njálssage 1883 S. 47.

[2]) III 48. 49. 53. Larsen, s. Skr. I S. 505.

[3]) II 10.

[4]) Skånelagen 65. 140. Sunesen 25. Valdemars s. L. 41. Er. Sæll. Lov II 50. 51.

[5]) Vergl. unten § 14.

absehen, erst in Verordnungen der dänischen Könige aus dem dreizehnten Jahrhundert [1]) auf.

Die Friedlosigkeit über die Hundertschaft in ihrer älteren Gestaltung unterscheidet sich nur in ihrem territorialen Umfange von der Friedlosigkeit über die Landschaft hin. Der Friedlose ist hier, wie dort, ganz und voll seines Friedens beraubt, er hat die Frist von Tag und Nacht, um sich Wald und Sumpf zu suchen. Aber er ist nur innerhalb der Grenzen der Hundertschaft seines Friedens beraubt. Diese Friedlosigkeit kennt noch das seeländische Rechtsbuch Valdemars [2]). Was die übrigen Rechtsbücher dem Aehnliches bringen, hat sich von seinem Ursprunge bereits weit entfernt. Die „Beraubung der Mannheiligkeit" des Erichschen Rechtsbuches von Seeland und des jütischen Königsgesetzes weist nicht bloss räumliche, sondern auch inhaltliche Beschränkungen gegenüber der Friedlosigkeit über die Landschaft auf. Der friedlos Gelegte darf nur vom Gegner in seiner Mannheiligkeit verletzt werden, er darf dies nicht an gewissen Orten (Thing, Kirche, Markt, Haus, Heer), er darf es ferner nur bis zu einem gewissen Grade (nicht getödtet, nicht zum Krüppel gemacht werden) [3]). Andererseits kann diese beschränkte Friedlosigkeit bei andauernder Hartnäckigkeit des Beklagten auch über die Landschaft hin aus-

---

[1]) Das erste Beispiel in der Verordnung Valdemars II., welche die Geschlechtsbusse abschafft, bei Thorsen Skånske Lov S. 244: oc fly K u n u n g s r i k i. Die Landschaftsrechte sprechen immer nur von land: Skånelagen 206 fly han l a n d oc cummi aldrigh Sunesen 45 indignus pace et p a t r i a, non patente sibi evadendi tantarum calamitatum pericula facultate, nisi se prius a nobis et p a t r i a per exilium elongaret. Jyske Lov II 22 tha fly han l a n d innæn dagh ok manæth III 66 rymæ sjalf l a n d æ t. An anderen Stellen wird freilich hervorgehoben, jedweder könne den Friedlosen tödten. Sunesen 45 et haberet q u i l i b e t infligendi sibi necem 90 ut cum c u i l i b e t cum armis invadere sit permissum. Wo man ihn antreffe, sei er geächtet und friedlos. Valdemars Sæll. Lov 87 oc være sithæn fegh oc frithløs, h v a r æ sum men kumæ vith hanum. Diese Stellen werden dementsprechend einschränkend zu deuten sein.

[2]) Vergl. V. A. Secher om Vitterlighed og Vidnebevis I 1885 S. 160.

[3]) Vergl. Rosenvinge, Retshist. S. 206. 207. Stemann S. 617—619. Larsen, saml. Skr. I S. 544. Secher S. 160. 161.

gedehnt werden[1]). Sie entspricht insofern ganz der Verfestung des deutschen Rechtes. Die Mannheiligkeitsberaubung als Product einer späteren Rechtsentwickelung kann hier füglich bei Seite gelassen werden.

Die Friedlosigkeit über die Landschaft hin weisen dagegen unsere Rechtsbücher in ziemlich übereinstimmender Gestalt auf. Sie entzieht dem Friedlosen völlig den Rechtsschutz. Jedweder kann ihn an jedwedem Orte in jedwedem Maasse seiner Mannheiligkeit berauben. Niemand darf ihn beherbergen oder unterstützen. Seine Fahrhabe, ursprünglich auch sein Grundbesitz[2]) nach Abzug der Schulden ist der königlichen Gewalt verfallen[3]).

Dass und wie der Kläger die Friedloslegung des Beklagten erzielte, schildern uns unsere landrechtlichen Rechtsbücher nur bei den schweren Vergehen, welche unmittelbar oder mittelbar auf Friedlosigkeit gingen. Hier erzielte er sie durch ordnungsmässige Ausklagung im einmaligen Verfahren mit drei, vier, fünf Ladungen und Thingverhandlungen[4]). Dagegen erwähnen sie nichts mehr davon, dass auch bei geringeren Bussschulden im Wege des fortgesetzten Verfahrens durch allmähliche Steigerung der Kläger zur vollen Friedloslegung gelangen konnte, wie wir es in Schweden sahen. Dass indessen auch in Dänemark dieser Weg vom Kläger beschritten wurde, lehrt uns das schonische Kirchenrecht, jene der Mitte des zwölften Jahrhunderts angehörige Rechtsquelle, deren Satzungen für das älteste Recht grosse Bedeutung haben. Hier heisst es 16 (ed. Schlyter):

„Aber auf diese Weise soll man eine Sache einklagen. Man soll den Anderen vor seiner Hausthüre laden so dass es die Nachbarn hören. Bleibt er bei zwei Ladungen ruhig sitzen da büsse er für jede mit sechs Unzen oder leugne es mit sechs Männern, bleibt er bei der dritten Ladung ruhig sitzen da büsse er drei Mark oder leugne es mit Zwölfereid. Dann soll

---

1) Dies übersieht Secher S. 160.

2) Vergl. unten § 14.

3) Skånelagen 136.

4) Skånelagen 118. Eriks Sæll. Lov II 51.

man das vierte Mal laden in der Kirche am Festtage so dass es der Priester und die Kirchenleute hören. Bleibt er ruhig sitzen bei der Ladung so ist er ausgeklagt . büsse für Ladung und Hauptsache . Will er nicht büssen . da soll man ihm das Abendmahl verbieten und die Zusammenkunft der Männer und ihn nicht vor Jahreszeit in den Bann setzen, sofern er nicht verdirbt den Leuten ihr Abendmahl und ihre Zusammenkunft. Thut er das (oder löst er sich binnen Jahreszeit nicht aus dem kleinen Bann), dann soll man ihn in den Bann setzen und wer dann mit ihm Zusammenkunft hat büsse drei Mark oder lasse sich aus dem Banne schlagen. Will der Gebannte sich vom Banne lösen das erste Jahr büsse er die Ladung und Sache und drei Mark für den Bann; geht es aber über das andre Jahr . büsse er Ladung und Sache und sechs Mark für den Bann . geht es aber über das dritte Jahr büsse er Ladung und Sache und neun Mark für den Bann. Geht es auf das vierte Jahr büsse Ladung und Sache und vierzig Mark für den Bann und nicht mehr".

Durch allmähliche Steigerung sehen wir hier die Sache bis zur Höhe von vierzig Mark gelangen. Ueber den weiteren Verlauf schweigt das Kirchenrecht. Es griffen nun die Satzungen des weltlichen Rechtes über das Verfahren bei schweren Vergehen Platz, auf deren Darlegung es verzichtete, weil sie nicht in seinen Rahmen gehörten. Es hatte nur also der Kläger in der vom Landrechte vorgeschriebenen Form die Friedloslegung des Beklagten zu erzielen und sich daraus Befriedigung zu verschaffen.

In einer späteren Quelle, dem Stadtrechte von Lund aus der zweiten Hälfte des dreizehnten Jahrhunderts, tritt uns das gleiche Verfahren in gleicher Anschaulichkeit entgegen. Es heisst in 37:

„Welcher Mann da geladen wird zum Thinge und kommt nicht, gelte zwei Unzen ein Mal und zwei Unzen das andere Mal. Und kommt er nicht das dritte Mal da büsse er drei Mark oder leugne es mit Zwölfereid . Wird er öfter geladen und kommt nicht büsse sechs Mark. Wird er öfter geladen und besucht (das Thing) nicht . büsse dem Bauern neun Mark und dem Könige drei Mark . Hierauf soll man seinen Frieden ausklagen, wie eines anderen Uebelthäters, wenn er nicht zu Recht stehen will".

Nach dem Stadtrechte von Lund kann also bei erfolgter Steigerung bis zur Summe von zwölf Mark der Frieden ausgeklagt werden. —

2. Der Kläger wählte das Verfahren mit Nehmen (nam). Von diesem Verfahren handelt das schonische Rechtsbuch bei Geldschulden 220:

„Heischt man Zahlung von einem Anderen und will der nicht zahlen und nicht Eid dafür gewähren . da lade man ihn zum Thinge so wie die Gesetze sind und erziele ein Urtheil sein Gut zu nehmen."

225: „Zieht der Pächter ab mit dem Pachtgelde und will es nicht später erlegen und nicht Eid dafür gewähren . da soll ihn der Bauer zu drei Thingen laden so wie die Gesetze sind und ein Urtheil dazu erzielen sein Gut zu nehmen."

Durch ordentliche Ausklagung hatte darnach der Kläger ein Urtheil zu erwirken, Gut des Schuldners zu nehmen. Nicht geht aus den bisherigen Stellen hervor, wer das Gut nahm. Die Parallelstellen von Sunesen[1]) lehren, dass dem Kläger das Nehmen oblag[2]).

Das Nehmen war ein Privatact des Klägers, bei welchem er nach schonischem Rechte von der obrigkeitlichen Gewalt, dem königlichen Voigt, weder unterstützt noch vertreten wurde.

Das Nehmen hatte zum Gegenstand nur Fahrhabe des Schuldners.

Das Nehmen griff sowohl bei civilen als bei Bussschulden Platz. Dass es bei jenen Platz griff, lehren die obigen Stellen des schonischen Rechtes. Dass es bei Bussschulden ursprünglich Platz griff, lehrt Skånelagen 84. Darnach hatte der Todtschläger ursprünglich das Recht, zur Zahlung der Geschlechts-

---

[1]) 137. 149.

[2]) Creditor bona quevis subripuerit debitori; consulendi sibi per subtractionem bonorum coloni adiudicando iuridici dabunt licentiam locatori.

busse durch Nehmen seine Verwandten zu nöthigen. Durch die zum Gesetze erhobene Verordnung Knuts von 1200 wurde ihm dies Recht in Schonland entzogen, während es sich in Seeland erhielt.

Welche Wirkungen besass das Nehmen? Gewährte es dem Kläger Eigenthum oder ein dingliches Recht oder ein blosses Retentionsrecht? Die Satzungen des schonischen Rechtes gewähren darüber keine Entscheidung, wiewohl sie gegen das Eigenthum des Klägers sprechen[1]). Aus den Satzungen des seeländischen Rechtes geht hervor, dass das nam ein blosses Retentions- und Gebrauchsrecht gewährte[2]).

Das Nehmen ist zweifellos ein im Absterben begriffenes Institut. Dies äussert sich darin, dass es entweder verboten wird, wie in Schonland für den erörterten Fall, oder dass seine Durchführung erschwert oder dass es in seinen rechtlichen Folgen eingeengt wird. „Er soll so nehmen", heisst es im seeländischen

---

[1]) Matzen, den danske Panterets Historie 1869 S. 52.

[2]) Matzen S. 49 ff. Secher a. a. O. S. 168 ff. nimmt an, dass das nam von der Friedloslegung sich herleite und ursprünglich Eigenthum gewährte, erst später sich zu einem Retentionsrechte abschwächte. Doch erscheinen seine Gründe bei näherer Betrachtung nicht stichhaltig.

a) Die Berufung auf das isländische Recht erweist nichts. Es ist keineswegs sicher, dass das isländische Recht einen älteren Rechtszustand, als das dänische Recht, wiederspiegelt. Umgekehrt scheint dem isländischen Rechte das nam bereits verloren gegangen zu sein, ohne dass es an dessen Stelle eine obrigkeitliche Vollstreckung ohne Friedloslegung setzte.

b) Dass das nam von der Friedloslegung sich herleitet, ist zu bestreiten (vergl. dagegen bereits von Amira, Altnorw. Vollstreckungsverfahren S. 328). Dagegen spricht, dass das nam in ältester Zeit überhaupt kein Urtheil voraussetzte (v. Amira, Nordgerman. Obligationenrecht I S. 235) und dass es bei civilen Schulden Platz griff.

Die Behauptung Sechers, dass Erichs Rechtsbuch für Seeland als Voraussetzung des nam die Beraubung der mannhelgi des Beklagten hinstellt, ist nicht richtig. III 26, welches nach Secher S. 98 eine „ausserordentlich alte", nach S. 170 freilich eine jüngere Rechtsregel darstellt, verlangt nur ein „Urtheil der Verwandten", also nicht einmal das Urtheil der Thinggemeinde, geschweige denn die Beraubung der mannhelgi, um das nam vorzunehmen.

c) Aus Stellen, welche dem Gläubiger gestatten, doppelt so viel zu nehmen, als seine Forderung beträgt oder nur einmal zu nehmen, „wenn

Rechtsbuche von Erich, „dass der es nicht sieht, dem es gehört, und nicht (nehmen) innerhalb seines Zaunthores, und kommt der hinzu, welcher Eigenthümer davon ist, während er innerhalb der Dorfmarkung nimmt und nimmt es ihm mit der Hand ab, was er genommen hat, da soll er lassen was er genommen hat, doch kommt er ausser der Gemarkung mit ihm zusammen, da darf der es nicht von ihm abnehmen dem das Gut gehört“[1]). Und das jütische Königsgesetz bestimmt, er solle nehmen „heimlich und nicht offenbarlich und ausserhalb des Zaunthores“, ferner solle der Nehmende „zu seinen Nachbarn sagen, Einem oder Zweien oder Mehreren, dass er nahm“[2]). Der Nehmende soll nach dem jüngeren Rechtsbuche für Seeland das Genommene ferner nicht ausserhalb des Herad führen „und nicht sein Zugseil oder seinen Sattel auf das kommen lassen, was er genommen hat“[3]). Den Stadtrechten ist demgemäss im Allgemeinen das Nehmen nicht mehr bekannt. —

Am Schlusse unserer Darstellung des volksgerichtlichen Verfahrens sei des Ungehorsamsverfahrens des älteren Rechtes gedacht. Dieses führt, wenn der Beklagte nicht in drei Thingen erscheint, zum Urtheile[4]), welches, wenn es auf eine Geldsumme lautet, die Befriedigung des Klägers durch das Nehmen erzwingbar macht, wenn es auf Friedlosigkeit lautet, den Beklagten friedlos macht.

---

er auch weniger genommen hat, als dazu gehört“, folgt nicht im Eigenthum des Nehmenden. Der Zwang war natürlich ein stärkerer, je mehr der Gläubiger nahm.

d) Die Vergleichung der schwedischen Rechtsquellen spricht gegen ein Eigenthum des Nehmenden.

Dagegen lässt sich für die ältere Zeit wohl aufstellen, dass das nam ein Pfandrecht begründete, welches nach bestimmter Zeit dem Gläubiger zu Eigenthum verfiel.

[1]) II 104.

[2]) II 59.

[3]) III 26.

[4]) Skånelagen 14, 220.

§ 13.

Der König.

Auch der dänische König ist in seinen Rechten eng umgrenzt. Er steht nicht über Recht und Frieden, sondern er steht in Recht und Frieden. Das Landrecht misst seine Befugnisse streng ab. Aber das Maass seiner Befugnisse ist ein grösseres als das beim Schwedenkönige wahrgenommene.

Von den Rechten des Dänenkönigs scheiden für uns zunächst diejenigen aus, welche für seine Stellung gegenüber dem Frieden bedeutungslos sind[1]).

Hierhin gehört das Recht des Königs am Krongute (Konunglef), d. h. demjenigen Gute, welches ihm in seiner Eigenschaft als König zum Unterschiede von seinem privaten Stammgute (patrimonium) zustand. Wie der Schwedenkönig in der Verfügung über den Upsalaaudr beschränkt war, so war es der Dänenkönig in der Verfügung über das Krongut. Das Krongut ist unveräusserlich, sofern nicht die gesetzgebenden Factoren ihre Zustimmung ertheilen. Doch darf angenommen werden, dass dieser Unterschied zwischen Krongut und Privatgut erst einer späteren Zeit seine Entstehung verdankt.

Hierhin gehört das Recht des Königs auf die ihm vom Landrechte zugestandenen Abgaben und persönlichen Leistungen seiner Unterthanen (servicium oder procuratio noctium[2]), stuth[3]), innæ[4]). Streng ist hier der König an die Vorschriften der Landschaftsrechte gebunden. Ausserordentliche Abgaben, wie

---

[1]) Vergl. für das Folgende Kolderup-Rosenvinge, Retsh. § 56, Larsen, samlede Skrifter I S. 318—319. Stemann S. 74. 116 ff. insbes. aber Steenstrup, Kong Valdemars Jordebog 1874.

[2]) Unterhalt des Königs mit seinem Gefolge bei dem Aufenthalte an einem bestimmten Orte.

[3]) Abgabe an den König, sei es in Geld, sei es in Naturalien. In den Städten eine besondere Abgabe unter dem Namen: Mitsommersgield oder Arnegield.

[4]) Arbeiten der Unterthanen zu des Landes Wohl, Vorspannpflicht, Pflicht zum Bau von Festungswerken und Gräben etc.

solche im Pflugpfennig auftreten, darf er nur mit Zustimmung der Bauern in jeder Landschaft auferlegen [1]).

Hierhin gehört das Recht des Königs auf Befolgung des Aufgebotes zum Kriegsdienste [2]) oder auf Zahlung einer Abgabe für Freiheit vom Kriegsdienste [3]).

Hierhin gehört das Münzrecht des Königs [4]).

Hierhin gehört das Recht des Königs auf den ledigen Nachlass (danefe), welches vom Erbe des Ausländers seinen Ursprung genommen und sich dann auf jeden Nachlass, zu welchem sich binnen bestimmter Zeit kein Erbe meldet, ausgedehnt zu haben scheint [5]).

Hierhin gehört das Recht des Königs auf den herrenlosen Schatz [6]) und auf die herrenlosen Liegenschaften und auf die Ströme [7]).

Hierhin gehört das Strandrecht des Königs, d. h. das Recht auf das gestrandete Schiff und seine Ladung und auf das aufgetriebene Gut, insbes. auf den aufgetriebenen Wal [8]).

Alle diese Rechte haben mit dem Königsfrieden nichts zu thun. Soweit sie überhaupt in Beziehung zum Frieden stehen, ist diese Beziehung eine für die Construction des Königsfriedens unerhebliche.

Lose ist auch nur der Zusammenhang mit dem Königsfrieden bei dem Rechte des Königs auf die ihm vom Landrechte zugestandenen Zölle für Aus- und Einfuhr von Waaren [9]). Den Fremden gegenüber scheint dieses Recht entstanden zu sein. Für Duldung des an sich rechtlosen Fremden in seinem Gebiete erhebt der König eine Abgabe, ursprünglich wohl vom

---

[1]) Steenstrup S. 208 f.

[2]) Lething.

[3]) Quærsæt, in den Städten skot und quærsæt.

[4]) Steenstrup S. 221 ff.

[5]) Stemann S. 432 ff.

[6]) Stemann § 85.

[7]) Steenstrup S. 334 ff. Gegen die von Aagesen überlieferte Vorstellung eines ursprünglichen Obereigenthums des Königs am ganzen Lande Steenstrup I S. 325 ff.

[8]) Stemann S. 456 ff. Steenstrup S. 266 ff.

[9]) Steenstrup S. 261 ff.

Kopfe, später von der Waare. Den Fremden gestattet der König dadurch den Frieden, sie sind im Königsfrieden, wie das alte Stadtrecht von Schleswig sich ausdrückt[1]). Aber es erscheint fraglich, ob man diese Sätze des Stadtrechts als Ausfluss eines allgemeinen Königsfriedens aufzufassen hat. Schleswig stand auf Königsgrund. Dadurch ist eine pax regia gegenüber dem Fremden erklärt. Die Landschaftsrechte wissen ebensowenig von einem Königsfrieden als von einem Volksfrieden der Fremden, welchen letzteren doch altschwedische[2]) und altisländische[3]) Quellen kennen. So wird man diesem „Königsfrieden" keine andere Bedeutung beizumessen haben, als dem Frieden des königlichen Schützlings, von welchem nachher die Rede sein wird. —

Nichts mit dem Frieden des Königs zu thun hat weiterhin ein gewisses Ehrenrecht des Königs, welches uns bereits in Schweden entgegentrat, das Recht auf eine höhere Unehrenbusse, þokki, als sie dem Bauern zugebilligt wird. Für Todtschlag an unschädlichen Thieren von gewissem Werthe, für Verletzung des einem Anderen gehörigen Unfreien, für Schädigung der Saaten eines Anderen, für Rücktritt vom Vertrage, für Unzucht mit der Ehefrau eines Anderen, kurz für jede Handlung, welche eine Ehrenkränkung gegen den Anderen in sich schliesst, ist dem Gekränkten ausser der Busse ein precium contemptus, eine Busse für die zugefügte Unehre, zu entrichten, deren Betrag regelmässig zwei Unzen nicht überstieg[4]). Wo sich diese Handlung dagegen gegen den König richtete, wuchs die Unehrenbusse auf drei Mark an.

Skånelagen 163:

„Sitzt der König selbst auf seinem Hofe oder der Erzbischof auf seinem . da ist deren þokki höher als wenn der Verwalter sässe . wird Vieh mit Willen in deren Saat gelassen . . . . klagt des Königs Verwalter oder des Erzbischofs darüber gegen

---

1) ed. Thorsen § 31.

2) W. G. I Af mandr. 5, Gottl. I 16.

3) Kgbk. 97/172.

4) Sk. 101. 119. 164. 165. 206.

den anderen Mann dass er ihm mit seinem Vieh Abbruch gethan habe und ladet ihn zum Thinge oder zu seinem Herrn da büsse der Bauer drei Mark oder leugne mit Zwölfereid".

215:

„Verdingt man sich zum Verwalter in des Königs Wirthschaft oder des Erzbischofs und will der sich sogleich wieder scheiden büsse drei Mark ob er hinkommt oder nicht . oder leugne mit Zwölfereid . weil deren þokki nicht geringer wird als auf drei Mark".

Wie wir bereits bei Erörterung der schwedischen Verhältnisse darlegten, hat diese Unehrenbusse nichts mit dem Frieden des Königs zu thun. Sie ist lediglich eine Sühne für zugefügte Ehrenkränkung. Sie bringt somit nur die höhere Achtung, in welcher der König steht, zum Ausdruck. —

Nach Ausscheidung der für den Königsfrieden unerheblichen Befugnisse des Königs treten wir an die Stellung des Königs gegenüber dem Frieden heran. Aus den früheren Erörterungen ergiebt sich, dass ein objectiver Königsfriede in Dänemark nicht anerkannt ist. Auf dem Gebiete der Gesetzgebung ist der dänische König mitwirkender Factor, aber nicht mehr als dieses. Das Gesetz ist eine Vereinbarung zwischen König und Volk. In einer weiter zurück liegenden Zeit mochte der dänische König wohl gar gleich dem schwedischen Könige sich der Satzung der Bauernschaft schlechtweg zu fügen haben. Denn wenn Saxo bereits von gesetzgeberischen Acten der mythischen Könige zu erzählen weiss, so wird man darauf kein Gewicht zu legen, sondern dies als Ausfluss der Denkungsweise seiner Zeit zu betrachten haben. Der im Laufe der Zeit sich erweiternde Machtkreis der königlichen Rechte lässt vielmehr den sicheren Schluss auf ihren geringeren Umfang in der vor unseren Quellen liegenden Zeit zu.

Für die Zeit der Landschaftsrechte ist das Mitwirkungsrecht des Königs an der Gesetzgebung dagegen sicher bezeugt. Am klarsten stellt es die Vorrede zum jütischen Königsgesetze hin:

„Kein Mann soll auch urtheilen gegen die Gesetze welche der König giebt und das Land annimmt sondern nach den

Gesetzen soll das Land abgeurtheilt und gerichtet werden. Die Gesetze, welche der König giebt und alles Land annimmt, die mag er auch nicht zurücknehmen oder verändern ohne des Landes Willen, ausser es wäre offenbar wider Gott".

Die schonische Rechtsaufzeichnung und die Paraphrase von Sunesen führen Neuerungen auf des Königs Initiative oder gar Bestimmung zurück[1]). An zwei Stellen berichtet die dänische Rechtsaufzeichnung für Schonen indessen von einem Zwiespalte zwischen König und Landrecht. „Stirbt ein Mann in Lehmgruben oder Fuchsgruben der büsse drei Mark der graben liess. Aber doch sagt der König, dass für solche Sachen oder Gruben man nichts büssen soll", heisst es in Skånelagen 99, wozu eine Handschrift fügt „darüber streiten Gesetzbuch und König". Und in 122 heisst es: „Alles das wofür ein freier Mann büsst mit vierzig Mark für seine eigene That . dafür soll er büssen mit neun Mark für seines Knechtes Thaten oder er gebe heraus den Knecht und dazu sechs Mark . Aber der König will das als Gesetz haben dass ein Knecht nie mehr als drei Mark an einem untodten Manne verwirken kann". Das Letztere übersetzt Sunesen 50 dahin: „Sed rex Waldemarus noluit consentire ut ultra trium marcarum satisfactionem nisi quando perimitur liber homo pro servi facto in liberum suus dominus obligetur". Darnach scheint es, als ob die Bauernschaft im letzteren Falle ihren eignen Willen gegenüber dem Könige habe durchsetzen wollen, welcher am alten Rechte fest hielt. Das Schwanken von Sunesen und vom Verfasser des schonischen Rechtsbuches zeigt, dass die Grenzen zwischen des Königs und des Volkes Antheil an der Gesetzgebung noch nicht feste waren, dass des Königs Antheil an der Gesetzgebung noch kein so zu Recht bestehender war, dass es nicht die Bauernschaft versucht hätte, auch wider des Königs Willen Recht zu setzen. In dem seeländischen Rechtsbuche Erichs ergiebt sich aus einer Satzung, welche erörtert, aus welchen Gründen

---

[1]) Sk. 84: þættæ havir Konung for þy swa skipæt. Sunesen 45. 61.

das Land „dieses annahm“, dass auch hier das Mitwirkungsrecht des Königs an der Gesetzgebung anerkannt war.

Die Könige[1]) selbst sind ihrerseits bereits früh weiter gegangen. In seiner Verordnung über den Landfrieden vom 28. December 1200[2]) bezeichnet es König Knut als Recht der königlichen Gewalt leges condere vel mutare und die Verordnung Valdemars II., welche die Jury an die Stelle des Gottesurtheils setzt[3]), stellt sich als Gesetzessatzung[4]) hin. Aber zweifellos bedurften diese königlichen Verordnungen erst der Annahme seitens der Bauernschaft, um Landrecht zu werden. Für den letztberührten Fall erfährt diese Ansicht eine Stütze dadurch, dass die seeländische Rechtsaufzeichnung Erichs in der Gestaltung der Jury mehrfache Abweichungen gegenüber der Jury, welche die Verordnung Valdemars II. ins Leben rief, aufweist. Dieser Umstand zeigt, dass die Einführung der Jury in jeder Landschaft gesondert geschah und dass in jeder Landschaft die Jury durch den Willen der Bauernschaft Abänderungen erfuhr — denn für den König selbst lag kein Grund vor, der neugeschaffenen Jury in Seeland eine andere Gestaltung, als in Schonland zu geben. —

Ein objectiver Königsfriede ist somit in Dänemark von den Landschaftsrechten nicht anerkannt. Dem entspricht es, dass ein eigenes Organ für die Aufrechterhaltung eines solchen Königsfriedens, ein Königsgericht erst in der Entwickelung begriffen ist.

Der dänische König scheint in ältester Zeit auf dem Gebiete der Rechtsprechung keine Rechte besessen zu haben[5]).

---

[1]) oder der Geistliche, welcher die Königsurkunde abfasste. Larsen, s. Skr. I S. 317. Nicht richtig ist, was Hasse, Dänenrecht und Fremdenrecht in Dänemark zur Zeit Waldemars II. Kiel 1883 (als Manuscript gedruckt) hierüber S. 4. 5. bemerkt.

[2]) Zuletzt abgedruckt in Aarsberetninger fra det Kongelige Geheimearchiv Bd. V.

[3]) Aarsberetninger Bd. V.

[4]) haevum wi thesse logh swa sat.

[5]) Vergl. Larsen om de danske Kongers personlige Deeltagelse i Retspleien (Saml. Skr. II S. 305 ff.).

Selbst im Gebiete des Witherlags lässt Saxo den König nur die Rolle eines Zuhörers ausüben [1]), was Aagesen und der Text des Witherlagsrechtes bestätigen [2]). In der schonischen Rechtsaufzeichnung tritt das Königsgericht nur an wenigen Stellen auf. Bei Streitigkeiten zwischen Dorfgenossen über unrechtmässige Bebauung öffentlicher Plätze und Wege, sodann bei Gewährschaftsleistung betreffs eines Grundstücks, endlich bei Klagen wegen böswilliger Beschädigung der Saaten des Königs wird des Königsgerichtes gedacht [3]). Ebenso gedenkt Valdemars Rechtsbuch für Seeland, ausser bei Grundstücksprocessen [4]), nur bei Handlungen der freiwilligen Gerichtsbarkeit des Königsgerichtes [5]). Das Königsgericht ist hier aber ebensowenig ausschliessliches, als es höheres Gericht ist. Es ist neben dem Volksgerichte und dem Gerichte des Erzbischofs zuständig [6]). Von einem besonderen Verfahren des Königsgerichtes lässt das Schonenrecht nichts erkennen, wie auch nichts von einem besonderen Schutze, dessen sich das Königsgericht erfreute, verlautbart. Diesen Rechtszustand bestätigen die Urkunden aus dem zwölften und dem Anfange des dreizehnten Jahrhunderts. Sie lehren uns, dass vor dem Könige Acte der freiwilligen Gerichtsbarkeit vorgenommen wurden [7]) und sie weisen einige Fälle von Grundstücksprocessen auf, in welchen der König an-

---

1) Ipse enim auditoris tantum partem exequens militiae judicationis mandavit arbitrium p. 530.

2) Larsen S. 308 f., insbes. über die Deutung von rætta male. Kinch S. 267.

3) Sk. 66. 68. 81. 183. Ueber das nöþæ mæþ konungs rætæ in 84 wird später die Rede sein.

4) ed. Thorsen 71. 72.

5) 68. 69. 83.

6) Sk. 66. til þíngs ællær til Konungs æller archibiscops. 68 a þinghi ællær fore konungi ællær archibiscope. 81. ofna þingi ællær fore konungi ællær fore archibiscopbe. 163 til þings ællær til hærræ sinnæ. Im letzten Falle weiss Sunesen 109 nur vom Thing.

7) Dipl. Arn. I S. 28 (1170) S. 36 (1174) S. 56 (1184); Scr. rer. Dan. V S. 250 (1183).

gegangen wurde, sei es um den Rechtsstreit zu schlichten [1]), sei es um ihn abzuurtheilen [2]). Dass das Königsgericht in diesen Fällen eine ausschliessliche Zuständigkeit besessen habe, lassen die Urkunden nicht erkennen. Ebensowenig tritt ein eigenes Verfahren zu Tage. Nur ersetzt natürlich die Stelle der urtheilenden Thinggemeinde der König als Einzelurtheiler.

Wir können somit annehmen, dass noch im Anfange des dreizehnten Jahrhunderts der König auf dem Gebiete des Friedens weder rechtschaffende noch rechtsprechende Kraft besass. —

Bevor wir weiter fortschreiten, um gewisse Rechte des Königs im Frieden zu betrachten, wird es gut sein, das obige negative Ergebniss durch eine Betrachtung der dänischen Königsurkunden der älteren Zeit auf seine Richtigkeit zu prüfen. Es ergiebt sich, dass der älteren dänischen Königsurkunde, gleich der älteren schwedischen Königsurkunde, die Androhung einer bestimmten Straffolge fremd ist. Die Stellung des dänischen Königs als Wächter des Friedens der Landschaft, welche sich in gewissen noch zu besprechenden Einzelbefugnissen äussert, tritt in der dänischen Königsurkunde freilich zu Tage. Der König sendet salutem et pacem [3]), er erklärt, es sei seine Sache

---

[1]) So in der Urkunde des Dipl. Arn. I S. 54, welche nach den Regesta dem J. 1196 angehört. Die beiden Parteien kommen gemeinsam vor den König (ad nostram presenciam convenerunt) und der König entscheidet nicht den Streit, sondern s c h l i c h t e t ihn (volentes dirimere litem), indem er einen Vergleich (composicio) zu Stande bringt.

[2]) Dies in der Urkunde des Erzbischofs Absalon von 1177 im Dipl. Suec. I Nr. 76. Es handelt sich um eine Klage der Bewohner des Faardasaherad in Halland (vergl. Styffe, Skandinavien S. 86) gegen die Klosterbrüder von Esrom über Eigenthum an Wäldern. Die Kläger wenden sich an den König. Qui adjudicavit praedictis fratribus et caeteris qui praefatam villam et calumpniatas villas in possessione habebant, sacramento comprobare easdem silvas a justis possessoribus se adeptos fuisse, et ipso sacramento praeterito, de jure easdem silvas in perpetuum debere absque ulla calumpnia possidere. Praestitum est sacramentum sicut supra testati sumus, in praesentia Domini Kanuti regis et nostra et praefatae silvae de jure ab ipso fratribus in perpetuum sunt adjudicatae omnia calumpnia in posterum abjudicata.

[3]) Dipl. Suec. 73.

providere quomodo hii qui in regno nostro sunt in pace et quiete vivant[1]) oder pacem et quietem regno michi commisso previdere et precipue religiosis[2]) oder ut hi qui in regno nostro divinis mancipati sunt obsequiis et pace nostra tueantur et regia liberalitate fulciantur ne egeant[3]). Aber diese Stellung gewährt ihm nicht das Recht, Urkunden zu erlassen, welche eine besondere Straffolge androhen. Die Königsurkunde des zwölften Jahrhunderts beschränkt sich entweder auf die Androhung der poena ecclesiastica[4]) oder sie droht neben der poena ecclesiastica oder allein ganz allgemein des Königs Rache (regalis vindicta) an[5]), bestimmt, dass der Zuwiderhandelnde regie majestatis reus existat[6]), dass er transgressionis infidelitate notatus ultoris Dei iram incurrat, dagegen quietis et pacificis erit retributio quietis et pacis[7]), dass er gladium majestatis ultorem fühlen solle[8]), behandelt ihn als Regali auctoritate districtissime puniendum[9]), während servantibus ea, quae supra dicta sunt, pax Dei et nostra perpetua maneat[10]) u. dgl. m. Ueberall vermissen wir eine concrete handgreifliche Folge der Uebertretung der Königsurkunde. Da wir bei dem theilweise rein privatrechtlichen Inhalte der Königsurkunden unmöglich annehmen können, dass der Uebertreter nach den Grundsätzen über den Hoch- und Landesverrath (crimen laesae majestatis)[11]) beurtheilt wurde, bleibt uns nichts anderes übrig, als in den Wendungen leere Drohungen zu erblicken, welche einen rechtlichen Inhalt nicht bergen, was durch den Umstand, dass die poena ecclesia-

---

[1]) D. A. I S. 28. 30 (1170).

[2]) D. S. 120 (1203).

[3]) D. A. I S. 16 (1164).

[4]) Dipl. Suec. 26. 33. 97. 121.

[5]) D. A. I S. 3 (1117) 4 (1135) 11 (1148) 21 (1164) 90 (1209) 128 (1239) 263 (1180) 270 (1183).

[6]) D. A. I S. 12 (1152) 16 (1164).

[7]) D. S. 73 (1176).

[8]) D. S. 75 (1177).

[9]) D. A. I S 59 (1187).

[10]) Urkunde bei Hasse, das Schleswiger Stadtrecht S. 132.

[11]) Sunesen 62. Witherlagsret (ed. Rosenvinge) S. 2.

stica neben ihnen oder an ihrer Stelle auftritt[1]), nur bestätigt wird. Insbesondere für die königliche Schutzurkunde ist dieses Resultat von Bedeutung. Es lehrt, dass der königliche Schützling keinen höheren Frieden kraft Rechtssatzes genoss. Nur den thatsächlichen Vorzug, welchen die Fürsorge eines mächtigen Armes verschafft, enthält der königliche Schutz. Nach Landrecht ist der königliche Schützling darum auch weder in Busse noch in Wergeld seinem Rechtsgenossen überlegen, nach Landrecht empfängt der König für Verletzung seines Schützlings darum auch kein höheres Gewette, als für Verletzung eines anderen Unterthanen. Die Betrachtung der Königsurkunden bestätigt somit, dass ein objectiver Königsfriede nicht anerkannt ist.

Für die Stellung des dänischen Königs im Frieden sind zwei Rechte bedeutungsvoll, welche ihm von alter Zeit her zukommen, das Recht der Friedensgabe und das Recht auf Strafgelder.

Der dänische König hat das formale Recht der Friedensgabe. Bis in das elfte Jahrhundert lässt sich mit Sicherheit zurückverfolgen, dass der König dem Friedlosen den Frieden gab. Bereits in einer schonischen Immunitätsurkunde von 1085 behält sich der König vor, dass der extra pacem positus emat pacem a rege[2]) und eine Immunitätsurkunde aus dem Anfange des zwölften Jahrhunderts[3]) überlässt dem bedachten Kloster das ganze Vermögen des Friedlosen mit Ausnahme der redemptio pro pace, welche dem Könige auch in Zukunft verbleiben solle. Der König ist in der Friedensgabe nicht unbeschränkt. Bei unsühnbaren Sachen stand es nicht in des Königs Macht, dem Thäter den Frieden zu geben[4]) und so

[1]) z. B. Scr. rer. Dan. VI 396 (1204): non solum velit regie ultionis animadversionem, sed et divine vindicte merendum judicium exigentibus temeritatis sue meritis sustinere. u. s.

[2]) Dipl. Suec. 26. In der gleichen Urkunde ist auch von Grundstücken die Rede, welche Jemand dem Könige emendavit, persolvebat, dedit pro pace sua.

[3]) Dipl. Arn. Magn. I S. 3.

[4]) Dies zeigt sich bei der späteren Unsühnbarkeit noch darin, dass der König ohne Willen des Verletzten kein Friedensgeld nehmen und keinen Frieden geben darf. Vergl. § 14.

weit der König den Frieden geben konnte, musste er ihn bei Vorhandensein der vom Landrechte geforderten Bedingungen geben[1]. Des Königs Gnade ist es also nicht, vermöge deren der Friedlose wieder in den Frieden gelangt. Der Friedlose kauft sich vielmehr in den Frieden. Gegen Zahlung einer vom Landrechte bestimmten Summe erwirbt er vom Könige den Frieden. Der Betrag dieser Summe wechselt in den einzelnen Landschaftsrechten[2], ist aber überall ein durch das Landrecht bestimmter Betrag.

Die Gabe des Friedens seitens des Königs verschafft den Frieden der Allgemeinheit. Aber, wie sich in Schweden Spuren davon fanden, dass der König ursprünglich nur für sich den Frieden gab, und dass neben ihm Verletzter und Thingversammlung den Frieden gaben, so weist das seeländische Rechtsbuch Valdemars eine Mitwirkung der Thingversammlung bei der Friedensgabe auf. Es bestimmt:

„Erschlägt ein Mann einen Freien da hat er seinen Frieden wider des Königs Voigt mit drei Mark Silbers zu lösen. Aber ist sein Hauptheil geringer als drei Mark da mag des Königs Voigt ihm nicht mehr abverlangen, als seinen Hauptheil. Nachdem er seinen Frieden erkauft hat da hat er zum Landschaftsthinge zu fahren und seine Sache zur Busse zu bieten, und da haben die Lande für ihn und für den welcher des Todten nächster Verwandter ist ein Thing und ein anderes zu legen. Aber haben nicht die welche des Todten Verwandte sind auf dem dritten Thinge etwas dafür vorzubringen dass er eine unsühnbare That gethan habe da haben die Lande ihm seinen Frieden zuzuurtheilen und wegen Busserbietung zu verhandeln“[3].

Es bedarf demnach eines Urtheiles des Landschaftsthinges, damit der Friedlose in den Frieden wieder gelange. Der König gewährt nur einen vorläufigen Frieden der Allgemeinheit. Durch den Frieden des Königs erlangt der Friedlose die Möglichkeit,

---

[1]) Ueber das analoge Verhältniss bei der Gilde siehe Pappenheim S. 338. 339.

[2]) Vergl. Wilda, Strafrecht S. 447. 448.

[3]) ed. Thorsen L.

das Landschaftsthing gefriedet anzugehen und den endgiltigen Frieden zu erwerben.

In dieser Gestaltung entspringt augenscheinlich das Recht des Königs zur Friedensgabe nicht der Auffassung, dass der König Träger eines besonderen Friedens ist, welchen er auf den Friedlosen überträgt, noch der Auffassung, dass der gemeine Frieden vom Könige allein getragen wird. Wäre das Erste der Fall, so wäre es nicht verständlich, dass der Friedlose gegen Zahlung des friđkaup ein Recht auf Gewährung des Friedens hat, wäre das Zweite der Fall, so bedurfte es nicht eines Urtheiles des Landschaftsthinges. Der König gewährt vielmehr den Frieden der Allgemeinheit, nicht einen eignen Frieden, er gewährt ihn aber als Organ der Allgemeinheit, nicht aus eigner Machtvollkommenheit, daher nur mit bestimmten inhaltlichen und zeitlichen Beschränkungen. —

Der dänische König hat Recht auf Strafgelder, und zwar hat er neben dem Verletzten oder allein Strafgelder zu empfangen. Wo er neben dem Verletzten ein Strafgeld empfängt, richtet sich sein Strafgeld nicht nach dem Betrage der Busse, welche der Verletzte erhält, es ist vielmehr von der Busse des Verletzten ganz unabhängig. Es tritt hierin die bedeutsamere Stellung des Dänenkönigs gegenüber dem Schwedenkönige zu Tage. Der Schwedenkönig theilte das Strafgeld mit dem Verletzten und der Hundertschaft. Der auf ihn fallende Theil war nur ein Bruchtheil des Gesammtstrafgeldes. In dieser Dreitheilung des Strafgeldes an Verletzten, Hundertschaft, König prägte sich der Gedanke aus, dass der König nur einen Bruchtheil der Staatsgewalt darstelle, in der Gleichheit des an den König und an den Verletzten fallenden Betrages vom Strafgelde zeigte sich die Auffassung, dass der Begriff der öffentlichen Gewalt sich noch nicht zu voller Selbständigkeit durchgerungen hat. In Dänemark findet sich von einem Antheile des Herad am Strafgelde keine Spur mehr. Was sich dem vergleichen lässt, ist der Antheil der Witherlagsgenossen und der Antheil der Städte am Strafgelde. Der letzte ist zweifellos späteren Rechtens. Der erstere lässt vielleicht den Schluss zu, dass auch in Dänemark ursprünglich die gleiche Dreitheilung, wie in

Schweden, geherrscht hat. Dem Landrechte aber ist jede Erinnerung an die Dreitheilung geschwunden. In Dänemark ist ferner das Strafgeld, welches der König bezieht, im Betrage ganz unabhängig von der Busse, welche der Verletzte bezieht. In Dänemark erscheint der König somit als alleinige Verkörperung der öffentlichen Gewalt, welche nicht mehr hinter dem Verletzten in abhängiger Stellung steht, sondern um ihrer selbst willen da ist und nach ihren Zielen den Betrag des an sie fallenden Strafgeldes selbständig abmisst.

Die Strafgelder, welche an den König nach Landrecht zu entrichten sind, das „Recht" des Königs, Konungs ræt, jus oder justitia regis, treten in zwei Grund-Beträgen auf, als Strafgeld von drei Mark und als Strafgeld von vierzig Mark.

Das Strafgeld von drei Mark ist das ordentliche jus regis. Wo nur vom Konungs rætt die Rede ist, ohne dass der Betrag angegeben wird, ist das Dreimarkstrafgeld gemeint. Das Dreimarkstrafgeld tritt bei den mannigfachsten Vergehen auf, bei Friedensbrüchen, Rechtsbrüchen, blossen Gesetzesverletzungen, ohne dass Friede oder Recht eines Anderen gebrochen wird.

Das Strafgeld von vierzig Mark ist das ausserordentliche jus regis. Das Strafgeld von vierzig Mark tritt ferner grundsätzlich bei Friedensbrüchen auf. Das Strafgeld von vierzig Mark ist für die Entwicklung des Königsfriedens von hoher Bedeutung. Es ist das Mittel, durch welches sich der dänische König aus einem Organe der Allgemeinheit zum alleinigen Träger des Friedens aufschwingt.

Es bedarf deshalb, um über die Entwicklung des dänischen Königsfriedens in's Klare zu kommen, einer genaueren Betrachtung.

§ 14.

Das Vierzigmarkstrafgeld.

Mit erkennbarer Schärfe hob sich in Schweden die Zeit, von welcher an das Vierzigmarkstrafgeld in die Landschaftsrechte eindrang, von der Zeit ab, in welcher es den Landschaftsrechten noch ein Fremdling war. Erst in das dreizehnte

Jahrhundert fiel dort die Ausbreitung des Vierzigmarkstrafgeldes. Dass auch in Dänemark das Strafgeld von vierzig Mark eine ähnliche Entwicklung, wie in Schweden, durchgemacht hat, wird die folgende Darstellung wenigstens wahrscheinlich machen. Aber es ist hier ungleich schwieriger, die Zeit, in welcher, und den Ausgangspunkt, von welchem aus das Vierzigmarkstrafgeld zur Entstehung und Verbreitung gelangte, kennzuzeichnen. —

Nicht bestritten werden kann, dass das Strafgeld von vierzig Mark sich ebensowenig in den Rahmen des dänischen Zahlensystemes von Strafgeldern harmonisch einfügt, wie es sich in das schwedische Zahlensystem von Strafgeldern harmonisch einfügte. Das dänische Zahlensystem von Strafgeldern ist gleich dem schwedischen das Duodecimalsystem, dessen Mittelpunkt, wie in Schweden, das Dreimarkstrafgeld bildet. Das Strafgeld von drei Mark wird verdoppelt, verdreifacht u. s. w., wie es in Hälften, Drittel und Viertel zerlegt wird. Durch Verfünffachung des Dreimarkstrafgeldes ist die schonische und seeländische Mannbusse von fünfzehn Mark entstanden, von welcher Sunesen[1]) und das Rechtsbuch Erichs[2]) berichten. Versechsfachung des Dreimarkstrafgeldes sind die thrinnæ attan mark des jütischen Königsgesetzes[3]) und des Schleswiger Stadtrechtes[4]), welche die jütische Mannbusse, wie ich anzunehmen geneigt bin, bereits seit alter Zeit[4]) bildeten. Spricht die Vermuthung somit von vornherein dafür, dass auch in Dänemark das Strafgeld von vierzig Mark späteren Ursprungs ist, so gilt es hierüber aus den Quellen das Material zusammenzustellen. —

Wenn wir Saxo glauben wollen, war bereits zur Zeit Knuts des Grossen, also im Anfange des elften Jahrhunderts das Vierzigmarkstrafgeld das gewöhnliche Strafgeld für Todtschlag.

---

1) 43. Die Mannbusse des schonischen Stadtrechtes betrug dagegen 30 Mark, Schlyter IX S. 418/43.

2) Eriks Sællandske Lov II 37.

3) Jydske Lov II 9.

4) § 3. Regni consuetudine conservata sagt das Schleswiger Stadtrecht. Vergl. Larsen, Bidrag til de gamle danske Provindsiallovbögers Historie in Samlede Skrifter I S. 66.

Nach dem alten Witherlagsrecht, berichtet Saxo[1]), wie es Knut Sveinsson schuf, habe auf Todtschlag an dem Witherlagsgenossen die strenge Friedlosigkeit gestanden. Nun aber habe der König selbst als Erster sich des Todtschlages an einem Witherlagsgenossen schuldig gemacht. Um nicht ihres Führers verlustig zu gehen, und sich so selbst in's Verderben zu stürzen, hätten die Witherlagsgenossen beschlossen, von der Verurtheilung des Königs Abstand zu nehmen, und hätten ihm selbst überlassen, die Art seiner Bestrafung zu bestimmen. Der König hätte sich zur Zahlung des neunfachen Betrages der damaligen gewöhnlichen Todtschlagsbusse von 40 Mark[2]), d. h. zur Zahlung der Summe von 360 Mark verurtheilt, von welcher ein Drittel dem Könige, ein Drittel den Witherlagsgenossen, ein Drittel den Erben des Getödteten zufallen sollte.

Man hat diesem Berichte Saxo's vielfach unbedingten Glauben geschenkt[3]). Wie uns scheint, mit Unrecht. Muss man sich

---

[1]) ed. Müller-Velschow S. 527—534.

[2]) Cumque alias homicidiorum crimen quadragenis nummi talentis expiari soleret. Ungewiss lässt Saxo, ob diese 40 Mark das an den König zu zahlende friđkaup in sich begreifen oder ob sie allein die Busse darstellen sollten. Wegen der Worte nummi talentis nimmt man nach den Worten Rosenvinges (Einleitung zu Erika Sællandske Lov. S. XXXI Note 78) vielfach an, dass Saxo 40 Mark „Pfennige" gemeint habe. Wilda, Strafrecht S. 404 bemerkt mit Recht dagegen, dass es für die Zeit Knuts ziemlich unerheblich sein mochte, ob es sich um eine Mark „Silber" oder eine Mark „Pfennige" handelte, da beides damals wohl nicht sehr verschieden war. Sagt doch die Konungsbók 246/192, dass bei der Einführung des Christenthums auf Island var þa allt eitt talit oc vegit. Vergl. hierzu Wilda, Strafrecht S. 323 ff. und von Amira, Nordgerman. Obligationenrecht I § 64. Steenstrup, Danelag S. 294.

[3]) So Kolderup-Rosenvinge, Retsh. § 166; Wilda, Strafrecht S. 404; Pappenheim, die altdänischen Schutzgilden S. 348; (dieser, weil in den Gildestatuten die Vierzigmarkbusse als Mannbusse wiederkehrt. Aber die Gildestatuten reichen in den uns vorliegenden Redactionen nicht über die Mitte des dreizehnten Jahrh. zurück. Pappenheim S. 154. 159. 163. 169. 171. und das alterthümlichste Gildestatut, das Flensburger, Pappenheim S. 154. 347 kennt die Vierzigmarkbusse als Zusatzbusse zur rechten Mannbusse. Pappenheim S. 442. 347); Stemann S. 650; Steenstrup, Danelag S. 293, dessen Ausführungen durch unsere ganze Arbeit widerlegt werden; dagegen zweifelhaft Larsen, Saml. Skr. I S. 516.

Saxo gegenüber überhaupt etwas kritisch verhalten (vgl. Steenstrup, Indledning i Normannertiden 1876 S. 7 ff.), so gewiss in den Fällen, wo er von weit vor ihm liegenden Zeiten berichtet. Von vornherein spricht gegen die Annahme, dass das Vierzigmarkstrafgeld von Alters her bei Todtschlag in Dänemark Platz griff, die Dreitheilung bei Leistung und Empfang der Busse zwischen Thäter, bez. Erben, Schwertmagen und Spillmagen, wie sie das schonische und seeländische Recht aufweisen[1]. Diese Dreitheilung weist, wie sie selbst aus dem Duodecimalsystem hervorgegangen ist, auf ein Bussgeld hin, welches durch die Zahl drei theilbar ist. Es spricht weiter gegen diese Annahme der Blick auf die schwedischen Verhältnisse, in welchen das Vierzigmarkstrafgeld erst später, wie wir sahen, Todtschlagsstrafgeld wurde. Solange somit Saxo's Darstellung nicht durch andere glaubwürdige Quellen gestützt wird, sind wir befugt, uns ihr gegenüber wenigstens zweifelnd zu verhalten. Wir besitzen nun aber im Texte des Witherlagsrechts und in Svend Aagesen's Geschichte des Witherlagsrechtes zwei zweifellos klassischere Quellen, als Saxo selbst (vgl. Kinch S. 267). An ihnen werden wir die Richtigkeit von Saxo's Darstellung zu prüfen haben.

Beider Bericht weicht aber von Saxo's wesentlich ab. Nach Aagesen bestand das Urtheil der Witherlagsgenossen über den König darin, dass derselbe sich in den Staub werfen und demüthig Abbitte thuen sollte. Von einer Bestrafung des Königs wurde dagegen abgesehen[2]. Für die Zukunft wurde

---

[1]) Skånelagen 42. 84. 91, Statutum Kanuti von 1201; Sunesen 45. 47; Eriks Sællandske Lov II 9. Secundum antiqua jura sic est persolute pecunie distribucio facienda sagt Sunesen 47.

[2]) Universae tandem cohorti haec placuit sententia ut jactato in medio concionis pulvinari regia majestas procumberet ibique sententiae vel indulgentiam vel rigorem praestolaretur. Quo facto regem erigentes ipsi delicti veniam gratiamque indulgent, unanimi confirmatione conclamantes, ut omni de caetero dispensatione semota hujuscemodi transgressionis reus nulla in posterum satisfactione tanti delicti immunitatem expiaret, sed vel capitalem subiret sententiam vel saltem temperato rigore ut extorris profugus et ab omni militari collegio cum probroso nuncupationis vocabulo id est Nithingsorth ejectus abscederet. Cap. 10. Bei Kolderup-Rosenvinge Samling V.

aber einstimmig festgesetzt, dass Todtschlag oder schwere Verwundung an dem Witherlagsgenossen die volle Friedlosigkeit nach sich ziehen sollte. So sei es während der Regierung der acht darauf folgenden Könige gehalten worden. Unter König Niels aber (1104—1134) sei es vorgekommen, dass ein angesehener Mann, welcher grosse Verbindungen im Lande hatte, einen Witherlagsgenossen verwundete. Um den sich aus der strengen Gesetzesanwendung ergebenden Misshelligkeiten aus dem Wege zu gehen, sei das alte Recht dahin abgeändert worden[1]), dass, wer seinen Genossen in Zukunft verwundete, dem Verletzten vierzig Mark und zwei Goldunzen als „görsum“, dem Könige vierzig Mark, endlich allen Witherlagsgenossen vierzig Mark zahlen solle[2]).

Aagesen weiss also so wenig davon, dass unter Knut dem Grossen die gewöhnliche Todtschlagsbusse vierzig Mark betrug, wie er davon weiss, dass Knut selbst eine Busse für den von ihm begangenen Todtschlag entrichtete. Erst dem zwölften Jahrhundert gehört nach Aagesen ein Fall an, in welchem dem Friedensbrecher gestattet wurde, mit der Vierzigmarkbusse den Friedensbruch zu sühnen. In diesem Falle liege aber, wie Aagesen ausdrücklich hervorhebt, eine Neuerung. Das Vierzigmarkstrafgeld sei hier zum ersten Male an die Stelle der alten Friedlosigkeit getreten.

Mit dem, was Aagesen berichtet, stimmt nun aber der Text des Witherlagsrechtes eher überein, als mit Saxo's Bericht. Das Witherlagsrecht weiss von dem Todtschlage und der Busszahlung König Knuts überhaupt nichts. Es erklärt vielmehr ausdrücklich, dass bis auf König Niels herab kein Fall vorgekommen wäre, in welchem das Witherlag gebrochen und dafür Busse gezahlt worden wäre[3]). Erst unter König Niels sei jene Ab-

[1]) Totius igitur curiae assensu novae constitutionis sententiam promulgavit.

[2]) Cap. 11.

[3]) Aus diesem Grunde dürfte auch die Erzählung Saxo's von Erichs Eiegod Missethat und Wallfahrt S. 607 mindestens zweifelhaft sein, zumal die anderen Quellen davon schweigen.

änderung des alten Rechts erfolgt, von welcher Aagesen berichtet [1]). —

Ein negatives und ein positives Ergebniss scheint aus den beiden Berichten von Aagesen und dem Witherlag gegenüber Saxo hervorzugehen. Offenbar entkräften sie die Erzählung Saxo's von Knuts Busszahlung völlig. Diese Erzählung kann somit für die Ansicht, dass das Vierzigmarkstrafgeld von Alters her in Dänemark bei Todtschlag gegolten habe, nicht als Stütze verwendet werden. Von Saxo's Bericht bleibt für uns also nur seine Bemerkung übrig, dass zu Knuts Zeit das Strafgeld für Todtschlag vierzig Mark betragen habe. Hat sich aber Saxo's Darstellung von König Knuts Busszahlung als ersonnen herausgestellt, so werden wir seiner Bemerkung von der alten Geltung der Vierzigmarkbusse bei Todtschlag ebenso wenig Glauben zu schenken haben. Er übertrug Verhältnisse seiner Zeit, in welcher auf Todtschlag unter Umständen allerdings das Vierzigmarkstrafgeld stand, auf die Zeit Knuts. —

Andrerseits liefern die beiden Berichte von Aagesen und dem Witherlag das positive Ergebniss, dass im ersten Drittel des zwölften Jahrhunderts das Vierzigmarkstrafgeld bei gewissen Friedensbrüchen im Witherlagsrechte an die Stelle der strengen

---

[1]) Withirlaghit war trolike takit melle herræ oc mannum sinum oc stoth swa uspiellat i atta konungha daghum ..... oc brödis ey för en i nynde konungs dagha . thet war Niclis. Tha reth christiern swensson til oc hio thuse doka thet war hint första withirlagxbröt. Tha thötte bathe konung niclis oc cristierns frendir want wæra at wraka honum af konungs garth meth nithings orth . forthy at hans bröther twa ware biscopa .... Tha litte the aff bo hethinsson af wænla ther gamla Knutz man war oc off andre the elste men i danmark ware of nokir waro minne til thet witherlagh war för brudit oc böt eftir . oc matte ey finne ther doma til. Tha melte bo hethinsson. Mæthin ey æræ doma til fare ware dagha . tha görum the minne ther wara skula eftir wara dagha . thet ær at hin ther withirlagh brydir . meth hug ellir meth saar han böde konung företiugho mark oc andra withirlagxmen andra företiugho mark . oc hinum som mis war giort företiugho marc oc gewe twa marks gulz oc görsum. Hierauf berichtet das Witherlag von einem späteren Falle, in welchem der Friedensbrecher ebenfalls Busse zahlte und schliesst seine Darstellung mit den Worten „oc sithin æra mangar bödir bytter at the samma minne ther christiern bötte“.

Friedlosigkeit trat. Bis auf das erste Drittel des zwölften Jahrhunderts können wir also in Dänemark das Vierzigmarkstrafgeld zurückverfolgen. —

Es steht uns indessen aus den Geschichtsquellen ein noch älterer Fall des Vierzigmarkstrafgeldes zur Verfügung. Uebereinstimmend berichten Saxo und Svend Aagesen von einem Vorfalle aus der Regierungszeit Cnuts IV (1076—1086), bei welchem das Vierzigmarkstrafgeld eine Rolle spielte. Im Jahre 1085 wollte dieser König einen Heerzug nach England unternehmen. Er sammelte zu diesem Zwecke eine Flotte am Liimfjörd. Während die Schiffe zur Ausfahrt bereit lagen, wurde der König durch die Nachricht von einem Aufstand in Schleswig abberufen. Er eilte dorthin. In seiner Abwesenheit fiel sein Heer von ihm in Folge der Umtriebe der Gegner ab[1]). Ohne offen zur Desertion aufzufordern, wussten die Gegner es durch Zuflüsterungen dahin zu bringen, dass die Schiffe sich zerstreuten und nach Hause fuhren. Der König bestrafte diesen Abfall später damit, dass er den einzelnen Schiffsführern vierzig, den Matrosen drei Mark Strafe auferlegte[2]).

Wir finden somit, falls wir dem Berichte Glauben schenken wollen[3]), am Schlusse des elften Jahrhunderts das Vierzigmarkstrafgeld als Strafgeld für Fahnenflucht vor. Merkwürdig ist, dass in diesem Falle, wie im vorigen, das Vierzigmarkstrafgeld in enger Beziehung zur Friedlosigkeit steht. Die Gegner, bemerkt Saxo, hätten deshalb nicht offen zum Aufruhr aufgefordert, weil dann die strenge Friedlosigkeit verbunden mit Vermögensconfiscation gedroht hätte[4]). Eben weil es nicht zu offenem

---

[1]) Saxo p. 584: tota a rege classis . . defecit.

[2]) Saxo p. 586. Aagesen, Hist. Regum Dan. Cap. 7.

[3]) Ælnoth weiss von dem Aufruhre und der Busse nichts. Historia S. Canuti regis Cap. 13. 14. Die Knytlingasaga 44. 45 weiss von den vierzig Mark nichts. Sie lässt den König nur „stór gjöld" denen auferlegen, „er hann hafði mest sakir á hendi". Damit vergl. Heimskringla Ólafs saga Kyrra 9/633: en hann lagði á Dani reiði ok mikit fégjald. Morkinskinna Ólafs saga Kyrra S. 128. Fríssbók Ólafs saga Kyrra 6/259.

[4]) Quam rem si quis palam exhortatus fuisset publicatis bonis aut in exilium agi aut capitali supplicio affici lege merebatur. Diese Strafe

Aufruhr kam, griff nicht die Friedlosigkeit, sondern nur das Vierzigmarkstrafgeld Platz. Das Vierzigmarkstrafgeld löst also in diesem, wie im vorigen Falle, die strenge Friedlosigkeit ab.

Dies sind die beiden ältesten Fälle des Vierzigmarkstrafgeldes, welche uns zuverlässige Quellen berichten.

Um die Mitte des zwölften Jahrhunderts finden wir es bereits in Urkunden als causa regia auftreten [1]). In den Kirchenrechten von Schonen und Seeland finden wir es sodann als höchstes Strafgeld bei fortgesetztem Ungehorsam des Beklagten [2]). In den Gildestatuten, welche in den vorliegenden Redactionen freilich sämmtlich nicht über die Mitte des dreizehnten Jahrhunderts zurückgehen [3]), hat es eine ausgedehnte Geltung und in den Landschaftsrechten ist es für einen Kreis von Vergehen typisch. Von nun ab breitet es sich in den Stadtrechten und königlichen Verordnungen mehr und mehr aus. —

Es ist bezeichnend, dass die beiden ältesten historischen Fälle des Vierzigmarkstrafgeldes Fälle der Ablösung der alten Friedlosigkeit durch ein Strafgeld darstellen. Gerade dieser Umstand ist es, welcher dem Vierzigmarkstrafgelde überhaupt sein Gepräge verleiht. Das Vierzigmarkstrafgeld hatte die historische Mission, die alte strenge Friedlosigkeit in die neue, milde Friedlosigkeit zu verwandeln oder durch ein Strafgeld zu ersetzen.

Die alte Friedlosigkeit ist eine strenge in zwiefacher Hinsicht. Sie macht den Thäter für alle Ewigkeit friedlos und sie zieht den Verlust seiner ganzen Habe nach sich. Die im förmlichen Verfahren Ueberführten, sagt Saxo bei der Darstellung des Witherlagsrechtes — und hierbei stimmt er mit dem Texte

---

hat nach Saxo bereits Froþi eingeführt (p. 228), wozu vergl. Steenstrup, Indledning S. 311 ff. und Müller-Velschow Noten zu Saxo p. 149 ff.

[1]) Dipl. Arna-Magnæan. I S. 10. Terpager Ripae Cimbrüae S. 175. Oldemoder S. 1. 3. 4. 28. Stemann S. 91.

[2]) Valdemars sællandske Lov ed. Thorsen S. 74. 75. Bezeichnender Weise soll es hier den Beklagten vom Banne lösen. Ueber den Parallelismus von Bann und Acht im Norden vergl. von Amira, Nordgerman. Obligationenrecht I S. 155.

[3]) Vergl. Pappenheim S. 130. 153. 154. 160. 163. 169. 171.

des Witherlagsrechtes und Svend Aagesen im Grossen überein —, verliess das Glück, ergriff das Unglück, um so sicherer, als die Priester der drei Reiche gegen die solcher Vergehen Schuldigen feierliche Verwünschung aussprachen[1]). Der Verurtheilte hatte die Wahl, zu Lande oder zu Wasser der Friedensgenossenschaft zu entfliehen[2]). Wollte er sich dem Meere anvertrauen, so begleitete ihn die Schaar der Kameraden dahin, versah ihn mit Schiff, Rudern und Speisen und liess ihn, soweit das Auge reichte, gefriedet fahren. War er dem Auge entschwunden, so stiess sie laut die Verwünschungsformel über den Friedlosen aus. Von nun ab war er friedlos und konnte und musste als Feind der Friedensordnung von Jedem erschlagen werden. Wollte der Verurtheilte zu Lande fliehen, so wurde er zum Walde geleitet und es wurde gewartet, bis er im Dunkel entschwunden war. Dann wurde dreimal ein lauter Ruf erhoben, damit dem Fliehenden die Richtung, in welcher er sich zu wenden hätte, offenbar bliebe[3]). Nunmehr war er friedlos und wer ihn jetzt traf, musste ihn erschlagen[4]). Nimmer konnte der Friedlose in die Friedensgemeinschaft zurückkehren, es sei denn, dass die Friedensgenossen beschlossen hätten, ihn wieder auf-

---

[1]) p. 532. Wohl ein Rest des sacralen Strafrechts. K. Maurer in der krit. Vierteljahrsschr. Bd. XVI S. 84; von Amira, über Zweck und Mittel der germanischen Rechtsgeschichte 1876 S. 58 ff.

[2]) Interrogari solebat terreno an maritimo secessu fugam petere decrevisset Saxo p. 530.

[3]) Saxo p. 531. Aagesen Historia legis castrensis cap. 14. Die Aehnlichkeit, welche die Gildestatuten mit diesem Geleit aufweisen — z. B. Flensburger Statut 15 (Pappenheim S. 445), Odenseer (Pappenheim S. 445), Store Hedinger 3 (Pappenheim S. 473) ist nur eine äusserliche. In den Gildestatuten handelt es sich einzig um ein Helfen aus der Lebensgefahr, im Witherlagsrecht dagegen in erster Linie um die Form der Ausstossung aus dem Rechtsverbande. Dies ist von anderer Seite bereits bemerkt worden.

[4]) Ut si quisquam commilitonum uno saltem comite aut telo superior illi postmodum occurerit, eumque non invaserit ejusdem ignominiae et probrosae nuncupationis jacturam subire teneatur. Aagesen cap. 14. Saxo p. 532. Witherlagsret: oc sithin hwilkin withirlagaman ther han hittir tha skule han ratha ofna han hawe en skiöld meer en hin ellir skulde han nithing hede.

zunehmen[1]), und sein ganzes Gut[2]), ob Liegenschaften ob Fahrhabe, wurde vom Könige eingezogen.

Diese alte Friedlosigkeit kennen die dänischen Landschaftsrechte nicht mehr in ihrer Reinheit. Und zwar weisen sie um so grössere Modificationen auf, je jünger sie sind. Den Verlust der ganzen Habe zeigen sie nur noch in dem einen Falle des Landesverraths[3]), während sie im Uebrigen nur den Verlust der Fahrhabe[4]) als Folge der Friedlosigkeit eintreten lassen. Und die Unsühnbarkeit des Friedensbruches weicht in ihnen schrittweise der Sühnbarkeit. Gerade hier setzt, wie bereits bemerkt ist, das Vierzigmarkstrafgeld ein.

Das Vierzigmarkstrafgeld setzt in doppelter Weise ein. Es tritt entweder als unbedingtes Strafgeld an die Stelle der alten Friedlosigkeit, es verwandelt also, um einen Ausdruck Wilda's zu gebrauchen, den Friedensbruch in einen Rechtsbruch — oder es tritt als bedingtes Strafgeld ein, d. h. als solches Strafgeld, welches nur eintritt, wenn der Verletzte und die öffentliche Gewalt auf die Friedloslegung verzichten, die Sühne annehmen wollen. In diesem Falle macht es den unsühnbaren Friedensbruch zum sühnbaren, die strenge Friedlosigkeit zur milden.

Der Process, wie die alte strenge Friedlosigkeit durch die neue milde oder durch das Vierzigmarkstrafgeld ersetzt wurde, ist in den dänischen Landschaftsrechten nicht ganz regelmässig

---

[1]) Ueber die analoge Wirkung der Ausstossung aus der Gilde siehe Pappenheim S. 336.

[2]) Konung take alt thet han a — hawer han sik sielwan forgiort oc alt thet han a.

[3]) Sunesen 62. Eriks Sæll. Lov II 27. Verordnung Abels von 1251 in Aarsberetninger V S. 10. 12. Das schonische Recht ausserdem noch bei Diebstahl und Brandstiftung 39. 136. 214 taki kunung ællæn hans howoþlot, dagegen Valdemars Sæll. Lov 87 tha ma han ey meræ for gøræ æn sin hovæthlot enæ oc thet af fæ oc ey af iorhd.

[4]) Jyske Lov III 67. II 90. 97. 99. 108. 115. Sk. 89. 156. Sunesen 62. Wenn in späteren Verordnungen, z. B. Abels von 1251, gesagt wird: der König capitalem porcionem delinquentis confiscari faciat capitalis porcio cedat regi, Kung havæ theræ hervæth loot, wird dies deshalb nur auf die Fahrhabe zu beziehen sein.

zu verfolgen, so dass manche Rechtshistoriker, wie Stemann[1]), überhaupt verzichten, eine grundsätzliche Entwicklung anzunehmen. Insbesondere bemerken wir, dass bei einzelnen Vergehen jüngere Landschaftsrechte die Friedlosigkeit festsetzen, wo ältere das Vierzigmarkstrafgeld eintreten lassen. Indessen darf diese Erscheinung nicht beirren. Es darf nicht übersehen werden, dass die Friedlosigkeit jener jüngeren Landschaftsrechte eben nicht mehr die alte unsühnbare, sondern die jüngere sühnbare Friedlosigkeit ist, welche mit dem Vierzigmarkstrafgelde in Verbindung steht. —

Würden wir keine weiteren Gründe haben anzunehmen, dass die strenge Friedlosigkeit in Dänemark durch die milde Friedlosigkeit oder durch das Vierzigmarkstrafgeld allmählich ersetzt wurde, so müssten uns drei Momente hierzu veranlassen. Einmal die in Schweden wahrgenommene Entwicklung, wo nachweisbar der grössere Theil der Fälle, in welchen die strenge Friedlosigkeit Platz griff, im Laufe der Zeit der milden Friedlosigkeit oder dem Strafgelde unterlegt wurde, sodann der Rechtszustand des alten Witherlags, in welchem jede schwere Verletzung die strenge Friedlosigkeit nach sich zog[2]), endlich der Name „busslose Sache" „orbotamal", welcher in den jüngeren Landschaftsrechten in den Fällen auftritt, wo das Vergehen bereits ein sühnbares ist und welcher auf eine Zeit zurückweist, in welcher jene Vergehen noch der strengen Friedlosigkeit unterlagen[3]). —

Wenn wir nun an die drei Landschaftsrechte herantreten, so werden wir bei gewissenhafter Prüfung nicht verkennen

---

[1]) S. 612.

[2]) Ausdrücklich hebt dies das Witherlag hervor für Verrath, Ungehorsam im Processe, Körperverletzung, sei es durch Schlag, sei es durch Wundzufügung. Für die Körperverletzung trat, wie oben berührt ist, unter Niels eine Milderung ein.

[3]) Dass der Name nicht mehr passt, sieht die Helsingburger Verordnung Erich Glippings vom März 1283 ein, wenn sie sagt: Orbotæ maal vero sic intelligitur, quod occisor ad emendam venire non poterit nisi prius pro eo intercesserint consanguinei interfecti Aarsberetninger V S. 18.

können, dass das Vierzigmarkstrafgeld und die milde Friedlosigkeit entschieden in der Ausdehnung begriffen sind.

Für Schonland stehen uns zwei Bearbeitungen des Landschaftsrechtes zur Verfügung, eine dänische und eine etwas jüngere lateinische, die erstere von einem unbekannten Verfasser, die letztere vom Erzbischofe Sunesen. Die lateinische Bearbeitung von Sunesen zählt als Vergehen, deren Thäter „perpetua pace privantur" auf[1]:

> si post homicidium quis offerre venerit satisfactionem. Si post prestitam emendationem sumatur vindicta. Si per homicidium cimiterium violetur. Si turbata pace coram omnibus in iure mors cuiquam inferatur. Si sponsa cuiquam per violentiam auferatur. Si coniunx cuiuspiam, vel mater, vel soror, vel filia, ob stupri turpitudinem rapiatur. Si hospes a domino vel ab hospite in domo propria dominus domus occidatur. Si quis voluntarie ignem inponat domo aliene, ut ad iniuriam et dampnum domini domus incendio consumatur. Si presente rege et in dioecesi commorante quis presumat homicidium perpetrare secundum novam a rege waldemaro editam constitutionem.

Der erste Fall — Weigerung des Todtschlägers, Busse anzubieten — kann natürlich nicht zu den Fällen gerechnet werden, in welchen Friedlosigkeit die primäre Folge der That ist. Die Friedlosigkeit tritt hier nur bedingt ein, wenn der Todtschläger die Busse nicht anbietet. Der letzte Fall, Todtschlag im Königsfrieden, gehört nach Sunesen erst der Gesetzgebung des dreizehnten Jahrhunderts an[2]. Beide Fälle sind somit auszuscheiden. Es bleiben für das ältere schonische Recht als Vergehen, welche die Friedlosigkeit nach sich zogen, übrig: Bruch der geschworenen Urfehde, Todtschlag auf dem Kirchhofe, Thinge, Frauenraub, Erschlagen des Gastherren oder Gastfreundes im eignen Hause, vorsätzliche Brandstiftung. Ihrer Beschaffenheit nach lassen sich die Fälle entweder unter die

---

[1]) 61.

[2]) was Hasse, das Schleswiger Stadtrecht S. 41, mit Unrecht für alle die aufgezählten Fälle behauptet.

Kategorie der schweren Friedensbrüche oder unter die Kategorie der Nidingswerke stellen. Im Ganzen sind es die gleichen Fälle, welche das ältere westgöthische Recht zu den orbotamal zählt. In diesen Fällen wird nach Sunesen der Thäter für ewig seines Friedens beraubt. Seine Fahrhabe fällt an den König. Von einem Rechte des Königs, ihm den Frieden zu geben, weiss Sunesen nichts. Höchstens für den letzten, der Gesetzgebung Valdemars angehörigen Fall wird sich ein solches Recht des Königs annehmen lassen [1]).

Die dänische Bearbeitung des Schonenrechtes enthält eine gleiche Aufzählung nicht [2]). Sie erwähnt nur den Todtschlag nach gebüsster Busse als Vergehen, dessen Thäter nie den Frieden erhalten solle [3]). Daraus folgt natürlich durchaus nicht, dass der dänische Text auf diesen Fall die Friedlosigkeit beschränkt. Dies anzunehmen wären wir nur dann berechtigt, wenn für die übrigen Fälle von Sunesen eine andere Straffolge vom dänischen Texte gekannt würde. Aber dies ist nicht der Fall. Der dänische Text stimmt, wie wir sehen werden, bezüglich der Fälle, in welchen das Vierzigmarkstrafgeld Platz greift, mit dem lateinischen Texte im Ganzen überein. Daraus können wir den Schluss ziehen, dass er auch in den Fällen, in welchen Sunesen Friedlosigkeit eintreten lässt, die Friedlosigkeit als Folge des Vergehens kannte. —

Die dänische und lateinische Bearbeitung weisen nemlich übereinstimmend nur folgende Fälle des Vierzigmarkstrafgeldes

---

[1]) Denn es bestimmt die dänische Bearbeitung 89: „Die Zeit, wo der König innerhalb der Landschaft ist, soll jeder Mann Frieden haben, aber wird ein Mann die Zeit erschlagen wo der König innerhalb der Landschaft ist, da liege darauf dessen Friede, der erschlug und er erhalte ihn nie wieder, ausser er löst sich, wie der König will und des Erschlagnen Verwandte wollen.“

[2]) Was die von Thorsen seiner Ausgabe zu Grunde gelegte Runenhandschrift als Botlöst mal aufführt (Schlyter S. 215), kommt deswegen nicht in Betracht, weil das betr. Stück entschieden späteren Ursprungs ist und somit die jüngere Friedlosigkeit meint. Vergl. Schlyter, Einleitung zum Skånelag S. S. IV—XII, Thorsen, Skånske Lov S. 73 Anm.

[3]) 89. Dræpir man annar man ofnæ bötær böttæ faræ friþlös oc fa aldrigh friþ.

auf: Todtschlag mit Hausfriedensbruch[1]), Heimsuchung[2]), Verwundung während des Königsfriedens[3]), Ehebruch mit der Ehefrau eines Andern[4]), Nothzucht[5]). In diesen Fällen tritt nach ihnen das Vierzigmarkstrafgeld entweder unbedingt oder es tritt bedingt ein (falls der Verletzte Busse nehmen will).

Jüngeren Ursprungs ist von diesen Fällen nun der Fall der Verwundung während des Königsfriedens. Er entstammt erst dem dreizehnten Jahrhundert. Der Fall der Nothzucht steht in enger Beziehung zum Falle des Frauenraubes, auf welchen nach Sunesen Friedlosigkeit stand. Er ist der mildere Fall eines in seiner schwersten Gestalt mit Friedlosigkeit belegten Verbrechens. Bei ihm kann somit die enge historische Beziehung zur strengen Friedlosigkeit nicht geleugnet werden. Was den Ehebruch betrifft, so scheint auch bei ihm das Vierzigmarkstrafgeld erst in späterer Zeit entstanden zu sein. Nicht nur, dass im jütischen Rechte ein geringeres Strafgeld auf den Ehebruch gelegt ist[6]), auch der Umstand, dass in den seeländischen Rechtsbüchern[7]) der Text zwischen der Vierzigmarkbusse und einer vom Verletzten frei zu bestimmenden Busse schwankt, endlich der Umstand, dass der Ehemann den auf handhafter That ergriffenen Ehebrecher busslos erschlagen kann, verräth hier die jüngere Entstehungszeit des Vierzigmarkstrafgeldes. So bleiben Todtschlag mit Hausfriedensbruch und Heimsuchung übrig. Bei ihnen bezeichnet schon die Verordnung von 1200 das Vierzigmarkstrafgeld als von alten Zeiten her in Geltung[8]). —

Wie man über die Richtigkeit der obigen Beweisführung auch denken mag, man wird soviel zugeben müssen, dass das Vierzigmarkstrafgeld dem schonischen Rechte im Ganzen noch

---

1) Sk. 86. Sun. 59.
2) Sk. 87. Sun. 61.
3) Sk. 90. Sun. 61.
4) Sk. 206. Sun. 127.
5) Sk. 207. Sun. 128.
6) II 18 (ed. Petersen).
7) Valdemar 52. Erich II/2.
8) Schlyter S. 439.

fremd ist. Nirgends begreift es das Vierzigmarkstrafgeld mit im Konungs ræt, dieser bedeutet in ihm nur das Dreimarkstrafgeld. Nirgends spricht es ferner von einer Kategorie von Vierzigmarksachen, wie die anderen Rechtsbücher. Das Vierzigmarkstrafgeld kann darnach in Schonen eine alte Geltung nicht haben.

Waren in den schonischen Rechtsaufzeichnungen die Fälle des Vierzigmarkstrafgeldes an Zahl und Beschaffenheit die gleichen, waren es nur wenige Fälle, welche zum grösseren Theile in geschichtlicher Beziehung zur strengen Friedlosigkeit zu stehen schienen, so sind in den seeländischen Rechtsbüchern von Valdemar und Erich die Anwendungsfälle des Vierzigmarkstrafgeldes zahlreicher. Heimsuchung[1]), Ehebruch[2]), Nothzucht[3]) finden wir auch hier. Ausserdem aber finden wir: Bruch des Thingfriedens durch Verwundung oder sonstige Verletzung eines Anderen, ohne dass Tödtung vorliegt[4]), Bruch der beschwornen Urfehde unter den gleichen Bedingungen[5]), vorsätzliche Brandstiftung[6]), rechtswidrige Fesselung von Freien[7]), Todtschlag oder Verwundung im Marktfrieden[8]). Nach dem Rechtsbuche Erichs endlich noch Todtschlag auf dem Wege vom und zum Thinge[9]).

Als „unsühnbare Sachen“ führen dagegen beide Rechtsbücher auf: Todtschlag mit Hausfriedensbruch, Todtschlag auf dem Thinge, Kirchhofe, gegen beschworene Urfehde[10]). Das Wesen der „unsühnbaren Sachen“ besteht nach Valdemar darin, dass „der König nicht mit Recht denen den Frieden geben mag, sofern er nicht den Willen derer dazu erhält, die die

[1]) Valdemar 56. Erich II 16.
[2]) Valdemar 52. Erich II/2.
[3]) Valdemar 61. Erich II 20.
[4]) Valdemar 54. Erich II 17.
[5]) Valdemar 55. Erich II 12.
[6]) Valdemar 57. Erich II 14.
[7]) Valdemar 59. Erich II 19.
[8]) Valdemar 63. Erich II 22.
[9]) II 29.
[10]) Valdemar 53. Erich II 3. 4. 5. 8. 9.

nächsten Verwandten sind zu dem Erschlagenen und vollaltrig sind[1])", oder wie genauer Erich[2]) sagt, darin, „dass die Erben nicht Busse nehmen mögen von dem Nächsten dessen, der erschlagen hat, sofern sie nicht des Königs Willen dazu erhalten und der König nicht dem den Frieden wieder geben mag, sofern er nicht der Verwandten Willen dazu hat". Auch die unsühnbaren Sachen sind also sühnbare, sofern nur König und Verletzter sich zur Annahme von Strafgeldern bereit erklären.

Vergleichen wir den jüngeren Rechtszustand in Seeland und den älteren Rechtszustand in Schonland, so finden wir, dass unleugbar die Entwicklung in der Richtung sich vollzogen hat, die busslosen Sachen zu Busssachen oder doch zu bussbaren Sachen umzuwandeln. Nicht nur weist der seeländische Rechtszustand mit Ausnahme eines Falles die gleichen Fälle des Vierzigmarkstrafgeldes auf, wie der schonische Rechtszustand — sondern er zieht augenscheinlich Fälle, welche in letzterem ganz oder bei schwereren Voraussetzungen zu den „busslosen" Sachen gehörten, zu den Vierzigmarksachen hinüber. Ganz deutlich tritt dies bei der Brandstiftung[3]) hervor. Aber auch Todtschlag im Marktfrieden, auf dem Wege von und zum Thinge können erst in jüngerer Zeit Vierzigmarksachen geworden sein. Ferner unterlegen die seeländischen Rechtsbücher wenigstens die milderen Fälle eines Friedensbruches dem Vierzigmarkstrafgelde, wo sie für die schwereren noch die Friedlosigkeit beibehalten, so Verwundung auf dem Thinge, gegen beschworene Urfehde. Endlich nehmen sie den auch „busslosen" Sachen das Wesentliche ihres Inhaltes, die „Ewigkeit" der Friedlosigkeit, insofern sie von dem vereinigten Willen von König und Verletztem die Aufhebung der Friedlosigkeit abhängig machen.

Das jütische Königsgesetz nimmt eine vermittelnde Stellung ein zwischen dem Systeme der milden, d. h. ablösbaren Friedlosigkeit und dem Systeme des reinen Vierzigmarkstraf-

[1]) 53.
[2]) II 9.
[3]) Vergl. hierzu Skånelagen 214.

geldes. Die Friedlosigkeit ist ihm, wie den seeländischen Rechtsbüchern, eine ablösbare, wenn König und Verletzter ihre Zustimmung zur Bussannahme erklären. Während aber die seeländischen Rechtsbücher dem Könige und Verletzten überlassen, um welches Strafgeld sie die Ablösung bewilligen wollen, tritt nach dem jütischen Königsgesetze von Rechts wegen das Vierzigmarkstrafgeld ein. Dieser Friedlosigkeit unterwirft das jütische Königsgesetz [1]) folgende Verbrechen:

> „Erschlägt ein Mann einen Anderen im Heere oder in der Versammlung oder auf dem Thinge oder Thingwege oder in seinem eignen Hause oder in dem Herad, in welchem der König ist, oder in der Kirche oder auf dem Kirchhofe oder auf der Messe oder während der Bauer seinen eigenen Pflug hält . . . da büsse der, welcher erschlug, ausser rechter Mannesbusse vierzig Mark dem Erben des Erschlagenen und ebenso dem Könige, wenn er seinen Frieden behält und zu Busse kommt."

Es sind, wie man sieht, im jütischen Königsgesetze im Grunde die gleichen Kategorien, welchen wir im schonischen und seeländischen Rechtsbuche bald als orbotamal bald als Vierzigmarksachen begegneten. Todtschlag mit Hausfriedensbruch, auf dem Thinge, in der Kirche, auf dem Markte, während des Königsfriedens. Auch Todtschlag „wider gebüsste Busse" zieht nach III 23 und Frauenvergewaltigung nach II 16. 22 die gleichen Folgen nach sich. Das jütische Königsgesetz scheidet also nicht in dem Grade, wie die seeländischen Rechtsbücher, vom Vierzigmarkstrafgeld die Friedlosigkeit, sondern es bildet eine neue Art der Friedlosigkeit, welche von beiden etwas an sich hat. Ungerechtfertigt wäre es deshalb, in den Bestimmungen des jütischen Königsgesetzes einen Rückschlag zur alten Friedlosigkeit zu sehen, weil die Fälle der Friedlosigkeit zahlreicher, als in den seeländischen Rechtsbüchern sind [2]).

Neben diesen Fällen der Friedlosigkeit weist das jütische Königsgesetz auch reine Vierzigmarksachen auf: Freilassen

---

[1]) III 22.

[2]) Dies hat mit gewohnter Klarheit Larsen s. Skr. I S. 506 bereits erkannt.

eines gebundenen Diebes[1]), Leichenraub[2]). Auf der anderen Seite kennt es im Falle des Mordbrandes eine durch alleinige Gnade des Königs ablösbare Friedlosigkeit[3]).

Ueberblicken wir den geschilderten Rechtszustand der drei Landschaftsrechte, so werden wir die wachsende Bedeutung des Vierzigmarkstrafgeldes nicht in Abrede stellen können. Im schonischen Rechte nur in vereinzelten Fällen auftretend, ist es im seeländischen Rechtsbuche von Erich und im jütischen Königsgesetze für die Kategorie der schweren Friedensbrüche so typisch geworden, dass die Vierzigmarksachen „fyrtiughæ marc mal“ eine eigene Abtheilung bilden[4]). Im schonischen Rechte bezog sich der „konungs ræt“ nur auf die Dreimarksachen, in den späteren Rechtsbüchern auch auf die Vierzigmarksachen[5]).

Die gleiche Entwicklung können wir in den Stadtrechten wahrnehmen. Wenn wir das der ersten Hälfte des 13. Jahrhunderts angehörige Stadtrecht von Schleswig[6]) mit den spä-

---

[1]) II 91.

[2]) III 24.

[3]) III 66.

[4]) Erich III 48. 68.

[5]) z. B. Erich III 48.

[6]) In diese Zeit wird das alte Stadtrecht von Schleswig zu setzen sein. Wird man auch die Art der Beweisführung von Hasse, das Schleswiger Stadtrecht, nicht zu billigen vermögen, so wird man nicht verkennen können, dass der Termin von 1200 für das Stadtrecht etwas zu früh gegriffen ist. Auf spätere Zeit weisen folgende Momente hin: a) dass das Stadtrecht das Gottesurtheil nicht mehr kennt; b) dass ihm das Institut des nam ganz unbekannt ist; c) die Betonung des regnum vor der Landschaft; d) die Steuerfreiheit des miles in § 63. Nicht für eine frühe Entstehungszeit spricht, dass ihm die Jury unbekannt ist und dass es den vin sich erhalten hat. Beide Erscheinungen finden sich auch in dem Stadtrechte von Lund, welches erst der zweiten Hälfte des dreizehnten Jahrhunderts angehört. Für die Entstehung vor dem jütischen Königsgesetze spricht, dass für Todtschlag in der Stadt noch nicht vierzig Mark an den König zu entrichten sind (§ 3 mit J. L. III 22), dass bei Unzucht der nächste Verwandte der Frauensperson gegen den Unzüchter das Recht der Rache hat (§ 11 mit J. L. II 18), dass man den ergriffenen Dieb selbst aufhängen kann (§ 14, 25 mit J. L. II 87). So dürfte die Entstehungszeit etwa auf 1230 anzusetzen sein.

teren Stadtrechten vergleichen, so fällt sofort in die Augen, dass auch hier das Vierzigmarkstrafgeld aus einem ausnahmsweise platzgreifenden Strafgelde zu dem typischen Strafgelde für schwere Friedensbrüche sich entwickelt hat[1]).

Behalten wir dabei im Auge, dass es grundsätzlich die Kategorien der Angriffe auf den Frieden sind, auf deren Gebiet das Vierzigmarkstrafgeld seine Geltung ausdehnt, und dass die Doppelung des Vierzigmarkstrafgeldes, insofern es einmal an den Verletzten, einmal an den König zu zahlen ist, beinahe allen Fällen, in welchen es auftritt, gemeinsam ist, so werden wir in dem Umsichgreifen des Vierzigmarkstrafgeldes nicht eine Zufälligkeit, sondern einen von inneren Triebfedern geleiteten Process erblicken müssen. Klar ist, dass dieser Process der Stärkung des Königsthums wesentliche Dienste leistete. Im alten Systeme der strengen Friedlosigkeit erscheint der König wesentlich als ein Organ der Allgemeinheit, hier erscheint er als Verletzter neben der Partei. Im alten Systeme der strengen Friedlosigkeit hatte er auf die Gewährung des Friedens keinen Einfluss. Hier hängt es, soweit das Vierzigmarkstrafgeld nicht bloss reines Strafgeld ist, von seinem Willen mit ab, den Thäter in den Frieden wieder gelangen zu lassen. —

Wir müssen uns vorbehalten, auf die Frage, wann und wo in Dänemark das Vierzigmarkstrafgeld entstanden ist, später nochmals zurückzukommen. Diese Frage wird am leichtesten beantwortet werden können, nachdem die Entwicklung dieses Strafgeldes auch in Norwegen beobachtet worden ist. Für unsere Zwecke wird aus den vorhergehenden Erörterungen so viel sich ergeben haben, dass in Dänemark, wie in Schweden, das Vierzigmarkstrafgeld erst in einer späteren Zeit des machtvollen Königthums in den Landschaftsrechten eine umfassendere Geltung erhielt, und dass es wesentlich den Zwecken des Friedens dienen sollte. Es ergab sich weiter, dass die Stellung

---

[1]) Im alten Stadtrechte von Schleswig findet es sich nur bei Nothzucht (2. 12), unrechtem Binden und Freilassen des Diebes (14. 25. 26), Hausfriedensbruch (49), im Flensburger Stadtrecht in einer ganzen Reihe von Fällen, und zwar so, dass neben dem König auch die Stadt meist vierzig Mark empfängt. Vergl. Hasse, das Schlesw. Stadtr. S. 41. 42.

des Königs im Frieden dadurch eine andere geworden ist. Der König steht nun nicht mehr als ein Organ im Frieden, sondern er ist der Träger eines Friedens, welcher zwar vom Landrechte ausgeht, welcher aber von dem Könige allein ausgenützt wird. In Schweden, sahen wir, knüpfte sich hieran die Entstehung eines Königsgerichtes mit eigener Zuständigkeit und eigenem Verfahren. Es fragt sich, ob auch in Dänemark die Ausbreitung des Vierzigmarkstrafgeldes von gleichen Folgen begleitet war.

§ 15.

Das Königsgericht.

Das dänische Königsgericht war im Schonenrechte, wie wir sahen, erst im Entstehen begriffen. Nur an wenigen Stellen, welche zudem einen civilrechtlichen Charakter trugen, war von ihm die Rede und auch hier concurrirte es mit dem Volksgerichte. Ein eigener Name kam ihm noch nicht zu. Ganz anders ist der Zustand am Schlusse des dreizehnten Jahrhunderts. Hier finden wir ein dänisches Königsgericht mit allgemeiner Zuständigkeit für civilrechtliche und für criminalrechtliche Fälle und mit dem eigenen Namen des rættaræþing. Im Laufe des dreizehnten Jahrhunderts muss sich demnach die Entwicklung dieses Königsgerichts vollzogen haben. Es fragt sich, wie diese Entwicklung vor sich ging.

Nahe liegt es von vornherein, die Entwicklung des dänischen Königsgerichts mit der Ausbreitung des Vierzigmarkstrafgeldes in Verbindung zu bringen. Aber so klar, wie in Schweden, vollzog sich dieser Process in Dänemark nicht. Es gilt, die wenigen Andeutungen, welche die Landschaftsrechte in dieser Richtung geben, zusammenzustellen und aus ihnen die gebotenen Schlüsse zu ziehen.

Von einem nöþæ til mæþ konungs rætæ spricht bereits die dänische Bearbeitung des Schonenrechtes. Der Todtschläger darf nicht einen seiner Verwandten, heisst es in 84, welcher in der Bezahlung der Geschlechtsbusse säumig ist, dazu nöthigen, mit ihm zu büssen, weder im Wege des nam noch auf andere Art, sondern die Verwandten sollen den Säumigen dazu nöthigen mæþ konungs rætæ, mit des Königs Gericht, wenn sie es sonst nicht vermögen. Die Stelle stammt aus der Verordnung Knuts von 1200, welche sich darüber so ausdrückt:

Si cognatus aliquis cum cognato suo satisfacere noluerit alii cognati ipsum ut emendet amoneant et inducant sed homicida nichil iuris habeat ut per nam vel alio quocunque modo ipsum ad hoc compellat sed a cognatis ad hoc compellatur nostro ipsis si defecerint auxilio suffragante.

Sunesen 45 bringt die Stelle in folgender Weise:

> obligatum autem coniunctione sanguinis et satisfacere renuentem ad satisfaciendum ab agnatis et cognatis per exactorem vel ius regium induci debere.

Darnach hat also König Knut das nam bei der Eintreibung der Geschlechtsbusse in Schonen abgeschafft. An dessen Stelle gestattete er den Verwandten, mit Hilfe des Königsgerichtes oder des Königs Voigtes den Beitrag zur Geschlechtsbusse vom Säumigen einzutreiben. Aus der ganzen Form der Darstellung ergiebt sich, dass das Königsgericht die blosse Rolle eines Vollstreckungsorganes spielte. Von einer Klage, einer Verhandlung und einem Urtheile des Königsgerichtes ist keine Rede. Die obigen Stellen können demnach nicht dazu verwendet werden, bereits für das Schonenrecht die Existenz eines allgemeinen Königsgerichtes gleich dem späteren ræettaræþing anzunehmen.

Dagegen wird in dem jüngeren Rechtsbuche für Seeland und im jütischen Königsgesetze des Königsgerichtes in einer Weise Erwähnung gethan, welche einerseits auf die Existenz des rættaræþing schliessen und welche die enge Verbindung von rættaræþing und Vierzigmarkstrafgeld andererseits erkennen lässt. Im Erichschen Rechtsbuche für Seeland II 8 heisst es:

> „Die Kirche soll jeglichen Christenmannes Heimathshaus sein, und wenn ein Mann darin erschlagen wird, dann gehe es ganz nach denselben Gesetzen, als ob er daheim in seinem eigenen Hofe oder seinem Hause erschlagen wäre, ihm (dem Todtschläger) auf Friedlosigkeit, so dass er nicht zu Bussen kommen kann, dann hat der König über ihn zu richten so wie über die, von welchen früher geredet ist.“

Da in den vorhergehenden Kapiteln von schweren Friedensbrüchen die Rede ist, auf welchen die milde Friedlosigkeit[1]) stand, so ergiebt sich, dass des Königs Gericht für jene schweren Friedensbrüche eine Zuständigkeit neben dem Volksgerichte besass.

Ebenso heisst es im jütischen Königsgesetze III 23:

„Aber wird irgend ein Mann wegen dergleichen Thaten ergriffen, von denen in diesen zwei Kapiteln gesagt ist, und richtet der König über ihn . . . .“

In den beiden Kapiteln handelt es sich um diejenigen schweren Friedensbrüche, auf welchen nach dem jütischen Königsgesetze die milde Friedlosigkeit stand. Auch nach dem jütischen Königsgesetze war also das Königsgericht für die schweren Friedensbrüche zuständig. Mittelbar ergiebt sich ausserdem aus der Vorrede zum jütischen Königsgesetze das gleiche Resultat. „Das ist des Königs und Häuptlings Amt,“ heisst es, „über das Urtheil zu wachen und Recht zu thun und die zu befreien, welche mit Gewalt gezwungen werden, als da sind Wittwen und vormundlose Kinder, Wallfahrer und ausländische Männer und arme Männer . . . . und zu peinigen Uebelthäter, die nicht nach Recht leben wollen. Denn indem er peinigt oder tödtet Uebelthäter, ist er Gottes Dienstmann und des Gesetzes Schirm.“

Dies sind freilich die einzigen Anhaltspunkte für die Anknüpfung des rættaræþing an die Ausbreitung des Vierzigmarkstrafgeldes und die damit verknüpfte Umwandelung der Friedlosigkeit. Im Uebrigen tritt uns das dänische Königsgericht als vollendete Schöpfung entgegen.

Zum ersten Male findet sich die Bezeichnung: rættaræþing in dem schonischen Gesetze König Erichs von 1284[2]). Hier wird dem Konungs eghet thing das Konung rættaræþing gegenübergestellt. Beide werden in der Folge auseinander zu halten sein.

Das rættaræþing ist dasjenige Königsgericht, welches vom Könige an beliebigen Orten der einzelnen Landschaften zu be-

[1]) Vergl. oben S. 146. 147.

[2]) Bei Schlyter IX S. 455. Aarsberetninger V S. 25.

liebiger Zeit des Jahres mit allgemeiner Zuständigkeit abgehalten wird [1]), wie das schwedische rættaræþing.

Es wird in jeder Landschaft abgehalten, ohne festen Sitz, wo gerade der König sich befand. Früh wurde es sogar Rechtssatz, dass Niemand der Ladung zum rættaræþing ausserhalb der Landschaft [2]), in den Städten ausserhalb der Stadt [3]), Folge zu leisten habe und dass im rættaræþing nach dem Rechte der jeweiligen Landschaft verhandelt werden müsse. Zur praktischen Durchführung der letzteren Satzung wurde dem Könige auferlegt, zu seinen Beisitzern Angehörige der betreffenden Landschaft zu nehmen [4]).

Es wurde vom Könige abgehalten oder von seinem Vertreter. Doch scheint das Letztere am Schlusse des dreizehnten Jahrhunderts bereits die Regel geworden zu sein [5]).

Es wurde zu beliebigen Zeiten des Jahres abgehalten, wann es dem Könige gefiel.

Es besass eine allgemeine Zuständigkeit, d. h. es konnte in erster und in letzter Instanz angegangen werden. Freilich begegnen im Beginne des vierzehnten Jahrhunderts Versuche, seine erstinstanzliche Thätigkeit aufzuheben. Die Handfesten Christoffers II. und Valdemar Erikssons bestimmen, dass Niemand unmittelbar vor das Königsgericht geladen werden dürfe, sondern dass die Sache zuerst an das Heradsthing, sodann an das Landschaftsthing, und erst wenn hier der Beklagte nicht stehen wolle, „citando vel appellando" an das Königsgericht zu bringen sei [6]). Aber diese Versuche drangen nicht durch.

---

[1]) Vergl. über dasselbe Kolderup-Rosenvinge, Udvalg af Gamle Danske Domme Fortale S. XXII ff. Larsen, de danske Kongers Deeltagelse i Retspleien in saml. Skr. II S. 314 ff. Stemann S. 224 ff.

[2]) Articuli Thordonis legiferi in Aarsberetn. V S. 34: Item quod rex extra provinciam suam nullum citet, sed advocatus regis ipsum infra provinciam ex parte regis inpetat et convincat.

[3]) So bereits im alten Stadtrechte von Schleswig § 1. Vergl. Stadtrecht von Lund 35, Kopenhagen 16.

[4]) Larsen S. 315.

[5]) Da das rættaræþing in der Verordnung von 1284 dem Konungs eghet thing gegenübergestellt wird.

[6]) Larsen S. 316.

Dagegen erhielt sich das rættaræþing umgekehrt nicht als höchstes Gericht. Seit dem ersten Viertel des vierzehnten Jahrhunderts bildet sich der Grundsatz aus, dass vom Königsgerichte in letzter Instanz an den Reichstag der Zug gestattet sei[1]).

Dem rættaræþing stand gegenüber das „konungs eghet þing". Knüpfte das rættaræþing, wie wir sahen, möglicherweise an das Vierzigmarkstrafgeld an, so knüpft das „konungs eghet þing" an das alte Königsgericht an, welches in civilen Rechtssachen neben dem Volksgerichte angegangen werden konnte. Das „konungs eghet þing" wurde vom Könige in Person abgehalten, es wurde am Hofe des Königs abgehalten. Mit dem Aufkommen des rættaræþing trat es als erstinstanzliches Gericht in den Hintergrund und erhielt sich, wie es scheint, lediglich als Obergericht. —

Auf die Einzelheiten in der Gestaltung des dänischen Königsgerichtes einzugehen, liegt nicht in unserer Absicht. Es handelt sich hier nur darum, die Grundzüge der Entwicklung festzustellen.

Jener scharfe Gegensatz zwischen Königsgericht und Volksgericht, welchen die schwedischen Rechte aufwiesen, tritt in Dänemark nicht hervor.

Das königsgerichtliche Verfahren, wie es in den späteren Rechtsquellen sich darstellt, ist ein Verfahren mit Ladung[2]), wie andererseits das volksgerichtliche Verfahren die Jury kennt. Durch die Vorschrift, dass im rættaræþing nach dem Rechte der jeweiligen Landschaft verhandelt und geurtheilt werden müsse, wurde in der Folgezeit der Entstehung eines eigenen königsgerichtlichen Verfahrens ein Riegel vorgeschoben.

Nur der Unterschied tritt zwischen königsgerichtlichem und volksgerichtlichem Verfahren hervor, dass im Königsgerichte der König oder sein Vertreter als Einzelurtheiler, im Volksgerichte die Thinggemeinde als Gesammtheit das Urtheil fällte.

---

[1]) Larsen a. a. O.

[2]) Kolderup-Rosenvinge a. a. O.

Doch nahmen vom Königsgerichte, sei es dem rættaræþing, sei es dem Hofgerichte, diejenigen Reformen der Vollstreckung, welche sich im Laufe des dreizehnten Jahrhunderts für das Gebiet des Landrechts in Dänemark vollzogen, ihren Ausgang.

Vom Königsgerichte ging die Umwandelung des Privataktes der Pfandnahme zu dem obrigkeitlichen Akte der Vollstreckung aus. Wir sahen bereits am Eingange dieses Paragraphen, dass König Knut das Nehmen im Jahre 1200 für einen besonderen Fall in Schonen verbot und an dessen Stelle dem Gläubiger gestattete, sich der Hilfe der königlichen Organe zu bedienen. Dies ist der einzige Fall, in welchem im Schonenrecht ein obrigkeitliches Einschreiten behufs Befriedigung des Gläubigers wahrnehmbar ist.

Im Erichschen Rechtsbuche für Seeland und im jütischen Königsgesetze ist der Zustand ein wesentlich anderer. Während der Privatakt des Nehmens mehr und mehr Beschränkungen unterworfen wird und sich in der Folgezeit ganz verliert, tritt ein obrigkeitlicher Akt der Vollstreckung an dessen Stelle. Der königliche Voigt geht gegen den Schuldner nicht bloss für den König, sondern auch für den „Bauer“ vor. Er „nimmt zuerst dem Bauer sein Recht und demnächst sein eigenes Recht[1])“. Dieses Nehmen des königlichen Voigtes war, wie das private Nehmen, auf die Fahrhabe des Schuldners beschränkt. Es erzielte aber weitergehende Wirkungen, als das private Nehmen. Es schaffte nicht ein blosses Retentionsrecht, sondern Eigenthum für den Gläubiger, es stellte also eine wirkliche Vollstreckung dar. Es erhebt sich die Frage, woher diese obrigkeitliche Vollstreckung abstamme. Da sie zeitlich mit dem Umsichgreifen des Vierzigmarkstrafgeldes zusammenfällt, liegt es nahe, sie mit diesem in Verbindung zu bringen. Darauf hin weist aber auch eine von Matzen[2]) bereits benützte Stelle des Erichschen Rechtsbuches. In II 28 heisst es, „das soll man auch wissen, wie gesagt ist, dass in allen Fällen, wo die Bauern vierzig Mark haben, da hat der König vierzig Mark

---

[1]) Erich II 52.

[2]) den danske Panterets Historie S. 44.

und doch stets nur dann, wenn der König dem Bauern zuerst dazu verhilft, dass er sein Recht erhält dafür, dass das an ihm begangen war, und hernach soll der König seine vierzig Mark haben." Matzen entnimmt aus dieser Stelle, dass die obrigkeitliche Vollstreckung in Dänemark zuerst bei den Vierzigmarksachen aufgekommen ist. Ob dies ganz richtig ist, mag dahingestellt bleiben. Jedenfalls wird so viel zugegeben werden müssen, dass die Ausbreitung des Vierzigmarkstrafgeldes und die damit verbundene Ausdehnung der Wirksamkeit des Königsgerichtes die Einführung der obrigkeitlichen Vollstreckung in das Landrecht vermittelt hat.

Vom Königsgerichte ging sodann eine Reform der Vollstreckung aus, welche auch die Liegenschaften des Schuldners zur Befriedigung des Gläubigers heranzog. Ueber diese wird im nächsten Paragraphen gehandelt werden.

§ 16.

Königsfriede, Königsgnade, Königsrecht.

Der wachsenden Bedeutung des Königthums gegenüber dem Frieden entspricht es, dass im dreizehnten Jahrhundert in Dänemark ein Königsfriede im Sinne eines durch die Anwesenheit des Königs erhöhten Friedens entsteht, dass sich ferner ein königliches Begnadigungsrecht zu bilden beginnt und dass ein königliches Verordnungsrecht in das Leben tritt. Diese drei Erscheinungen treten zeitlich nach einander auf.

Andreas Sunesen[1]) führt die Schaffung des Königsfriedens auf König Valdemar II. zurück. Erst dem dreizehnten Jahrhundert gehört also die Schaffung des Königsfriedens auch in Dänemark an. Der Königsfriede herrscht, solange der König in der Landschaft[2]) ist, und er herrscht ausserhalb der Landschaft in Gegenwart des Königs[3]). Todtschlag während des Königsfriedens macht den Thäter friedlos, sofern König und

[1]) 61.

[2]) Sk. 89. Nach Sunesen in der Dioecese.

[3]) Presente rege. Sunesen 61.

Erben des Getödteten nicht das, zuerst von ihrem Willen abhängige, später auf vierzig Mark festgesetzte Strafgeld annehmen wollen. Verwundung während des Königsfriedens war Vierzigmarksache. Im jütischen Königsgesetze[1]) und der späteren Gesetzgebung[2]) ist an die Stelle der Landschaft das Herad getreten. Eine Eindämmung des Königsfriedens ist hiermit wohl nicht bezweckt. Vielmehr nahm die Bedeutung der Landschaft als selbständigen Rechtsverbandes im Laufe der Zeit wesentlich ab.

Andreas Sunesen führt diesen Königsfrieden auf eine Verordnung Waldemars zurück; sicherlich nicht in anderem Sinne, als dass jene Verordnung den Anstoss zur Annahme eines neuen Gesetzes seitens der einzelnen Landschaften gab, wie wir dies bereits früher wahrnahmen. Der Königsfriede war also kein objectiver Friede des Königs, sondern objectiver Friede des Landrechts. Der König war Träger jenes Friedens vermöge Landrechts.

Zu der Einführung dieses Königsfriedens stimmt es, dass in seinem subjectiven Frieden der König im dreizehnten Jahrhundert aus dem Kreise der Rechtsgenossen heraustritt. Die Landschaftsrechte schweigen über den subjectiven Königsfrieden völlig. Sie sprechen nur von dem Falle, dass Jemand „ausserhalb des Reiches zieht und mit einem ausländischen Heere gegen sein eigenes Reich einbricht und wider das heert[3])". Verordnungen aus der zweiten Hälfte des dreizehnten Jahrhunderts[4]) beschäftigen sich dagegen mit dem Falle des Todtschlags am Könige oder der machinatio mortis am Könige. Sie bezeichnen diese Handlung als crimen laesae majestatis, bei welchem omnia bona des Thäters fisco applicabuntur. Sie behandeln das Verbrechen demnach völlig nach den Grundsätzen des Hochverraths. Inwieweit diese Verordnungen Gesetz wurden,

[1]) III 22.

[2]) z. B. Erich Glipping's Nyborger Verordnung für Schonen von 1284 (Aarsberetn. V S. 24).

[3]) Erich II 27. Sunesen 62.

[4]) Verordnung Christophs I (von 1252—1255) in den Aarsberetninger V S. 15. Verordnung Erich Glipping's vom 9. Oktober 1276 ebenda S. 16.

ist freilich nicht ersichtlich. Aber die Grenzen zwischen Königsrecht und Landrecht waren in der zweiten Hälfte des dreizehnten Jahrhunderts ja bereits schwankend geworden.

Den ersten Fall des königlichen Begnadigungsrechtes zeigt das jütische Königsgesetz. Der Mordbrenner soll „das Land räumen, bis der König seine Gnade an ihm thut" heisst es III 66. Das seeländische Rechtsbuch Erichs wies an der Parallelstelle[1]) den letzten Satz noch nicht auf. Anzunehmen ist, dass vor dem jütischen Königsgesetze ein Begnadigungsrecht des Königs nicht anerkannt wurde, so wenig, wie dies vor dem gemeinen Landrechte in Schweden geschah. Das dem Könige eingeräumte Begnadigungsrecht entspricht eben der Auffassung des jütischen Königsgesetzes vom königlichen Berufe, über das Recht zu wachen, Wittwen und Waisen, Pilgrime, Ausländer und Arme zu schützen, Uebelthäter zu peinigen[2]), Wendungen, welchen wir im gemeinen Landrechte Schwedens ebenfalls begegneten. Es entspricht der Aemterverfassung des jütischen Königsgesetzes, welche im Könige gipfelt und vom Könige sich herleitet. Wenn das Begnadigungsrecht trotzdem nur in Bezug auf den einen Fall des Mordbrandes erwähnt wird, so scheint sich daraus der Schluss ziehen zu lassen, dass es vordem nicht Rechtens war. Die späteren Quellen zeigen es in stärkerem Umfange[3]).

Ein Königs r e c h t gelangt in Dänemark erst in der zweiten Hälfte des dreizehnten Jahrhunderts zur Entfaltung, doch nur neben dem Landrechte, nicht an dessen Stelle und sich auf die Macht der Thatsachen, nicht auf den Buchstaben des Gesetzes stützend. Nach dem formalen Rechte lag es nicht in der königlichen Machtbefugniss, einseitig Normen mit rechtsverbindlicher Kraft zu erlassen. Aber die unmittelbare Theilnahme des Volkes an der Rechtschaffung hörte seit

---

[1]) II 15.

[2]) Vorwort zum Jyske Lov.

[3]) z. B. Verordnung von Erich Glipping vom J. 1276: der Verbrecher und porcio sua capitalis sind in potestate regis (Aarsberetninger V S. 16); Verordnung von 1251: caput eius sub potestate sit regis, haus hals wæræ i kungæs wald (Aarsberetninger V S. 11. 12).

der zweiten Hälfte des dreizehnten Jahrhunderts auf, wesentliches Erforderniss für die Schaffung eines Gesetzes zu bilden. Neben das Volk, später, an Stelle des Volkes tritt der dänische Reichstag (Hof, Danehof), eine aus Vertretern der vier Stände, der Geistlichkeit, des Adels, der Bürgerschaft und der Bauernschaft zusammengesetzte Versammlung, welche ursprünglich in vom Belieben des Königs abhängigen Zeitabständen, später jährlich in Nyburg zusammentrat, um über die wichtigsten Angelegenheiten Beschluss zu fassen. Ausdrücklich heisst es in königlichen Handfesten aus der ersten Hälfte des vierzehnten Jahrhunderts: Item non inveniantur novae leges nisi de consensu totius regni in parlamento generali[1]). Das alte Landschaftsthing trat diesem Organe für das Reich gegenüber nach und nach in den Hintergrund, wenn es auch nicht völlig verschwand[2]).

Der Ausbildung eines Königsr e c h t e s war naturgemäss die Ablösung der Volksversammlung durch eine Ständeversammlung günstig. Wir finden deshalb königliche Verordnungen aus dieser Zeit vor[3]), sowohl zur Aufrechterhaltung des Friedens, als zu anderen Zwecken. Wir sehen nunmehr auch in Königsurkunden hin und wieder eine Geldstrafe angedroht[4]), für welche sich freilich ebensowenig ein technischer Name findet, als in Schweden.

Alles dies, ohne dass sich feste Grenzen zwischen des Königs und Volkes Antheil an der Rechtsschaffung ziehen lassen.

Für unsere Zwecke wichtig ist, dass königliche Verordnungen eine Reform der Vollstreckung in das Leben riefen, welche die Liegenschaften des Schuldners zur Befriedigung des Gläubigers heranzog.

---

[1]) Larsen om Rigsdage og Provindsialforsamlinger samt Rigsraadet i Danmark in saml. Skr. II S. 219 ff.

[2]) Larsen S. 233 ff.

[3]) Abgedruckt in den Aarsberetninger V.

[4]) D. S. 841. 955. S. R. D. IV/389. VI/399. 400. Seidelin, Dipl. Flensb. 16. 17 u. s.

Die Verordnung Abels vom März 1251 bestimmte:

Item siquis contempserit trinas literas ammonitorias a domino rege datas, rex satisfaciat leso et tres marchas pro qualibet litera in recompensacionem dampni solvat et capitalem porcionem delinquentis confiscari faciat et puniat pro sue libitu voluntatis.

Dreimaliger Ungehorsam gegen die literae ammonitoriae des Königs soll also zur Folge haben, dass der König die capitalis porcio, den Haupttheil des Ungehorsamen — natürlich nur die Fahrhabe — confisciren und daraus den Gläubiger befriedigen kann, sowie, dass es in seinem Belieben steht, auch sonst eine Strafe gegen den Ungehorsamen zu verhängen. Literae ammonitoriae sind Mahnbriefe, welche der König in seiner Eigenschaft als Urtheiler im Königsgerichte an den Schuldner richtet. Der Gläubiger geht das Königsgericht an, um von ihm Rechtshilfe in den Fällen zu erlangen, wo die Volksgerichte ihm diese Hilfe nicht verschaffen, oder nicht in gleich energischer Weise verschaffen.

Nicht nothwendig ist es nach der obigen Verordnung, dass der Gläubiger, bevor er den König anging, die Volksgerichte angegangen war. Der König konnte in erster und letzter Instanz angegangen werden. Die Folge des dreimaligen Ungehorsams ist nicht ohne Weiteres völlige Friedlosigkeit, sondern Vermögensconfiscation und eine vom Belieben des Königs abhängige Strafe, also ein Rechtszustand, bei welchem die Friedlosigkeit nur zu Gunsten des königlichen Begnadigungsrechts abgeschwächt ist. —

Die Verordnung weist offenbar eine so einschneidende Neuerung auf, dass kaum anzunehmen ist, dass sie ohne Widerspruch durchgesetzt wurde.

Einige Jahre später wird sie in etwas abgeschwächter Gestalt von König Christoph I. wiederholt. Dieser bestimmte[1]):

Siquis contempserit trinas literas super aliqua causa a domino rege datas, rex satisfaciat leso et pro qualibet litera in recompensam dampni et laboris solvat ei 3 marcas

[1]) Aarsberetninger V S. 13.

et capitalem porcionem in mobilibus tantum confiscari faciat delinquentis et puniat pro sue libitu voluntatis, sic tamen quod post publicacionem litere regis differatur confiscatio et pena per mensem.

Die Einziehung des Vermögens soll also bis nach Ablauf eines Monats nach Veröffentlichung der Königsurkunden hinausgeschoben werden.

Eine weitere Einschränkung erfuhr die Verordnung durch das Vordingborger Gesetz vom 19. März 1282[1]), durch welche sie Bestandtheil des schonischen Landrechts wurde. Darnach soll des Königs Brief gegen Niemand gegeben werden, der nicht vorher gesetzlich auf den Herads- und Landschaftsthingen verklagt ist. Es bedarf darnach ferner vier Briefe, bevor zur Vollstreckung geschritten werden kann. Endlich zieht die Nichtbefolgung des vierten Briefes nicht die Friedlosigkeit, sondern das Strafgeld von vierzig Mark an den König für den Schuldner nach sich, welche nebst dem Betrage der Forderung des Gläubigers durch eine königliche Commission eingetrieben werden.

An dieses Verfahren hält sich im Ganzen auch die Nyborger Verordnung des gleichen Jahres[2]). Doch thut sie den wichtigen Schritt, in Ermangelung von Fahrhabe des Schuldners dessen Liegenschaften zur Execution heranzuziehen. Sie bestimmte:

> Et si talis bona mobilia non habet, sed tantum terram, extunc officialis domini regis moneat eum, ut infra mensem tantum vendat de terra sua, in quantum regi et bondoni tenetur, quod nisi fecerit, officialis sub estimacione bonorum jus regis et bondonis recipiat et non amplius de terra sua.

Damit sind die Liegenschaften des Schuldners Gegenstand der Vollstreckung geworden. Das Verfahren, welches sich auf Grund dieser Bestimmungen ausbildete, trug den Namen des Verfahrens nach Reichsrecht (Rigens Ret). Es erfuhr im Laufe der Zeit eine sorgfältige Ausbildung in der Praxis und wurde dazu verwendet, den Besitz eines Grundstücks gegen Anfechtungen

---

[1]) Bei Kolderup-Rosenvinge, Om Rigens Ret og Dele S. 24.

[2]) Bei Kolderup-Rosenvinge in der cit. Schrift S. 26.

zu schützen. Näher auf die Geschichte dieses Verfahrens hier einzugehen, erübrigt sich in Anbetracht der gründlichen Arbeit von Kolderup-Rosenvinge[1]).

§ 17.
Rückblick.

Weniger scharf treten uns die Gegensätze in Dänemark entgegen, als sie uns in Schweden entgegentraten. Die Ursache hiervon ist in zwei Umständen zu suchen: in der grösseren Annäherung Dänemarks an die mitteleuropäische Culturwelt und in der schwächer entwickelten demokratischen Verfassung der dänischen Landschaft. Der erstere Umstand lenkte das dänische Königthum bereits früher auf seine Aufgaben gegenüber dem Frieden, als das schwedische Königthum. Der letztere Umstand erleichterte ihm die Durchführung seiner Aufgaben gegenüber dem schwedischen Königthume.

Der alte und der neue Zustand lassen sich deshalb in Dänemark nicht in der gleichen Deutlichkeit erkennen und von einander sondern, wie in Schweden. Die dänischen Quellen gehören sämmtlich der Uebergangsperiode vom Alten zum Neuen an. Diejenige Controle, welche das ältere Westgötalag und das Gotlandslag in Schweden gewähren, vermissen wir in Dänemark. Die einzige Quelle aus älterer Zeit, das Witherlagsrecht, kann deshalb wenig in Betracht kommen, weil sie gerade von der Königsgewalt am ersten beeinflusste Rechtsverhältnisse behandelt. Aus den Geschichtsquellen und Urkunden

---

[1]) Om Rigens Ret og Dele 1848. Vergl. auch Secher, Om Vitterlighed etc. S. 209 ff., welcher das Verfahren mit dem von ihm behaupteten Liquiditätsverfahren der älteren Zeit in Verbindung bringt. Aber erst im Vordingborger Gesetz ist davon die Rede, dass der Schuldner vorher gesetzlich ausgeklagt sein solle, bevor die Königsurkunden erlassen werden können, erst hier kann also von einer Liquidität im Sinne Sechers gesprochen werden, während die Verordnungen Abels und Christophs davon nichts wissen. Die literae ammonitoriae des Königs enthalten auch kein kráfa (Secher S. 222), sondern einen Befehl, da der König nicht als Partei, sondern als Urtheiler auftritt.

ist die Ausbeute für die ältere Zeit nur gering. So waren wir darauf angewiesen, aus dem Material der späteren Zeit Schlussfolgerungen für die frühere Zeit zu wagen.

Als Resultat dieser Schlussfolgerungen ergab sich auch für Dänemark ein älteres Königthum im Frieden des Volkes, als ein Organ mit bestimmten Befugnissen, vor Allem einem Rechte auf Strafgelder und dem Rechte der Friedensgabe, aber nicht als Träger eines eigenen Friedens. Ueberall engten die strengen, formalen Satzungen des Volksrechtes dieses Königthum ein. Sie schrieben dem König das Maass seiner Rechte überhaupt und insbesondere auf dem Gebiete des Friedens vor. Sie bestimmten die Höhe seiner Strafgelder, sie bestimmten, wann und unter welchen Bedingungen und mit welchen Folgen er den Frieden zu ertheilen habe. Nichts war der Gnade und Willkür des Königs überlassen. Und so wenig der König Träger eines eigenen Friedens war, so wenig besass er auf dem Gebiete des Friedens ein eigenes Gericht. Im strengen, formalen Gange des volksrechtlichen Verfahrens musste er sein Recht suchen.

Von diesem älteren Königthume unterscheidet sich wesentlich das jüngere Königthum aus der Mitte des dreizehnten Jahrhunderts. Es steht nicht mehr im Frieden des Volksrechtes, sondern neben ihm. Es schafft neben dem Volksrechte bereits ein eigenes Recht, welches es durch ein eigenes Gericht zur Durchführung bringt. Und soweit es im Frieden des Volkes steht, ist seine Stellung eine wesentlich andere. Es übt auf die Ertheilung des Friedens einen materiellen Einfluss aus, es setzt sich bereits in den Besitz des Begnadigungsrechtes, es hat sich einen eigenen subjectiven Frieden geschaffen, es hat diesen Frieden seiner Umgebung, dem Herad, der Diöcese, der Stadt, der Landschaft, in welcher es weilt, mitgetheilt. —

Die Brücke von jenem älteren Zustande zu diesem jüngeren zu schlagen, schien dem Vierzigmarkstrafgelde vorbehalten. Das Vierzigmarkstrafgeld verwandelte die strenge Friedlosigkeit in die milde Friedlosigkeit, es führte muthmaasslich zur Schaffung jenes allgemein zuständigen Königsgerichtes, welches den Namen des rættaræþing trug, es führte die obrigkeitliche Vollstreckung in das Volksrecht ein.

Aber alles dies geschah nicht mit einer plötzlichen, hastigen Wendung, wie wir sie in Schweden wahrnahmen. Es geschah im Wege der stillen, theilweise verborgenen Entwicklung, bei welcher sich der Zeitpunkt, an welchem, und die Stelle, von welcher aus die Umwandlung vor sich ging, nicht mit Bestimmtheit angeben lassen.

Ausgangs- und Endpunkt der Entwicklung sind in Schweden und Dänemark offenbar die gleichen. Darum können die schwedischen Quellen da zur Aufklärung herangezogen werden, wo die dänischen Quellen uns im Stiche lassen. Sie werden dasjenige, was die obigen Auseinandersetzungen ohne Zuhilfenahme fremder Quellen zu erweisen suchten, bestätigen.

Insbesondere werden sie die historische Mission des dänischen Vierzigmarkstrafgeldes, um welche sich die Axe unserer Untersuchung dreht, zur Erkenntniss bringen, sofern dies die obigen Auseinandersetzungen nicht vermochten.

DRITTER THEIL.

DER KÖNIGSFRIEDE DER NORWEGER[1]).

§ 18.

Die Grundlagen der ältesten Verfassung.

In der Zeit der Kleinkönige trug muthmaasslich die norwegische Verfassung das gleiche demokratische Gepräge, welches wir noch im dreizehnten Jahrhundert bei der schwedischen Verfassung gewahrt haben. Schwer ist es zwar, bei dem Dunkel, welches über der Zeit vor König Haraldr dem Schönhaarigen lastet, ein wahrhaftes Bild von den ältesten norwegischen Zuständen zu entwerfen — aber gelegentliche Aeusserungen der Geschichtsquellen verbunden mit Satzungen der Rechtsbücher, welche nicht völlig in den Rahmen der späteren Zustände passen, sowie endlich Schlüsse aus den isländischen Rechtszuständen gewähren Anhaltspunkte, um wenigstens die Grundzüge des ältesten Verfassungslebens sich zur Anschauung zu bringen.

So viel ist klar und sicher bezeugt, dass die Eintheilung in jene grossen Thingverbände, welche die Rechtszustände des zwölften Jahrhunderts zeigen, nicht von jeher in Norwegen in

---

[1]) Ausser den umfassenden Bearbeitungen von Munch und Keyser ist besonders Aschehoug, Statsforfatningen i Norge og Danmark indtil 1814. Christiania 1866 und Sars, Udsigt over den Norske Historie. 2. Aufl. Christiania 1877, endlich Fr. Brandt, Forelæsninger over den norske Retshistorie. Kristiania I 1880, II 1883 zu vergleichen.

Geltung gewesen ist. Von einem derselben[1]) wissen wir, dass er erst im zwölften Jahrhundert geschaffen wurde und bei den anderen gewahren wir in der Zeit des Grosskönigthums Veränderungen in ihrem territorialen Umfange[2]). Keineswegs deckte sich ferner der räumliche Umfang jener Thingverbände mit dem räumlichen Umfange der Kleinkönigthümer[3]), und ihre Verfassung unterscheidet sich merklich von der der kleineren Thinge[4]).

Vor jener Zeit, in welcher der Zusammenschluss der norwegischen Volksstämme zu den drei grossen Thingverbänden des Gulaþings, Frostaþings und Eiðsifjaþings sich vollzogen hatte, bildete das Volksland, fylki, muthmaasslich die staatliche Einheit[5]). Das Volksland zerfiel wieder in eine Anzahl Unterabtheilungen[6]), welche im späteren Rechtsverbande des Gulaþings und Borgarþings den Namen von Heraden, im Rechts-

---

[1]) Dem des Borgarþing vergleiche Munch I/2 S. 613, Keyser, efterladte Skr. II S. 165, Maurer, Udsigt over de Nordgermaniske Retskilders Historie. Kristiania 1878 S. 14. Brandt II S. 166.

[2]) Brandt II § 64.

[3]) Maurer, Entstehung des isländischen Staats S. 10 ff. Keyser II S. 20 ff.

[4]) Vergl. unter § 19.

[5]) Keyser V S. 156 f. Sars I S. 125. Maurer, die Entstehungszeit der älteren Gulaþingslög. München 1872 S. 4; derselbe in Ersch und Grubers Encyclopädie Section I Th. 97 Artikel Gulaþingslög S. 1. 2. An die ursprüngliche Bedeutung des Volkslandes erinnert in den Rechtsbüchern z. B. in den Gþl. noch Manches. Jedes Volksland hat eine Hauptkirche (Gþl. 10.). Für die Geltendmachung von Rechten hängt es davon ab, ob der Inhaber oder der Gegner oder der Zeuge sich im Volkslande befindet oder nicht (Gþl. 41. 46. 50. 55. 59. 73. 160. 161. 278. 289.). Der unvollkommen Freigelassene darf sich aus dem Volkslande nicht entfernen (Gþl. 61. 67.). An die Volkslandsleute fällt mitunter die Busse (Gþl. 71.). Es wird bestimmt, in welchem Volkslande eine Klage anzustellen ist (Gþl. 120.). Dabei ist entweder das Volksland das einzig in Betracht kommende Territorium oder es wird nur dem Auslande gegenübergestellt unter Ueberspringung des Rechtsverbandes der Gulaþingslög. Eine viel bescheidenere Rolle spielt der Rechtsverband als Ganzes. Er schiebt sich selten zwischen Volksland und Ausland.

[6]) Mit Ausnahme von Drontheim, wo das fylki den engsten Verband darstellte. Brandt II S. 163. Hertzberg, Grundtrækkene i den ældste Norske Proces 1874 S. 112.

verbande des Eiđsifjaþings den Namen von Bruchtheilen des fylki tragen. An der Spitze der Unterabtheilungen, wie an der Spitze des Volkslandes standen Vorsteher, deren Amt ein erbliches war. Der Vorsteher des hèrađ hiess hersir oder hèrađskonungr [1]), der Vorsteher des Volkslandes fylkiskonungr. Beide nahmen zugleich die priesterlichen Funktionen wahr, und da ihr Amt ein erbliches und wohl auch ein theilbares war, so liegt es nahe, in ihrer priesterlichen Function den Ursprung ihres Amtes zu erblicken, wie wir dies bei dem isländischen Goden in historischer Zeit wahrnehmen und in Schweden für die vorhistorische Zeit anzunehmen berechtigt sind. Beide, Heradskönig und Volklandskönig, standen dabei in keinem oder doch nur in einem losen Abhängigkeitsverhältnisse zu einander [2]). Möglicherweise war, wie wir Aehnliches auf Island bemerken [3]), der Volklandskönig nur der Heradskönig desjenigen Herads, in welchem das Volklandsthing lag [4]).

Neben diesem bodenständigen Königthume, welches in Zeiten des Friedens in langer Ahnenreihe sich fortpflanzte, bildet sich ein Heerkönigthum oder Seekönigthum [5]). Die auf Kriegszüge ausgehende Schaar wählt sich ein Oberhaupt, welchem sie den Namen des Königs beilegt. Gelingt es diesem Oberhaupte, einen Landstrich sich zu unterwerfen, so setzt er sich an die Stelle des Volkslandskönigs, welcher diesem Landstriche vordem vorstand. Das durch die Schärfe des Schwertes erworbene Königthum gestaltete sich dann möglicherweise zu einem wirklichen Volkslandskönigthume um, wenn es, sich lange Zeit im Besitzstande zu erhalten, kräftig genug war. Auch Kämpfe einzelner Volkslandskönige gegen einander vergrösserten den Besitz eines Volkslandskönigs. So gewahren wir neben den alten Volkslanden bereits in der Zeit des Kleinkönigthums

[1]) Ueber ihn vergl. Hertzberg, En fremstilling af det norske aristokratis historie indtil Kong Sverres tid. Christiania 1869 S. 5; Sars, Udsigt I S. 142 ff.

[2]) Keyser II S. 21. 22.

[3]) Beim allsherjargođi. Maurer, Island 1874 S. 190.

[4]) Hertzberg, fremstilling S. 6; Aschehoug S. 8.

[5]) Hertzberg, fremstilling S. 8 ff.

„Reiche“ von grösserem oder geringerem Umfange, wechselndem oder dauerndem Bestande.

Was die Zustände im Innern betraf, so waltete, wie es scheint, kein Unterschied ob zwischen den Volkslanden und den Reichen. In beiden herrschte eine demokratische Verfassung, welche die Rechte des Königthums in ganz enge Grenzen einschränkte. Auf den Gebieten von Gesetzgebung und Rechtsprechung entschied einzig und allein der Wille der Bauernschaft. Nur die Aufrechterhaltung der Ordnung im Innern, die Vorstandschaft auf den Thingversammlungen und bei den Opfern fiel den Kleinkönigen zu, ohne dass ihre Rechte eine feste Abgrenzung besassen oder einer selbständigen vom Willen der Bauernschaft losgelösten Machtbefugniss entsprungen wären. —

Die Bauernschaft übte ihr Urtheils- und Gesetzgebungsrecht auf den Herads- und Volkslandsthingen aus. Sie übte beide Rechte in ihrer Gesammtheit, nicht durch Vertreter aus[1]). Noch in der Zeit der Rechtsbücher stehen Heradsthing und Volkslandsthing in ihrer Verfassung im Gegensatze zum lögþing, haben sie sich ihre demokratische Gestaltung gegenüber dem lögþing erhalten. Die Bauernschaft beschloss und urtheilte, wie sich aus den Bestimmungen der Rechtsbücher ergiebt, einstimmig. —

Die freie Bauernschaft ist zur Zeit der Rechtsbücher ständisch abgestuft. Ob für die älteste Zeit des Kleinkönigthums jene Abstufung bestand oder wenigstens in dem Maasse bestand, dürfte sehr zu bezweifeln sein[2]). Auf Island, wo im Uebrigen der aristokratische Charakter der Verfassung nicht minder scharf,

---

[1]) Sars I S. 165.

[2]) Dass sie bestand, nimmt Sars, Udsigt I S. 147 ff. an, hauptsächlich unter Berufung auf das Institut des oðal. Aber das oðal hat unseres Erachtens sicher einen jüngeren Ursprung. Wenn Sars sich für das Alter des oðal darauf stützt, dass „je länger man in der Zeit zurückgeht, desto grösser die Anforderungen sind, welche das Gesetz für den Erwerb des oðal aufstellt“, so ist, dies selbst zugegeben, obwohl es nicht unzweifelhaft ist, dagegen zu bedenken, dass das spätere Recht das oðal fester an die Familie knüpfte, als das frühere Recht. Der Begriff des oðal erfährt also eher eine Stärkung, als eine Abschwächung.

als in Norwegen, hervortritt[1]), findet sich keine Spur von ständischen Unterschieden zwischen den Freien[2]), und die beiden ältesten der Provincialrechte scheinen nur den Unterschied zwischen Landmännern, den Abkömmlingen der alten Kleinkönige und freien Bauern zu kennen[3]).

Eine besondere Aemterverfassung existirte muthmaasslich in jenen alten Kleinstaaten nicht. Schon der geringe räumliche Umfang erübrigte eine solche. Der Vorsteher vereinigte alle amtlichen Eigenschaften in seiner Person. In den durch Eroberung gebildeten Reichen mochte sich eher das Bedürfniss für den Eroberer geltend machen, Statthalter einzusetzen — und so wird von Halfdan dem Schwarzen berichtet, dass er einen Jarl über das Sygnavolksland setzte[4]). Dies ist das erste historische Beispiel des Auftretens des jarl[5]), welcher in den ersten Zeiten des Grosskönigthums eine bedeutende Rolle spielte. Dagegen traten wohl bereits in jenen alten Zeiten in den einzelnen Volkslanden Männer von besonderer Rechtskunde hervor, welche auf dem Volkslandsthinge das Recht vortrugen und dem Unkundigen Bescheid in Rechtsfragen ertheilten, ohne eine amtliche Stellung einzunehmen[6]).

Bei alledem mussten die Rechte des Kleinkönigs gering sein. Er war Eigenthümer grosser Ländereien, aber nicht in seiner Eigenschaft als König, sondern lediglich als Privatperson. Ein Unterschied zwischen Krongut und Privatgut wurde damals

---

[1]) Insbes. bei der Besetzung der Gerichte. Maurer, Island S. 172—176.

[2]) Maurer, Island S. 152 ff.

[3]) Bþl. I 9. 12. II 14. 15. Brandt I S. 79. Munch I 1 S. 105 ff. weist mit Recht auch darauf hin, dass das Rígsmál der älteren Edda bei den Freien nur zwischen Karl, dem Gemeinfreien, und Jarl, dem Könige, scheidet und den hauldr von Karl abstammen lässt.

[4]) Heimskringla Halfdanar s. svarta 3/44.

[5]) Ueber ihn vergl. Keyser II S. 27 f.

[6]) Unbegründet ist es aber, wenn Sars, Udsigt II S. 20 u. A. von dem Hersen den lögmaðr ableiten, die Rechtskunde in deren Geschlechtern als eine Würde sich vererben lassen. Der lögmaðr ist aus dem Volke, nicht aus den regierenden Geschlechtern hervorgegangen. Maurer, das Alter des Gesetzsprecheramtes S. 42 ff.

noch nicht gemacht[1]). Er war oberster Kriegsherr und hatte als solcher einen Anspruch auf Erfüllung der Kriegspflicht (leiđangr), bez. auf Erlegung einer Steuer an deren Stelle. Inwieweit er bereits Anspruch auf Abgaben oder persönliche Leistungen seiner Unterthanen hatte, inwieweit ihm ein Recht auf Zölle, herrenlosen Nachlass, Strandgut zukam, über alles dies sind wir nicht genügend unterrichtet, um ein sicheres Urtheil fällen zu können. Meist wird die Vergleichung mit isländischen Verhältnissen eine verneinende Antwort ertheilen.

Was das Verhältniss des Kleinkönigs zum Frieden betrifft, so stand der Kleinkönig voll und ganz im Frieden des Volksrechtes als ein mit bestimmten Befugnissen ausgestattetes Organ. Ob das Volksrecht ihm einen höheren subjectiven Frieden gewährte, ist mit Rücksicht auf den isländischen Goden zu bezweifeln. Nimmt man dies aber auch wegen der Sätze der Provincialrechte[2]) an, so darf man in dem höheren subjectiven Frieden den Ausdruck einer höheren Werthmessung allein in dem Sinne erblicken, wie man ihn in dem höheren Frieden des Freien gegenüber dem Freigelassenen zu erblicken hat. Wie wenig noch in der Zeit der Provincialrechte der König trotz seines subjectiven höheren Friedens aus dem Volksfrieden heraustrat, lehrt der Satz der Provincialrechte, dass der König nach demselben Maasse, wie er Bussen empfange, auch Bussen zu zahlen habe[3]). Diese Anschauung muss natürlich der älteren Zeit noch geläufiger gewesen sein.

Zu bezweifeln ist auch, ob dem Kleinkönige das Recht der Friedensgabe zustand, da dem isländischen Goden dieses Recht nicht zukam[4]) und da noch die spätere Zeit ein Urtheilen der Thinggemeinde in den Frieden kennt[5]). Thatsächlich liess der starre Charakter des ältesten Strafrechtes diese Friedensgabe selten zu[6]).

---

[1]) Keyser II S. 95. 96; Aschehoug S. 54.
[2]) Gþl. 91, 185; Frþl. IV 53, XIII 15.
[3]) Frþl. IV 53 mit Gþl. 185.
[4]) Vergl. Finsen, Wortregister zur Grágás voce lof.
[5]) Vergl. unten § 20.
[6]) Vergl. unten § 20.

Dagegen berechtigt uns die Vergleichung mit isländischen Verhältnissen zu der Annahme, dass dem Könige ein Antheil an den Strafgeldern zufiel, welche der Schuldige zu zahlen hatte, und dass der König von dem Aechtergute einen Theil zu beanspruchen hatte. Eine selbständige einheitliche Stellung nahmen, dürfen wir behaupten, die Kleinkönige auf dem Gebiete des Friedens jedenfalls nicht ein. Sie waren so wenig Träger des allgemeinen Friedens, als sie einen besonderen Frieden schaffen konnten. Sie standen innerhalb des Volksfriedens als mit gewissen Befugnissen ausgestattete Organe.

Zeitlich später, aber gewaltsamer und gewaltiger, als in den beiden benachbarten skandinavischen Staaten, machte sich in Norwegen die Umwandelung des Kleinkönigthums in das Grosskönigthum geltend. Als König Haraldr die zahlreichen Kleinkönige beseitigte, begnügte er sich nicht damit, ein Oberkönigthum zu errichten, welches unter Schonung der alten Verhältnisse nur das ganze staatliche Gebäude krönen sollte, wie das schwedische Grosskönigthum. Er schweisste vielmehr die einzelnen Volkslande zu einem Reiche zusammen. Die alten Hersen machte er zu königlichen Beamten, an die Stelle der alten Volkslandskönige setzte er Jarle, welchen er reiche Einnahmequellen zuwies. Die Rechte der freien Bauern zertrümmerte er im ersten Anlaufe vollständig. Die Sagenschreibung kleidet dies darin ein, dass sie berichtet, er habe sich alle Stammgüter angeeignet und alle Bauern sich Abgaben zahlen lassen [1]). Erst sein Sohn setzte an die Stelle der Gewalt das Recht, verwandelte den im Wege des Krieges geschaffenen Zustand in einen rechtlichen. Von nun ab begann jene zweite Periode des norwegischen Staatsrechtes, welche uns im Folgenden beschäftigen wird. Sie spiegelt sich in den Satzungen der norwegischen Rechtsbücher

---

[1]) Vergl. K. Maurer, über die Einziehung der norwegischen Odelsgüter in Germania XIV S. 27 ff. Sars, Udsigt I S. 240 ff., welcher Letztere sich einen Staat nach Karolingischem Muster mit Heerbann, Gerichtsbann, allgemeiner Unterthanenpflicht u. s. w. unter Harald ausmalt in wohl etwas phantastischer Weise. Gegen dessen Behauptung, dass Harald sich das Recht auf das Strandgut und den Schatz anmaasste (S. 251), vergl. Brandts Bemerkungen I S. 271—273.

und in den Erzählungen der Geschichtsquellen wieder. Ihren Endpunkt erreicht sie in der zweiten Hälfte des dreizehnten Jahrhunderts. Mit der Gesetzgebung von König Magnús lagabætir hebt die dritte Periode an, welche ein verstärktes Vortreten der königlichen Rechte gegenüber der zweiten Periode charakterisirt. Während in der ersten Periode der Kleinkönige der Wille der Bauernschaft das Maassgebende war, kennzeichnet die zweite Periode ein Zusammenwirken des Willens von König und Bauernschaft, bis in der dritten Periode der Wille des Königs über den Willen der Bauernschaft den Sieg davon trägt.

Bevor wir auf diese zweite Periode eingehen, ist einer Thatsache zu gedenken, welche dem Wechsel von Klein- und Grosskönigthum voranging, des Zusammenschlusses der Volkslande zu grösseren Thingverbänden. Drei solche Verbände fand Haraldr vor, den Verband von acht Volkslanden Drontheims, den Verband von drei Volkslanden Vestenfields und den Verband von drei Volkslanden des Hochlandes [1]). Aber die Verbände besassen, wie es scheint, noch keine gemeinsame Verfassung, da ihnen ein gemeinsames Oberhaupt fehlte. In einer Geschichtsquelle heisst es ausdrücklich, dass jedes der Volkslande bis auf Haralds Nachfolger herab seine eigenen Gesetze hatte [2]). Sie scheinen Verbände politisch-religiöser Natur gewesen zu sein. Aber freilich scheinen sie schon fest im Volksbewusstsein gewurzelt zu haben, da die Grosskönige gezwungen waren, an der die Reichseinheit sicher nicht fördernden Spaltung in Thingverbände festzuhalten. Den Grosskönigen blieb, wie es scheint, erst die Constituirung der Verbände zu Reichsverbänden vorbehalten [3]). Sie gaben den Thingverbänden eine eigenartige Verfassung gegenüber den Volkslanden und Hundertschaften, welche die Ge-

---

[1]) Vergl. über das Folgende Hertzberg, Grundtrækkene S. 117 ff.

[2]) Olafs saga hins helga Kap. 10: Hákon Konungr lagđi mikinn hug á lagasetning í Noregi; hann sethi Gulaþíngslög ok Frostaþíngslög ok Heidsævislög fyrst at upphafi, en ađr höfđsu sèr hværir fylkismenn lög.

[3]) Auf Halfdan den Schwarzen werden die Eidsifjaþíngslög, auf Hákon gođi die Gulaþíngslög und Frostaþíngslög zurückgeführt. Hertzberg, Grundtrækkene S. 117.

setzgebung und die Urtheilsfällung in die Hände eines vom königlichen Beamten ernannten Ausschusses aus den Vertretern der Bauernschaft legte.

§ 19.
Das Grosskönigthum.

Seit Haraldr dem Schönhaarigen ist Norwegen ein Land. Es ist nicht, wie Schweden, eine Summe von Landschaften, welche lediglich die Person des Königs mit einander verbindet. Es herrscht kein Gegensatz zwischen Land und Reich, sondern das Land ist Norwegen in seiner Gesammtheit. Wiewohl das Land in mehrere Rechtsverbände zerfällt, ist doch der Einheitsgedanke so mächtig, dass er aus jenen Rechtsverbänden Landschaften nicht entstehen lässt. „Land- und Gesetzsprechung" war in Schweden ein einheitlicher Begriff, Inländer nur der in den Bereich der „lagsaga" Gehörige, die Friedlosigkeit höchstens eine Friedlosigkeit über „Land und Gesetzsprechung" hin[1]. Auch Dänemark zeigte in seiner auf die Landschaft beschränkten Friedlosigkeit die gleiche Auffassung[2]. In Norwegen ist Land der weitere Begriff gegenüber dem Rechtsverbande, Inland ist auch „ausserhalb unserer Gesetze" [3], die Friedlosigkeit ist eine Friedlosigkeit über ganz Norwegen hin[4]. „Unser Land", „hier zu Lande" sind Wendungen, welche die Rechtsbücher mit Bezug auf ganz Norwegen, nicht mit Bezug auf den einzelnen Thingverband gebrauchen.

Das Land ist Land des Königs. Norwegen ist das „Landeigen unseres Königs", wie die Gþl. sich an zahlreichen

---

[1]) Oben S. 19.

[2]) Oben S. 114.

[3]) z. B. Gþl. 68. 102: innanlandz oc utan laga várra 71 innanlandz — heidit land. 286: utan laga várra æda utanlandz. 259: þa scal hana af lande fœra i annars Konongs vellde. Frþl. IV 34, Einleit. 21: sem allar lögbœkr vátta i landinu.

[4]) Von der Friedlosigkeit über engere Verbände hin weist noch einen Rest auf Gþl. 34. Wenn Bþl. I 16 dagegen der wegen Zauberei Beschuldigten gestattet aus dem Hèrad mit ihrem Vermögen fortzugehen, dürfte diese Verweisung nichts mit der Friedlosigkeit der ältesten Zeit zu thun haben. Vergl. Anhang.

Stellen ausdrücken [1]). Die Frostaþíngslög gebrauchen den Ausdruck „Königsmacht“ „Konungsveldi“ [2]). In der Terminologie prägt sich bereits aus, wie sehr der König den Schwerpunkt der landrechtlichen Verfassung darstellt.

Das Königthum ist ein erbliches. Die Angehörigen des Mannsstammes aus dem Geschlechte Haralds „sollten ein Jeder das Königthum nach seinem Vater nehmen“, bestimmte Haraldr [3]), und so wurde es die folgenden vier Jahrhunderte hindurch gehalten. Eine feste Erbfolgeordnung existirte freilich nicht und ebenso wenig galt der Grundsatz der Untheilbarkeit von Anfang an. Um der Zersplitterung des Landes vorzubeugen, hatte Haraldr bestimmt, dass unter mehreren Thronprätendenten Einer immer die Oberherrschaft über die Andern ausüben sollte. Aber dieser Grundsatz, in den ersten Zeiten beobachtet, wurde später nicht mehr anerkannt. Seit dem elften Jahrhundert beherrschten zeitweise mehrere Könige neben einander das norwegische Reich. Unverbrüchlich erhielt sich aber auch in den Zeiten dieser Theilkönige der Grundsatz der Erblichkeit der Königswürde. Er verdichtete sich schliesslich im zwölften Jahrhunderte zu einer Thronfolgeordnung. Die Thronfolgeordnung von 1164 [4]), so sehr sie eine Schwächung der Königsmacht beabsichtigte, bedeutete doch insoweit einen Fortschritt, als sie die Einheit und Untheilbarkeit des Königthums grundsätzlich hinstellte. Indem sie freilich bei dem Tode des jeweiligen Königs der hierarchisch zusammengesetzten Reichs-

---

[1]) 7. 20. 21. 22. 23. 24. 25. 28. 29. 30. 253. Das Verzeichniss der Strafgelder von König und Bischof in N. G. L. IV S. 17. 18 hat in 14: riki konongs vars.

[2]) Frþl. II 4. IV 34.

[3]) Heimskringla Haralds s. hins hárf. 35/74, ohne Rücksicht auf ihre Ehelichkeit. Vergl. Maurer, Die unächte Geburt nach altnordischem Rechte S. 55 ff.

[4]) Eingeschaltet in die Gþl. als § 2; über sie vergl. Hertzberg, En fremstilling af det norske aristokratis historie S. 128 ff. Anmerkung; K. Maurer, Norwegens Schenkung an den heiligen Olaf, 1877 S. 25 ff. Storm, Magnus Erlingssøns Lov om Kongevalg og Løfte om Kronens Ofring 1880. N. G. L. IV S. 31. 32.

versammlung eine Prüfung darüber einräumte, ob der Thronerbe fähig und würdig sei, die Krone zu tragen, und indem sie bei Nichtvorhandensein eines echten Sohnes der Reichsversammlung die Auswahl unter den gleichnahen Thronprätendenten zugestand, musste sie die norwegische Verfassung auf die Bahnen des Wahlkönigthums führen. Aber dieser Theil der Bestimmungen vermochte sich als Gesetz nicht zu erhalten[1]. In den Kämpfen König Sverrirs und seiner Nachfolger verlor die Thronfolgeordnung von 1164 ihre Geltung, während der Gedanke der Einheit des Königthums sich aufrecht erhielt. Um die Mitte des dreizehnten Jahrhunderts gelangte endlich Norwegen zu einer umfassenden, auf dem reinen Principe der Erblichkeit beruhenden Thronfolgeordnung, welche unter Zugrundelegung des Untheilbarkeitsgedankens die Erbfolge bis in die entferntesten Grade im Anschlusse an das Landrecht regelte[2].

Ist das Königthum ein erbliches, so gilt doch nicht der Grundsatz, dass der Todte den Lebendigen erbt, für das norwegische Königthum. Nicht mit dem Tode des jeweiligen Königs ist sein Erbe König, sondern er ist es erst mit der Annahme seitens des Volkes. Die „Annahme“[3] war nicht Wahl[4] oder sie war es nur dann, wenn mehrere Thronprätendenten neben einander auftraten, was vor Einführung einer festen Thronfolgeordnung oft genug stattfand[5]. Bei Vorhandensein nur e i n e s Thronprätendenten war sie Genehmigung. Sie war nicht bloss ein Unterwürfigkeitsakt der Huldigung[6], noch

---

1) Aschehoug S. 21 ff.

2) Járnsíða (1847) Kristindomsbálkr 4. Landslög II 4. Jónsbók I 5 (N. G. L. IV S. 197).

3) Das taka.

4) Nie wird der Ausdruck kjósa dafür gebraucht.

5) Ein sehr anschauliches Beispiel in der Olafs saga hins helga Heimskringla $^{85}/_{244}$.

6) Dieser erfolgte erst n a c h dem taka, auf Grund des taka. Die Reihenfolge tritt z. B. in der Sverris saga 15 hervor, wenn es heisst: á því þingi var Sverri gefit konungs nafn á átta fylkna þingi ok dœmt með vápnataki ok svarit honum land ok þegnar eptir fornum landslögum. Oder Fagrskinna $^{92}/_{74}$ tóku þeir hann til konungs ok sóru hánum eiða.

auch ein bloss declarativer Akt der Anerkennung[1]), sie besass begründende Eigenschaft. Der König wird „genommen", der Königsname wird ihm gegeben[2]), das Land ihm zugeeignet[3]). Erst von da ab ist er König. So wenig ein nicht zum Königsgeschlechte Gehöriger bei Vorhandensein eines rechten Thronprätendenten durch die Annahme zum Könige wurde — so wenig war der rechte Thronerbe ohne Annahme König. Bereits hier tritt der Grundzug der norwegischen Verfassung, die Vereinbarung zwischen König und Volk hervor. Der vermöge seiner Abstammung auf die Krone Anspruch Erhebende erlangte sie erst, wenn das Volk sie zugestand, und das Volk gestand sie ihm mit Rechtswirkung nur dann zu, wenn und weil er der rechte Thronfolger war. —

Die Annahme erfolgte regelmässig auf dem Eyraþíng bei Niđaróss. Aehnlich, wie die Uppsvear in Schweden, wurden die Drönter in Norwegen als diejenige Völkerschaft betrachtet, welche für die Königsannahme meist und hauptsächlich anzugehen war[4]). Aber ein r e c h t l i c h e r Vorzug hat sich für sie erst am Schlusse dieser Periode ausgebildet. Erst in der Járnsíđa findet sich der Satz, dass die Annahme auf dem Eyraþíng zu geschehen habe[5]). Die geschichtlichen Quellen weisen Beispiele in Menge auf, dass auch auf andern Lagthingen Könige, und zwar nicht bloss in Zeiten der Thronstreitigkeiten, angenommen wurden. —

Mit der Annahme war der König in vollstem Umfange König. Die Krönung, im zwölften Jahrhundert in den Quellen

---

[1]) Dieser äussert sich in dem „Zuurtheilen des Königthums", dem dœma međ vápnataki. Siehe Sverrissaga 15.

[2]) z. B. Heimskringla, Hákonar saga góđa 1. „Hákon begann seine Rede damit, dass er die Bauern bat um Annahme und darum, ihm den Königsnamen zu geben".

[3]) Fagrskinna $^{181}/_{120}$: var hánum þá eignat allt landit.

[4]) „Die þrœndir nehmen zum König um allt landit" heisst es häufig, z. B. Heimskr., Hák. s. góđa $^{1}/_{88}$. Olafs s. Tryggv. $^{57}/_{170}$. Magnús s. góđa $^{3}/_{517}$. Magnús s. Erlingssonar $^{3}/_{780}$. Wo das taka von anderen Verbänden ausgeht, unterbleibt regelmässig der Zusatz.

[5]) Kristindomsbálkr 4. Die Thronfolgeordnung von 1164 enthält den Passus nicht.

begegnend, hat für die Erlangung der Königswürde keine Bedeutung gehabt [1]). —

Dem Könige steht gegenüber das Volk. Das Volk in seiner Gesammtheit im Gegensatze zu den einzelnen fylkir heisst þjóđ. þjóđkonungr ist der Grosskönig im Gegensatze zu den Kleinkönigen [2]). Die Rechtsbücher gebrauchen den Ausdruck þjóđ freilich nie, wie sie überhaupt für Volk keine Collectivbezeichnung aufweisen. „Bændr“, Bauern, „Menn“ Leute, sind ihnen geläufige Ausdrücke, um die Gesammtheit der Volksgenossen zum Ausdrucke zu bringen. Mit Bezug auf die engeren Verbände gebrauchen sie besondere Bezeichnungen. „Rechtsgenossen“ „laugunautar“ heissen die Angehörigen der grossen Thingverbände im Verhältnisse zu einander, wie „Volkslandsleute“ „fylkismenn“ die Angehörigen des Volkslandes, „Heradsleute“ „hèrađsmenn“ die Angehörigen des Herads. Im Verhältnisse zum Könige heisst jeder Rechtsgenosse „þegn“, eine uralte auf den Runensteinen der grauen Vorzeit bereits auftretende Bezeichnung.

Das Volk scheidet sich seit dem zwölften Jahrhundert in vier grosse Thingverbände, in die Thingverbände des Frostaþings, Gulaþings, Eiđsifjaþings und Borgarþings. Jeder dieser Thingverbände zerfiel in Volkslande, diese meist wieder in Unterabtheilungen. Jeder der grossen Thingverbände bildet eine eigne Rechtsgenossenschaft für sich, dagegen sind das Volksland und dessen Unterabtheilungen nur unselbständige Theile der grossen Thingverbände.

Ein allgemeines Thing, welches von Seiten des Volkes den Gedanken der Reichseinheit in derselben Weise darstellte, wie der Einheitskönig von Seiten des Königthums, ist nicht vorhanden. Das Grosskönigthum fand bereits jene Scheidung in Thingverbände vor. Es vermochte nicht, an deren Stelle ein Allthing zu setzen. Dagegen weitete es die lokalen Grenzen der Thingverbände aus; es reihte in sie die bis dahin selbständig

---

[1]) Aschehoug S. 29.

[2]) Heimskringla, Haralds saga hins hárfagra 3/60. Vergl. dazu den þiaurikr der Runeninschrift auf dem Rökstein.

gebliebenen Volkslande ein[1]). Und es gab den grossen Thingverbänden diejenige Verfassung, welche sie zur Zeit unserer Rechtsbücher aufweisen.

Bedeutsam ist für diese Verfassung der Gegensatz in der Organisation der Lagthinge und der kleineren (Volkslands-, Herads-) Thinge. Die kleineren Thinge sind nunmehr blosse Gerichtsthinge ohne politischen Charakter. Und darum haben sie sich ihre alte Gestaltung bewahrt. Die Gesammtheit der freien Bauern findet sich auf ihnen ein. Die Gesammtheit fällt das Urtheil. Die Lagthinge als Gerichts- und Gesetzgebungsthinge haben die demokratische Gestaltung eingebüsst. Sie sind einmal Repräsentativthinge, nicht Volksversammlungen. Ihre Mitglieder sind ferner von der Obrigkeit ernannt, nicht von der freien Bauernschaft gewählt. Und ein muthmaasslich wieder von der Obrigkeit ernannter Ausschuss aus den Repräsentanten, die lögrètta, besass die urtheilende und gesetzgebende Function.

Die Aemterverfassung ist eine gemeinsame für das Land, nicht eine besondere in jedem Thingverbande. Mit Ausnahme des Gesetzsprecheramtes sind die Aemter königliche. Zwei königliche Aemter treten in den Rechtsbüchern hervor: das Amt des lendrmaðr und das Amt des ármaðr. In negativer Hinsicht ist zunächst beiden gemeinsam, dass sie keine Vorstandschaft auf den Thingversammlungen darstellen. Lendrmaðr und ármaðr können vom Thinge fortbleiben, ohne dass dessen Giltigkeit dadurch Abbruch geschieht[2]). In ihren Rechten und Pflichten gehen die beiden Aemter wenig auseinander. Lendrmaðr und ármaðr haben für die Sicherheit im Innern zu sorgen, den gefangenen Verbrecher zu bewachen, die an den König fallenden Strafgelder einzuklagen, das Urtheil zu vollziehen oder bei der Vollziehung mitzuwirken, die Vertreter zum Lagthing zu ernennen. Der ármaðr hat überdies das Krongut

[1]) Für das Gulaþíng speciell vergl. Maurer, die Entstehungszeit der älteren Gulaþíngslög, 1872, S. 5 ff., für alle vier Thingverbände Maurer in Ersch und Grubers Encyklopädie, Sect. I Bd. 96, Art: Gulaþíng.

[2]) Hertzberg, Grundtrækkene S. 156.

zu verwalten. Von letzterer Stellung nahm sein Amt historisch den Ausgang[1]). Er war ursprünglich nicht einmal ein Freier, daher ohne sociales Ansehen. Eine eigene Mannbusse muss ihm die Gesetzgebung verleihen, um ihn aus seinem Stande emporzuheben[2]). Der lendrmadr ist dagegen der Abkömmling der alten Heradskönige[3]). Als solcher hat er sich auch in den Zeiten des Grosskönigthums die Fühlung mit dem Volke bewahrt. Seine Angehörigen stellen einen Geburtsstand mit höherem Wergelde und höherer Busse dar[4]).

Ein drittes Amt, das des jarl, welches an die Stelle der Volkslandskönige durch Haraldr gesetzt wurde, verkümmerte im Laufe der Zeiten zu einem Ehrenamte, welches stets nur durch einen Inhaber vertreten wurde[5]).

Ein solches Gegengewicht, wie es der schwedische König im Gesetzessprecher besass, besass der norwegische König nicht. Wohl fanden sich auch in Norwegen Gesetzessprecher[6]), welche das geltende Recht vorzutragen und Weisthümer zu ertheilen

---

[1]) Maurer, die ármenn des altnorwegischen Rechtes, 1879, S. 68—72. 89. 90. 130 ff.

[2]) Gþl. 170. Frþl. IV 57. Maurer's Auffassung dieser Stellen vermag ich nicht beizupflichten. Er will die 15 Mark nicht als Mannbusse, sondern als „þukkabot" auffassen, welche neben dem an die Erben fallenden Wergelde und dem an den König fallenden Friedensgelde an den König zu entrichten waren, und beruft sich hierfür auf die oben S. 32. 54. 55 besprochenen Stellen des Ostgötalag. Aber diese Stellen würden noch nichts beweisen, da auch sie von Unfreien zu handeln scheinen. Dass die Rechtsbücher den ármadr sich als Unfreien denken, ergiebt sich m. E. daraus, dass sie ihm den réttr nur des Gemeinfreien verleihen. Wäre der ármadr ein Freier gewesen, so hätte er einen höheren réttr erhalten müssen, gleich dem scutilsveinn, gullsmidr u. s. w., da der Königsdienst eine Auszeichnung vor den Angehörigen des gleichen Standes verlieh. Auch die Bezeichnung dróttinn in Frþl. IV 57 weist auf die Auffassung des ármadr als þræll hin.

[3]) Ueber ihn vergl. die citirte Schrift von Hertzberg, En fremstilling etc., ferner Sars S. 161.

[4]) Hertzberg S. 95 f. An die Stelle von ármadr und lendrmadr trat später der syslumadr, über welchen vergl. Keyser S. 209 ff. Sars II S. 138 ff. Aschehoug S. 50.

[5]) Hertzberg S. 31. 101 f.

[6]) K. Maurer, das Alter des Gesetzsprecheramtes in Norwegen, 1875. Brandt, Forelæsninger II S. 181 ff.

hatten. Aber wir sehen sie in den Geschichtsquellen nie jene Rolle spielen, welche der greise Þorgnýr dem Schwedenkönige gegenüber spielte — und ihr Amt verschwindet im Laufe der Zeit, um einem neuen königlichen Amte mit Urtheilerfunctionen Platz zu machen.

§ 20.

Fortsetzung.

Bereits das Vorgetragene lehrt, wie ungleich gewichtiger die Stellung des norwegischen Königs gegenüber der Stellung des schwedischen und des dänischen Königs war. Dass sich dies in seinen Einzelbefugnissen und in seinem ganzen Verhältnisse zu Rechtsprechung und Rechtschaffung ausprägen werde, ist zu erwarten. Aber nicht überall zeigt sich diese Erwartung bestätigt. Auf dem Gebiete der Rechtsprechung erhält sich bis in die Mitte des dreizehnten Jahrhunderts die Urtheilsfindung völlig beim Volke. Erst um diese Zeit wird sie auch in die Hände des königlichen Gesetzsprechers gelegt. Das der König sie selbst ausgeübt habe, dafür lässt sich in dieser ganzen Periode kein Nachweis erbringen. Die Rechtsbücher schweigen völlig von einer unmittelbar vom Könige gehandhabten Rechtsprechung und was die Geschichtsquellen davon bringen, lässt sich entweder unter den Gesichtspunkt eigenmächtigen Vorgehens[1]) oder unter den Gesichtspunkt eines Schiedsspruches[2]) stellen. Ja auch in der folgenden Periode erlangt der norwegische König nicht entfernt die Befugnisse, welche dem schwedischen und dänischen Könige derselben Zeit als Urtheiler zustanden. Der norwegische König erringt sich

[1]) z. B. Heimskringla, Ólafs saga Tryggv. 14/135. 55/169; Ólafs saga hins helga 57/261. 72/280.

[2]) z. B. Heimskringla, Ólafs saga hins helga 107/333. Häufig ist die Durchführung des volksgerichtlichen Verfahrens durchaus nicht ausgeschlossen, z. B. wenn es heisst: Konungr . . gerði Hrólf útlaga af Noregi in Heimskr. Haralds s. h. hárf. 24/65. Vergl. vor allem den Process gegen Sigurðr Hranason, welcher den besten Beleg für das Fehlen eines Königsgerichtes bildet (ed. Storm, Kristiania 1877).

die Stellung eines obersten Wächters über die Rechtsprechung, aber er wird nicht allgemeiner Urtheiler, wie der schwedische und dänische König. Von einem Königsgerichte, wie das rættaræþing, wissen die norwegischen Quellen auch der folgenden Periode nichts. Erst seit der Vereinigung Norwegens mit Schweden und Dänemark finden sich Spuren eines solchen Königsgerichtes in Norwegen. Von einem Gegensatze zwischen königsgerichtlichem und volksgerichtlichem Verfahren und von Reformen, welche das Königsgericht in das Volksrecht einführte, ist deshalb in Norwegen nichts zu verspüren[1]). Damit fällt für uns der Grund fort, den Gang des volksgerichtlichen Verfahrens in Norwegen dem Leser vorzuführen[2]). Wir haben es allein mit der Stellung des norwegischen Königs gegenüber Rechtschaffung und mit seinem Verhältnisse zum Frieden zu thun. Vorher wird es aber nöthig sein, mit wenigen Worten die wichtigsten Einzelbefugnisse des norwegischen Königs, welche mit dem Frieden nichts zu thun haben, aufzuzählen.

Der norwegische König ist oberster Heerführer und Kriegsherr. Als solcher hat er das Recht des Aufgebotes zum Kriegsdienste innerhalb der vom Landrechte gesteckten Grenzen, d. h. bei Vertheidigung des Landes das Recht zum Aufgebote aller waffenfähigen Männer, welche dem heimgesuchten Landestheile angehören, in allen anderen Fällen das Recht zum Aufgebote einer gesetzlich bestimmten Zahl von Schiffen, Mannschaft und Ausrüstung. Streng hat hier das Landrecht seine Befugnisse geregelt, welche er nicht überschreiten darf[3]).

Als Kriegsherr hat der norwegische König ferner das Recht, Krieg zu erklären und Frieden zu schliessen. War der Kleinkönig in diesen beiden Rechten auch nach Aussen hin jedenfalls von der Zustimmung des Volkes abhängig[4]), so ist es der

---

[1]) Hierin liegt u. E. einer der Gründe, aus welchen Norwegen keine Jury kennt, was Hertzberg und Brandt nicht bemerken.

[2]) Ueber ihn vergl. Hertzberg, Grundtrækkene i den ældste Norske Proces. Kristiania, 1874. Fr. Brandt, Forelæsninger II S. 223 ff.

[3]) Keyser S. 33. Aschehoug S. 38. Frþl. VII/1: Konungr scal ráda bodi oc banni oc ráda at lögum.

[4]) Keyser S. 21. 22.

Grosskönig nicht mehr. Nach Aussen hin kann der norwegische Grosskönig unbeschränkt den Krieg erklären und den Frieden schliessen[1]. Aber freilich kann er seine Unterthanen nur insoweit zwingen, ihm Heeresfolge zu leisten, als das Volksrecht sie dazu verpflichtet.

An das Recht des Aufgebotes schliesst sich das Recht des norwegischen Königs auf die ihn vom Landrechte zugestandenen Abgaben (skattr) an, sei es die allgemeinen Abgaben, sei es besondere Abgaben (landvörðr[2]), finnakaup[3])) und bei jenen wieder ordentliche Abgaben (leiðangr[4]), víss eyrir[5])) und ausserordentliche Abgaben (gjafir[6])). Herrscht über den Ursprung der norwegischen Abgaben auch noch keine volle Klarheit, so ist die Entstehung aus der Kriegspflicht wenigstens für einen Theil derselben sicher gestellt. Als eine Ablösung des Kriegsdienstes stellen sich die ältesten Abgaben (leiðangr, víss eyrir) dar. Neben ihnen waren die Unterthanen vielleicht noch zu gewissen Naturalleistungen (veizlur[7])) verpflichtet, falls der König in ihr Gebiet kam, wenn die letztere Last nicht auf die Hintersassen der königlichen Güter zu beschränken ist. Die sonstigen Leistungen hingen von ihrem freien Belieben ab, es waren Geschenke (gjafir) an den König. Maassgebend für uns ist auch hier, dass für das Recht des Königs auf Abgaben strenge Grundsätze galten. Noch das gemeine Landrecht, dessen Königsgewalt eine weit ausgedehntere ist, als die Königsgewalt der Provinzialrechte, schreibt in alterthümlichen Worten vor[8]: „keine allgemeinen Abgaben soll der König auf uns legen oder sein Vertreter, nicht Geschenke noch Bewirthungen noch Hengstfütterung noch Holzschlag dann wenn Aufgebot zum Kriege ergeht ausser den Reitpferden und

---

[1]) Aschehoug S. 39. 40.
[2]) Abgabe von den Fischern. Keyser S. 101.
[3]) Abgaben der Finnen. Keyser S. 101. 102.
[4]) Seekriegssteuer.
[5]) Steuer der Binnenbewohner. Keyser S. 97. Aschehoug S. 68.
[6]) Keyser S. 104.
[7]) Keyser S. 96.
[8]) III 1.

den anderen Unterthanenpflichten, wie sie das Gesetzbuch bezeugt." —

Der König hat weiterhin das Recht auf gewisse Zölle für Einfuhr[1]) und später auch für Ausfuhr[2]) von Waaren (landeyrir, tollr), sowie ein Vorkaufsrecht auf vom Auslande eingeführte Waaren[3]). Ein freilich loser Zusammenhang des ersteren Rechtes mit dem Frieden wird sich nicht leugnen lassen. Da es muthmaasslich nur Ausländern[4]) gegenüber bestand, da der Zoll ferner ursprünglich nicht von der Waare, sondern vom Kopfe entrichtet wurde[5]), so war er ein Entgeld zugleich für den Schutz, welchen der an sich rechtlose Ausländer durch den König genoss. Ob dagegen der Ausländer vom Könige einseitig in den allgemeinen Frieden gestellt werden konnte, ist zu bezweifeln[6]). Die Grundlagen der norwegischen Verfassung erheischten für diesen Fall wohl die Zustimmung der Bauern. Ebensowenig vermochte wohl der König den Ausländern aus eigener Kraft einen besonderen Frieden zu ertheilen. Es wäre daher unrichtig, die Abgabe der Fremden an den König als ein

---

[1]) Vergl. Keyser S. 100 und die daselbst citirten Stellen.

[2]) Keyser S. 101. Der Ursprung dieses Rechtes liegt im Bann des Königs, d. h. in dem alten Rechte des Königs, den Verkehr mit dem Auslande zu untersagen. Beispiele davon in der Heimskringla Ólafs s. hins helga 59/265. 123/353.

[3]) Keyser S. 101.

[4]) Dass König Sveinn Alfifuson es auch auf Inländer ausdehnte (vergl. Keyser S. 100 A. 2), wurde als harte Last empfunden.

[5]) Vergl. die Uebereinkunft König Olafs mit den Isländern in N. G. L. I S. 437: Karl menn friálsir þeir er fullan rétt eigo scolo gialda landaura VI felde oc VI alnir vaðmals eða hálfa morc silfrs.

[6]) Wenn es in dem Vertrage der Isländer mit den Norwegern heisst, dass König Olaf den Isländern das Recht eines hauldr gab, so ist dies nicht anders auszulegen, als wenn sonst auf König Olaf Gesetze zurückgeführt werden. In der Einleitung drückt sich der Cod. 136 qv. der arnamagnäanischen Sammlung so aus: I þenna tima urðu eigi asattir Noregsmenn oc Islendingar hvern rett Noregs menn ætti á Islandi eðr Islendingar i Noregi. Hier tritt also das norwegische Volk in den Vordergrund. Zur Parallele kann auch die hirð des norwegischen Königs herangezogen werden. Der König kann nicht einseitig in die hirð aufnehmen, er bedarf dazu der Mitwirkung der Hirðmenn. Keyser S. 84 Anm. 1.

Friedensgeld zu bezeichnen. Der Schutz, welchen der rechtlose Ausländer durch den König genoss, war ein thatsächlicher, kein rechtlicher. —

Der König ist weiterhin Eigenthümer des Krongutes. Die Scheidung zwischen Krongut und Privatgut des Königs erscheint in dieser Periode durchgeführt. Wie in Schweden und Dänemark ist der König in der Verfügung über das Krongut beschränkt [1]).

Der König hat ferner das Recht auf den herrenlosen Nachlass (dánarfé, aldauða arfr [2])).

Der König hat ein Obereigenthum an den Almenden, welches sich in einem Genehmigungsrechte bei Veräusserungen des Almendebodens, in einem Aufsichtsrechte bei der Rodung und in einem Aneignungsrechte bezüglich des auf Almendeboden aufgetriebenen Strandgutes und Wales, sowie des im Almendeboden vergrabenen Schatzes äussert [3]).

Der König hat weiter ausschliesslich das Münzrecht [4]).

Wie man sieht, prägt sich in diesen Einzelbefugnissen die stärkere Stellung des norwegischen Königs klar genug aus.

Auf dem Gebiete der Rechtschaffung ist der norwegische König in dieser Periode mitwirkender Faktor. Das Gesetz ist eine Vereinbarung zwischen König und Volk. Dies lassen die Rechtsbücher und Geschichtsquellen deutlich erkennen. An mehrfachen Stellen zwar gebrauchen sie Wendungen, welche die Thätigkeit des Volkes bei der Gesetzgebung allein berühren [5]). An anderen Stellen aber treten König und Volk als Gesetzgeber gleichmässig hervor [6]). In den meisten Fällen wird gar das Gesetz auf den König allein zurückgeführt [7]).

---

1) Brandt I S. 237.

2) Brandt I S. 147.

3) Gþl. 145. 150. Frþl. XIV 8. Brandt I S. 241 ff.

4) Keyser S. 102.

5) „Sem nu erom ver satter a" „vér hafum þvi skipt fylkna imellom" „vér hafum þat afnumit" etc.

6) „Sem Olafr hinn helgi iatte .... oc sva sem vér uurðum a satter siðan" u. s.; Heimskr., Hák. s. góða 17/94.

7) So meist in den Geschichtsquellen. Vergl. aber auch Gþl. 148. Frþl. Einleitung 4 u. 5.

Formal prägt sich in der zweiten Kategorie von Stellen, materiell aber wohl in der dritten der thatsächliche Zustand am wahrsten aus. Die Zersplitterung des Reiches in die vier Thingverbände, der Charakter, welchen die Verfassung derselben besass, der Mangel eines demokratischen Organes, welches die Interessen der Bauernschaft gegenüber dem Könige zur Geltung bringen konnte, legte die Initiative und die Hauptthätigkeit auf gesetzgeberischem Gebiete in die Hände des Königthums [1]).

Solange das alte Gesetzsprecheramt noch in Blüthe stand, mochte von ihm der erste Schritt zu gesetzgeberischen Neuerungen ausgehen. In den Bessa-lög haben wir hierfür ein ausdrückliches Zeugniss [2]). Aber mit seinem Verschwinden verlor die Bauernschaft ihren Leiter und der neue königliche Gesetzessprecher vertrat die Interessen seines Herrn, nicht die der Bauernschaft. So ruhte thatsächlich die Gesetzgebung im Könige. Formal erhielt sich aber diese ganze Periode hindurch der Grundsatz, dass nichts Gesetz werden könnte, was nicht die Zustimmung der Bauernschaft erhalten habe. —

So vorbereitet treten wir nun an die Stellung des norwegischen Königs gegenüber dem Frieden heran. Klar ist nach dem Vorausgegangenen, dass ein objectiver Königsfriede auch in dieser Periode nicht anerkannt ist. Es handelt sich allein um Befugnisse, welche der König kraft Volksrechtes auszuüben hat. Das Maass dieser Befugnisse ist freilich ein erheblich grösseres, als das Maass der dem Kleinkönige zugestandenen Befugnisse. Aber es ist nicht von vornherein das gleiche. Im Laufe der hier behandelten Periode ist es im Zunehmen begriffen. Es gilt, diesen Entwicklungsprocess sorgfältig zu beobachten. —

Drei Rechte kommen dem Grosskönige in dieser Periode zu, das Recht der Friedensgabe, das Recht auf das Ächtergut und das Recht auf Strafgelder.

Alle drei Rechte hängen mit der Entwicklung des alt-

---

[1]) Aschehoug S. 72 ff.

[2]) K. Maurer, das Alter des Gesetzsprecheramtes S. 30; derselbe bei Ersch und Gruber, Th. 96 S. 408, Th. 97 S. 29.

norwegischen Strafensystems eng zusammen. Sie änderten sich mit den Wandlungen, welche das altnorwegische Strafensystem durchmachte. Um über sie zur vollen Klarheit zu kommen, bedarf es daher eines Blickes auf das letztere. —

Das altnorwegische Strafensystem nahm muthmaasslich seinen Ausgang von einem sacralen Strafensysteme [1]). Es machte sodann die Entwicklung durch ein System der strengen Friedlosigkeit durch, neben welchem für Vergehen ganz leichter Art geringe Strafgelder Platz griffen. Hierauf trat es in ein Stadium, in welchem ein System der milden Friedlosigkeit die Oberhand gewann — um schliesslich zum Systeme der öffentlichen Strafen zu gelangen.

Das Strafensystem, welches die Rechtsbücher unserer Periode aufweisen, ist von der milden Friedlosigkeit beherrscht. Das Kennzeichen derselben ist, dass der Verbrecher die Möglichkeit hat, gegen Zahlung eines Strafgeldes in den Frieden wieder zu gelangen [2]). Während die strenge Friedlosigkeit den Ausschluss des Verbrechers von der Friedensgenossenschaft in vollstem Umfange und auf ewige Zeit zur Folge hat, lässt die milde Friedlosigkeit dem Verbrecher die Möglichkeit offen, den Frieden wieder zu gewinnen. Die strenge Friedlosigkeit lassen die Rechtsbücher nur in ganz wenigen Fällen besonders schwerer Verbrechen eintreten [3]). Die milde Friedlosigkeit ist ihnen Regel. Das sacrale Strafensystem haben sie so gut, wie völlig überwunden [4]). Das System der öffentlichen Strafe beginnt sich in ihnen erst zu entwickeln.

Es ist vor etwa einem Jahrzehnt von Amira [5]) die Ansicht verfochten worden, dass das System der milden Friedlosigkeit

---

[1]) Vergl. K. Maurer in der Anzeige von „v. Amira, Altnorweg. Vollstreckungsverfahren", krit. Vierteljahrsschr. Bd. 16.

[2]) v. Amira, Altnorwegisches Vollstreckungsverfahren S. 48 ff.

[3]) Sie zählt auf v. Amira S. 10 ff.; vergl. auch Brandt II S. 8. 9.

[4]) Ein Rest vielleicht in der Bestimmung von Kongens og Biskopens Sagöre § 13 in N. G. L. IV S. 18.

[5]) v. Amira, Vollstreckungsverfahren S. 43. 44. Vergl. auch Derselbe, über Zweck und Mittel der germanischen Rechtsgeschichte, Note 114. Für Schweden ist Amira der gleichen Ansicht, wie wir. Nordgerman. Obligationenrecht I S. 142.

in Norwegen, wie sonst im germanischen Rechtsgebiete das ursprüngliche gewesen sei gegenüber dem Systeme der strengen Friedlosigkeit. Auf der Thatsache fussend, dass die Fälle der strengen Friedlosigkeit nur wenige in den norwegischen Rechtsbüchern sind und sich nachweisbar im Laufe der Zeiten vermehrten, gelangt Amira für die ältere Zeit zu dem Resultate, dass der Verbrecher durch Anerbieten der Busse von der Friedloslegung sich habe befreien können. Es bedarf eines Eingehens auf diese Frage, weil ihre Beantwortung für die Stellung des Königs gegenüber dem Frieden von unmittelbarer Bedeutung ist. Denn soviel ist klar, dass im Systeme der strengen Friedlosigkeit dem Könige ein geringerer Spielraum gewährt wird, als im Systeme der milden Friedlosigkeit, da jenes Strafensystem von strengen und unabänderlichen Gesichtspunkten beherrscht ist und der Willkür keine Concessionen macht.

Nehmen wir zu Amira's Behauptungen Stellung, so können wir sie bei aller Anerkennung ihrer gründlichen Rechtfertigung als die richtigen nicht gelten lassen. Wir folgen dabei in den meisten Punkten Konrad Maurer[1]), welcher sich in der Kritik von Amira's Abhandlung für die allgemeine Geltung der strengen Friedlosigkeit in älterer Zeit ausgesprochen hat.

In erster Linie spricht gegen Amira die Terminologie. Die milde Friedlosigkeit trägt den Namen der útlegđ. Aber dieser Name drückt eben dasjenige Moment aus, welches die milde Friedlosigkeit mit der strengen gemein hat, den Ausschluss vom Frieden[2]). Die útlegđ erscheint somit als passende Bezeichnung für die strenge Friedlosigkeit nicht minder, als für die milde. Und wenn sie auch an einigen Stellen der Rechtsbücher zweifellos nur für die milde Friedlosigkeit und im Gegensatze zur strengen Friedlosigkeit gebraucht wird[3]) — so wird doch von der Mehrzahl der Stellen das Wort útlegđ als

---

[1]) Krit. Vierteljahrsschr. 16.

[2]) Ueber die Terminologie vergl. v. Amira, Vollstreckungsverfahren S. 45 ff. Obligationenrecht I S. 141 Note 4. An der Ableitung von leggja halten noch fest Schlyter im Ordbok und Finsen im Glossar zur Grágás voce útlegđ.

[3]) z. B. Gþl. 135. Amira, Vollstr. S. 45.

Bezeichnung für die Friedlosigkeit schlechthin[1]) und das Adjectiv útlagr als Bezeichnung für den Friedlosen schlechthin angewendet, ohne dass die technische Einschränkung auf die milde Friedlosigkeit zu Tage tritt. Auf der andern Seite prägt sich im Wort útlegđ gerade das der milden Friedlosigkeit Eigenthümliche, die Möglichkeit in den Frieden wieder zu gelangen, nicht aus. Während der isländische fjörbaugsgarđr, welcher sachlich der altnorwegischen útlegđ entspricht, durch seinen Namen[2]) sich als eigne Gestaltung der Friedlosigkeit legitimirt, ist der Name útlegđ ein farbloser. Das Gleiche gilt vom Adjectivum útlagr. Beide besagen nur, dass Jemand aus der Friedensgemeinschaft ausgeschlossen ist. Ist dies aber der Fall, so ist anzunehmen, dass beide Worte, was sie besagten, ursprünglich auch in vollem Umfange besagten. Unerklärlich wäre es wenigstens von Amira's Standpunkt aus, dass die der milden Friedlosigkeit eigenthümliche Bedingtheit des Friedensausschlusses im Worte keinerlei Abspiegelung fand.

Die milde Friedlosigkeit scheint sich aber auch im Laufe der Zeit von der strengen Friedlosigkeit entfernt zu haben. Amira nimmt als von jeher geltendes Merkmal der útlegđ an, dass sie nur den Verlust der Fahrhabe nach sich zog[3]). Aber die beweisenden Belegstellen, welche er hierfür anführt[4]) gehören sämmtlich dem jüngsten der norwegischen Rechtsbücher, den Frþl., an. Aus den anderen Rechtsbüchern sind uns dagegen mehrfache Fälle bezeugt, in welchen die útlegđ den Verlust der Liegenschaften nach sich zog[5]). Da nun auch auf Island sowohl der Waldgang als der fjörbaugsgarđr den Verlust des ganzen Vermögens zur Folge hat, so ist für Norwegen die Annahme gerechtfertigt, dass auch die útlegđarmál in älterer

---

[1]) z. B. Frþl. IV 7 Ende, 41. Gþl. 98.

[2]) Hierüber vergl. Maurer, die Bekehrung des norwegischen Stammes II S. 220; Finsen, Glossar zur Grágás voce fjörbaugsgarđr.

[3]) v. Amira, Vollstreckungsverfahren S. 108. 110.

[4]) a. a. O. S. 108. 109.

[5]) Hierüber handelt Amira, Vollstreckungsverfahren S. 111—114. Er erklärt sie für Zwitterbildungen aus strenger Acht und útlegđ. Besser wohl: für Uebergangsformen von der strengen Acht zur útlegđ.

Zeit den Grund und Boden verwirken liessen. Entfernte sich aber im Laufe der Zeit die útlegð von der strengen Friedlosigkeit, so weist dies darauf hin, dass den Ausgang die Entwicklung von der strengen Friedlosigkeit nahm. —

Eine wichtige Stütze nimmt Amira für seine Aufstellung aus der allmählichen Vermehrung, welche die Fälle der strengen Friedlosigkeit in Norwegen erfuhren. Aber möglicherweise ist diese Ausbreitung ein Rückfall in die alte strenge Acht. Ohne dass ein zwingender Beweis geführt werden kann, ist doch auf das überaus strenge Strafensystem der Bþl. und Eiþl. hinzuweisen, welche sich als die ältesten norwegischen Rechtsquellen den ursprünglichen Zuständen am meisten nähern [1]). Der Umstand, dass uns von beiden nur die Christenrechte erhalten sind, berechtigt nicht, die Verschärfung des Strafensystems in ihnen auf die Christenrechte einzuschränken. Denn es weist auch das in Bd. II S. 522, 523 der Norges gamle Love abgedruckte Bruchstück der Eiþl [2]), welches dem weltlichen Rechte angehört, ein schärferes Strafensystem, als die Gþl. und Frþl., auf. —

Einen wichtigen Maassstab für die Richtigkeit der Ansicht Amira's giebt endlich die Vergleichung mit dem isländischen Rechte ab. Denn aus der Bezeichnung der strengen Friedlosigkeit in Island als Waldgang geht, wie Maurer betont, hervor, dass die strenge Friedlosigkeit bereits zur Zeit der Gesetzgebung Ulfljóts in Norwegen bekannt war, da Island nie derartige Wälder besass, welche dem Friedlosen eine Zufluchtsstätte hätten bieten können, die Bezeichnung somit aus Norwegen entlehnt haben muss. Aber auch sachlich ist der isländische Waldgang mit der strengen Friedlosigkeit Norwegens wesentlich übereinstimmend. Dagegen ist der isländische fjörbaugsgarðr, welcher der útlegð bis zu einem gewissen Grade entspricht, inhaltlich eine selbständige Rechtsbildung, welche

[1]) Als überaus streng galt das alte Recht von Olaf im Gedächtniss der späteren Zeit. Vergl. N. G. L. IV S. 685. Amira, Vollstreckungsverfahren S. 113.

[2]) Dass dieses Bruchstück den Eiþl. angehört, geht aus der Dreitheilung der Bussen hervor. Vergl. Maurer, bei Ersch und Gruber Section I Th. 97 S. 33. Hertzberg, Grundtrækkene S. 112 Note 3.

ein Vorbild in Norwegen nicht gefunden haben mochte. Auch dies weist auf die spätere Bildung der útlegð hin.

Nehmen wir aus diesen Gründen mit Wilda[1]) und Maurer[2]) an, dass die strenge Friedlosigkeit in älterer Zeit in Norwegen den allein herrschenden Fall der Friedlosigkeit dargestellt hat, so ist sie nicht als die allein herrschende Strafart zu betrachten. Neben einem Systeme schwerer Friedensbrüche kannte das ältere Recht jedenfalls bereits ein System leichterer Missethaten, welche Busse an den Verletzten und Strafgeld an die öffentliche Gewalt nach sich zogen. Grundbussbetrag für diese leichteren Missethaten war die Zwölfunzenbusse, in späterer Zeit die Dreimarksbusse.

Solange dieses ältere Strafensystem herrschte, waren die Befugnisse des Königs auf dem Gebiete des Friedens eng umgränzte. Was die schweren Friedensbrüche betraf, so stand ihm nicht das Recht zu, dem Thäter den Frieden zu gewähren. „Aber wo immer ein Mann Nidingstodtschlag begeht. da fahre er friedlos und ungeheiligt. und habe verwirkt jeden Pfennig seines Gutes in Land und Fahrhabe. und soll nie in das Land kommen. weder mit König noch mit Jarl. sofern er nicht wahre Kunde von Heerung überbringt[3]).“ Wir werden dies als die Folge jedes schweren Friedensbruches in älterer Zeit anzusehen haben[4]). Höchstens mochte es, wie beim isländischen Waldgang, den gesetzgebenden Organen, in Norwegen also dem Könige und der lögrètta zugestanden haben, dem Friedlosen Milderung seiner Strafe durch gemeinsamen Akt zu gewähren.

Dagegen war der König berechtigt, einen Theil des Vermögens des Friedlosen an sich zu ziehen. Und zwar lassen uns Bestimmungen der Eiðsifjaþingslög vermuthen, dass in Nor-

---

[1]) Strafrecht der Germanen S. 296 ff.

[2]) a. a. O. Brandt, Forelæsninger II, lässt sich über die Frage nicht deutlich aus, scheint sich aber der Auffassung Wilda's zuzuneigen.

[3]) Gþl. 178. Frþl. IV 52.

[4]) Vergl. v. Amira, Vollstreckungsverfahren S. 41. 42; Brandt, Forelæsninger II S. 9. Was die Geschichtsquellen dem Widersprechendes berichten, ist, wenn ihnen Glauben geschenkt wird, auf thatsächliche Machtverhältnisse zurückzuführen.

wegen, wie in Schweden, der Grundsatz der Dreitheilung zwischen König, Verletztem und Gemeinde ursprünglich in dieser Beziehung gegolten habe. „Alles Friedlosigkeitsgut. da wo der Bischof Klage erhebt. gehört ihm zum Drittel. dem Könige zum Anderen. den Bauern zum Drittel. welche darüber aburteilen," heisst es im Christenrechte der Eiþl[1]). Dass sich dieser Grundsatz der Dreitheilung nicht auf das Christenrecht beschränkte, ergiebt sich aus dem Bruchstücke der Eiþl., welches weltliches Recht betrifft. Aber freilich ist auch zu erwägen, dass die Hochlande Schweden am nächsten lagen, so dass schwedischer Einfluss sich möglicherweise geltend machte. Die Bþl. lassen von dieser Dreitheilung keine Spur erkennen. Und auf Island wurde das Ächtergut zwischen Verletztem und Gemeinde getheilt, während der Gode nur einen geringen Betrag aus dem Ächtergute für seine Mühewaltung bei Abhaltung des Vollstreckungsgerichtes erhielt. Freilich fällt auf Island dasjenige Organ, welchem das eine Drittel in Norwegen zufiel — der König — fort. Galt jemals das Dreitheilungsprincip in ganz Norwegen, so wurde es jedenfalls früh beseitigt. Möglicherweise bereits durch König Haraldr in den unterworfenen Bezirken, während er es in den Hochlanden, die er nicht durch das Schwert unterwarf, bestehen liess[2]). An seine Stelle trat der Grundsatz, dass alles Ächtergut dem Könige anheimfallen sollte. Er findet sich in den Gþl., Frþl. und Bþl. anerkannt. Nur bei kirchenrechtlichen Vergehen wird auch dem Bischofe ein Bruchtheil[3]) oder ein bestimmter Betrag aus dem Ächtergute[4]), in späterer Zeit sogar das ganze Ächtergut[5]) zugestanden.

Einen ähnlichen Entwicklungsgang machten die leichteren Missethaten durch. Auch bei ihnen scheint in ältester Zeit der Dreitheilungsgedanke für die Strafgelder gegolten zu haben, um hernach einer Scheidung zwischen öffentlichem Strafgeld

---

[1]) I 25.

[2]) So Maurer in den Beiträgen S. 22 f.

[3]) Die Hälfte.

[4]) z. B. Bþl. I 11. II 25.

[5]) Frþl. II 38. 41. 43. III 1. 3. 4. 14. 15. 16. 21. 23.

und privater Busse Platz zu machen, von welchen das erstere ausschliesslich an den König fiel.

Für die constructive Auffassung ergiebt sich aus diesen Rechten des Königs, dass die Entwicklung zur Idee eines eigentlichen Königsfriedens noch nicht gelangt ist. In dem Umstande, dass bei der Einziehung des Ächtergutes und bei den Strafgeldern der König die neben ihm früher antheilsberechtigte Gemeinde verdrängt, prägt sich die wachsende Bedeutung des Königthums auf dem Gebiete des Friedens freilich aus. Aber der König ist doch auch so noch Organ der Allgemeinheit. Diese misst ihm streng seine Rechte zu. Und sie betrachtet ihn so wenig als Quelle des Friedens, wie als alleinigen Träger desselben.

Eine völlige Veränderung in dieser Auffassung trat auch mit der milden Friedlosigkeit nicht ein. Muthmaasslich war das Königthum zur Ausbildung derselben seinerseits energisch thätig. Denn sie führte eine Stärkung der königlichen Rechte auf dem Gebiete des Friedens mit sich, welche für die ganze Stellung des Königs bedeutungsvoll werden konnte. Bei der milden Friedlosigkeit ist es grundsätzlich der König, welcher dem Verbrecher den Frieden der Allgemeinheit gewährt. Es scheint nach den Rechtsbüchern der König allein zu sein, welcher den Frieden der Allgemeinheit gewährt. Auf eine frühere Betheiligung der Thinggemeinde an der Gewährung des allgemeinen Friedens lässt aber vielleicht Frþl. III 24 schliessen:

„So ist es gesagt in den Gesetzen der Männer dass Niemand friedlos wird sofern ihn nicht zum Thing ladet der Mann oder der Pfeil oder das Horn in der Stadt zur Versammlung. Aber wenn Jemand eine Ächterhandlung begeht im Christenrechte. und er schreitet zur Sühne bevor die Acht auf ihn kommt. da hat der König nichts daran. Aber wenn er zum Ächter gemacht wird auf dem Thinge. da hat der König das landkaup. bevor er in den Frieden kommt und Strafgelder von denen welche mit ihm verkehren sofern er nicht zur Sühne zum Bischof gegangen ist. da sollen die Leute straflos mit ihm zusammen sein und auch wenn die Frist verstrichen ist, welche der Bischof ihm ansetzte seine Sünde ausserhalb des Landes zu bessern. Aber die Königsleute dürfen Niemandem den Landaufenthalt erlauben, welchen des Bischofs Voigt im Christenrechte zum Ächter macht. Jetzt kommt er zurück und hat seine Busse vollbracht, welche er ausserhalb des Landes vollbringen sollte. da suche er das Thing auf. und habe da die Schrift des Bischofs oder Kapitels, wenn der Bischof nicht daheim ist, oder wenn er verstorben ist. und lasse sich zum Inländer machen. aber der König habe vorher das Waldkaufsgeld (skógarkaup). Aber wenn einem Manne die Klage von des Königs Seite gegeben wird, dass er nicht zum Inländer gemacht war, nachdem er friedlos gemacht war. dann soll er für seine Zeugen 10 Jahre lang einstehen darüber dass er zum Inländer gemacht war."

Bei Vergehen, welche im Christenrechte die Acht nach sich zogen, bedurfte also der Ächter, um Inländer zu werden, der Friedensgabe des Königs und der Einurtheilung in den Frieden seitens der Thinggemeinde. Ob hier ein Rest alten Rechtes oder ob neues Recht vorliegt, lässt sich freilich nicht sicher entscheiden. Jedoch dürften die analogen Verhältnisse in Schweden [1]) und Dänemark [2]) zur ersteren Annahme drängen. Der Satz galt aber, soviel sich sehen lässt, nur für das Christenrecht. Im Gebiete des weltlichen Rechtes hat der König allein die formale Friedensgabe.

Es hängt nicht vom freien Belieben des Königs ab, unter welchen Voraussetzungen er den Frieden der Allgemeinheit gewähren will. Das Landrecht bestimmt genau, in welchen Fällen und unter welchen Bedingungen die Friedensgabe vom Könige zu erfolgen habe. Der Missethäter kauft sich in den Frieden [3]). Gegen Zahlung des Friedensgeldes hat er einen Anspruch auf die Friedensgabe. Aber, indem die Friedensgabe vom Könige allein ausgeht, erscheint der König als alleiniger Träger des Friedens. Und bei der wachsenden Macht des Königthums

[1]) Vergl. oben S. 28. 29.

[2]) Vergl. oben S. 130. 131.

[3]) „Er kauft sich aus dem Walde", vergl. Amira, Vollstreckungsverfahren S. 52. 53.

mochten leicht die Schranken gesprengt werden, welche dem Könige das Landrecht bei der Friedensgabe auferlegte. Es bildete sich das königliche Begnadigungsrecht aus. Aber dieser Process ist in der uns beschäftigenden Periode erst in seinen Anfängen begriffen[1]). Grundsätzlich verleiht der König in dieser Periode den Frieden nur vermöge Landrechts, nicht vermöge eigenen Rechtes.

Der Preis, welchen der König für die Friedensgabe erhält, beträgt die Summe von vierzig Mark oder die Summe von fünfzehn Mark. Ganz deutlich stellen die Gulaþingslög an einer Stelle die beiden Beträge als die Abarten des Waldkaufgeldes (skógarkaup) hin, wenn sie demjenigen, welcher einem Friedlosen Vorschub leistet, auferlegen, sich mit 40 Mark aus dem Walde zu lösen, wenn der Friedlose sich auch nur mit 15 Mark daraus zu lösen habe[2]).

Beide Beträge stehen wegen ihrer Höhe ausserhalb des landrechtlichen Strafgeldersystems, dessen höchster Grundbetrag die Dreimarkbusse war. Auch passt die Summe von vierzig Mark nicht in den Rahmen des landrechtlichen Duodecimalsystems. Beide Beträge finden sich endlich nicht im freistaatlichen Island. Gründe genug, um anzunehmen, dass sie beide erst später in Norwegen aufgekommen sind, wenn dies nicht die genauere Betrachtung der norwegischen Rechtsbücher und die bei den benachbarten skandinavischen Völkern gemachten Erfahrungen beweisen würden.

§ 21.

Das Vierzigmarkstrafgeld und das Fünfzehnmarkstrafgeld.

Das Vierzigmarkstrafgeld bedarf wegen der hohen Bedeutung, welche es auch in Norwegen für den Königsfrieden besitzt, einer genaueren Betrachtung hinsichtlich seines Alters und

[1]) Von der miskunn des Königs oder Bischofs finden sich Spuren in Gþl. 24. 32; beide Stellen stammen aber erst von Magnús Erlingsson her und beziehen sich nur auf einen Verzicht auf den Antheil am Ächtergute.

[2]) 207.

seines Ursprungs. Denn es ist es, vermöge dessen der König in späterer Zeit seinen Aufgaben auf den Gebieten von Frieden und Recht nachzukommen sucht. Das auf ein Drittel herabgesetzte Vierzigmarkstrafgeld ist das typische Strafgeld des bréfabrot, wie die sechzig solidi das regelmässige Strafgeld des fränkischen Bannes darstellen. Aber auch das Fünfzehnmarkstrafgeld ist des Verweilens werth, weil seine Geschichte mit der des Vierzigmarkstrafgeldes zusammenhängt, ihre Anwendungsfälle sich kreuzen. Mit Unrecht ist beiden Bildungen bisher zu wenig Aufmerksamkeit geschenkt worden. Für die Geschichte des altnorwegischen Strafrechtes und Staatsrechtes sind sie gleich bedeutsam.

Wenden wir uns zunächst dem Vierzigmarkstrafgelde zu, so finden wir dasselbe entweder als Friedenskaufgeld oder als reines Strafgeld. Historisch hängt die Entstehung beider Fälle sicherlich zusammen, wenn sich auch zunächst nicht entscheiden lässt, welchem von beiden die zeitliche Priorität zukommt. Würden wir dem Berichte der Fagrskinna[1]) folgen, so wäre das Vierzigmarkstrafgeld als Friedenskaufgeld bis zu Haralds des Schönhaarigen Zeit hinaufzuführen. „Da schuf Haraldr die neuen Gesetze bezüglich des Frauenrechtes, dass dem Manne, welcher eine Frau gezwungen nimmt, das zur Friedlosigkeitssache gereichen solle, und er sich mit vierzig Mark Sechs-Ellen-Unzen in den Frieden wieder einkaufen solle.“ Aber dieser Bericht erscheint schon um deswillen unglaubhaft, weil noch in den Bþl. die Nothzucht nicht útlegđarmal, sondern reine Busssache ist[2]), ganz davon zu geschweigen, dass die isländischen Busszahlen gegen ihn sprechen.

Bezeichnend ist es aber immerhin, dass der Verfasser der Fagrskinna auf die Initiative des ersten Grosskönigs diesen Fall des Vierzigmarkstrafgeldes zurückführt und dass er das Vierzigmarkstrafgeld in enge Beziehung zur Friedlosigkeit stellt. Diese beiden Umstände gerade, die enge Beziehung des Vierzigmarkstrafgeldes zum Könige und zur Friedlosigkeit, treten in

[1]) (ed. Munch u. Unger) S. 10.

[2]) II 13.

den Fällen, welche die Rechtsbücher von ihm aufweisen, erkennbar hervor.

Es ist auffällig, dass der Fälle des Vierzigmarkstrafgeldes in den Frostaþíngslög wenigere sind, als in den Gþl. Wilda[1]) glaubte daraus bei dem mangelhaften Zustande der Quellenkritik entnehmen zu müssen, dass das Rechtsbuch der Drönter zeitlich älter sei, als die Gulaþíngslög. Die Fortschritte, welche die Wissenschaft seitdem auf dem Gebiete der norwegischen Rechtsgeschichte gemacht hat, lassen nun freilich diese Ansicht als unrichtig erscheinen. An der Thatsache aber, dass die Frþl. einen älteren Rechtszustand in dieser Hinsicht darstellen, als die Gþl., ändern sie nichts. Am besten erklärt sich wohl der Umstand aus dem bei den Dröntern besonders stark entwickelten Unabhängigkeitssinne, von welchem die Geschichtsquellen häufig genug Zeugniss ablegen. Die Drönter sind es ja stets, bei denen der König auf den lebhaftesten Widerstand stiess, wenn er eine neue Maassregel durchsetzen wollte. „Sie sind gewohnt übel zu murren bei allem was ihnen gegen den Sinn ist[2]).“ Bekannt sind die Sätze des Frþl., welche bei Uebergriffen des Königs, Jarls oder lendrmaðr den Bauern das Recht geben, dieselben todtzuschlagen[3]). Einem so trotzigen Sinne, welcher an der alten Volksfreiheit zäh festhielt, mochte es widerstreben, den König beim Vierzigmarkstrafgeld in den Vordergrund des Friedens treten zu lassen. Er hielt an der älteren Friedlosigkeit fest, welche eine Verwirkung des Volksfriedens war.

Es weist aber das Rechtsbuch der Drönter an Fällen des Vierzigmarkstrafgeldes nur auf: Verletzung des Allermannenfriedens[4]), welcher zu gewissen Zeiten, besonders der Mess- und Marktzeit, über ein Gebiet gelegt ist, Heimsuchung[5]), Beschränkung der Verkehrsfreiheit zwischen zwei Volkslanden

---

[1]) Strafrecht S. 25.

[2]) Heimskringla, Olafs s. Tr. 50.

[3]) IV 50—52, siehe hierzu Maurer, die Entstehungszeit der älteren Frþl. S. 67.

[4]) II 10.

[5]) IV 62. V 14.

ohne oder wider des Königs Gebot[1]), wie umgekehrt Uebertretung des königlichen Verkehrsverbotes (bann)[2]), endlich unter gewissen Voraussetzungen Heerung[3]). Man kann, wenn man von der Verletzung des Allermannenfriedens absieht, welche nach der Stelle, an der sie steht, zu schliessen, jedenfalls späteren Ursprungs ist[4]), die Fälle des Vierzigmarkstrafgeldes in den Frþl. in zwei Kategorien theilen: Vergehen in Schaaren und Vergehen politischer Natur. Heimsuchung und Heerung sind Schaarenvergehen, die Uebertretung des königlichen „bann" ist ein Vergehen politischer Natur. Damit ist nicht gesagt, dass beide Kategorien von Vergehen stets unter das Vierzigmarkstrafgeld in den Frþl. fielen, sondern nur, dass das Vierzigmarkstrafgeld bei ihnen zunächst in Geltung trat. In der That bestätigt dies ein Blick auf die Gþl.

In den Gþl. ist das Vierzigmarkstrafgeld in umfassenderer Geltung. Jedoch lassen sich die Fälle, in welchen es auftritt, unter gewissen Gesichtspunkten zusammenfassen und darnach mit einer gewissen Zuverlässigkeit historisch ordnen. Auszuscheiden ist von vornherein ein Fall, welcher ausdrücklich der Gesetzgebung König Magnus Erlingssons zugewiesen wird die Nichtbefolgung des Aufgebotes zur Königskrönung[5]). Eine Reihe von Fällen lässt sich unter den Gesammtbegriff der Unterstützung eines Friedlosen stellen. Hierhin gehört ausser den zahlreichen Stellen, an welchen unmittelbare Anwendungsfälle vorliegen[6]), Verkehr des Herrn mit dem Knechte, welcher Fleisch in der Langenfastenzeit isst[7]), Verkehr mit einem Heidenmenschen, welcher über die ihm vom bischöflichen Voigt gesetzte Frist im Lande bleibt[8]), Fütterung des eignen Hundes, welcher einen Menschen todtgebissen hat[9]). Dass in allen

---

1) V 43.

2) VII 27.

3) VII 25.

4) Maurer a. a. O. S. 53.

5) 2.

6) 153. 159. 162. 171. 189. 202. 207.

7) 20, vergl. auch 163. Kongens og Biskopens Sagöre in N. G. L. IV S. 17/4.

8) 22. N. G. L. IV S. 17/5. 6.

9) 165.

diesen Fällen das Vierzigmarkstrafgeld einer jüngeren Entwicklung angehört, ergiebt sich aus den Frþl., welche den Grundsatz aussprechen „Wenn ein Mann einen Friedlosen speist oder beherbergt . fährt oder führt . da ist er friedlos und ungeheiligt mit solcher Friedlosigkeit, wie der, welcher das Werk vollführte“ [1]). Das gemeine Landrecht [2]) folgt den Gþl. und bestätigt dadurch das eben Gesagte. In mehreren weiteren Fällen können wir annehmen, dass die Gesetzgebung Handlungen, welche zu gewissen Zeiten als besonders gefährlich für den Frieden oder das Staatswohl erschienen, unter das Vierzigmarkstrafgeld zog. Dahin sind Verkauf eines Freien in das Ausland [3]), Folterung [4]), Vergehen gegen das Walrecht [5]) und die in 211. 212 Gþl. aufgezählten Vergehen zu rechnen. Dass gerade diese unter das Vierzigmarkstrafgeld gestellt wurden, lässt sich nur aus zufälligen Verhältnissen erklären. Den Ausgang für das Vierzigmarkstrafgeld bildeten sie jedenfalls nicht. Eine weitere Kategorie von Fällen ist die der Amtsdelicte: Unrechtmässige Einziehung von Vermögen als Ächtergut [6]), Weigerung des ármaðr oder lendrmaðr, das rechtskräftige Urtheil zu vollstrecken [7]) sind mit dem Vierzigmarkstrafgelde bedroht. Hier scheint das Vierzigmarkstrafgeld an die Stelle der Friedlosigkeit [8]) und an die des Fünfzehnmarkstrafgeldes getreten zu sein, mit welchem letzteren es noch in einzelnen Fällen konkurrirt. Geradezu widersprechen sich Gþl. 152 und 253, in denen es sich doch um gleich schwere Vergehen handelt. Von diesen Fällen abgesehen, welche demnach späteren Ursprungs zu sein scheinen, lassen sich die Fälle des Vierzigmarkstrafgeldes auch in den Gþl. unter die zwei Kategorien der Schaarenvergehen und der Ver-

---

1) IV 41. Vergl. auch Amira, Vollstreckungsverfahren S. 5.
2) IV 7.
3) 71.
4) 210.
5) 149. 150.
6) 141. 213.
7) 253.
8) Vergl. Frþl. IV 50—52 und dazu Amira, Vollstreckgsv. S. 25—27.

gehen politischer Natur, wie in den Frþl., unterordnen. Nur dass sie in den Gþl. zahlreicher sind. Wir finden da auf der einen Seite: bewaffneten schaarenweisen Widerstand gegen die Zwangsvollstreckung[1]), Kämpfe zwischen zwei Schaaren auf Tod und Leben[2]), Heimsuchung[3]) — auf der anderen Seite: Unterlassung der Pflicht zur Heerwacht mit Heerfeuern[4]), Uebertretung des königlichen Verkehrsverbotes[5]), Uebertretung der Vorschriften über zwangsweise Verproviantirung[6]) — dann aber auch Fortbleiben aller Vertreter des Volkslandes vom lögþing[7]) mit dem Vierzigmarkstrafgelde bedroht. Möglich, dass einzelne dieser Fälle auch in den Frþl. mit dem Vierzigmarkstrafgelde bedroht waren, da uns die betreffenden Stücke derselben fehlen[8]) — aber im Ganzen wird die Ausbreitung des Vierzigmarkstrafgeldes in den Gþl. sich nicht leugnen lassen. — Erwägen wir nun weiter, dass das alte Bruchstück der Eiþl., welches im zweiten Bande der Norges gamle Love abgedruckt ist, gewisse Abarten des Schaarenvergehens mit der strengen Friedlosigkeit bedroht, welche in den Frþl. und Gþl. das Vierzigmarkstrafgeld zur Folge haben, und dass andrerseits die Frþl. bei Verletzung des königlichen „bann“[9]) angeben, dass hier altes Recht vorliege — so sind wir geneigt, anzunehmen, dass von den eigentlich politischen Vergehen, den Vergehen gegen den König als solchen, das Vierzigmarkstrafgeld seinen Ausgang nahm. Dies würde trefflich zu der Thatsache stimmen, dass es dem isländischen Rechte unbekannt ist.

Schwieriger ist es, sich über den Ausgangspunkt des Fünfzehnmarkstrafgeldes klar zu werden. Das Fünfzehnmarkstrafgeld tritt in den Frþl. und in den Gþl. in ziemlich

[1]) 35. 121. 269.
[2]) 167. 168.
[3]) 142.
[4]) 311.
[5]) 313.
[6]) 303.
[7]) 3.
[8]) Vergl. in dieser Hinsicht Storm, Magnus Erlingssons Lov om Kongevalg, 1880.
[9]) VII 25.

gleicher Ausdehnung auf, wenn auch die Fälle desselben in beiden nicht durchaus gleich sind. In einzelnen Fällen ist es ganz jungen Ursprungs. Hierhin gehört Meineid[1]) und Bruch des Schiedsspruches[2]), Fälle, welche der Gesetzgebung des zwölften Jahrhunderts angehören. Mag sein, dass daraufhin Fr. Brandt[3]) veranlasst worden ist, das Fünfzehnmarkstrafgeld überhaupt in eine spätere Entstehungszeit hinabzurücken. In anderen Fällen ist es aber sicherlich weit hinaufreichenden Alters. Für einen Fall — Unterlassung der Kirchenbaupflicht — tritt es in allen vier Rechtsbüchern gleichmässig auf, gewiss ein Zeichen hohen Alters der Bestimmung, welche die Gþl. auf den heiligen Olaf zurückführen[4]). Bei mehreren Fällen stimmen wenigstens Frþl. und Gþl. überein, so Erschlagen des königlichen ármaðr[5]), unrechtmässiger Taidigung[6]), unrechtmässigem Binden eines Freien[7]), wie unrechtmässigem Freilassen des Gebundenen[8]). Es kreuzt sich mit dem Vierzigmarkstrafgelde bei den Amtsdelicten, jedoch so, dass es von dem letzteren abgelöst zu werden scheint. Wenigstens kennen es bei letzterem Frþl. und Gþl., während nur die Gþl. von dem Vierzigmarkstrafgelde etwas wissen. Bezeichnend für das höhere Alter des Fünfzehnmarkstrafgeldes ist auch, dass das Stadtrecht[9]) in einem Falle das Vierzigmarkstrafgeld eintreten lässt, in welchem die Gþl. und Frþl. das Fünfzehnmarkstrafgeld androhten. Ueberhaupt breitet sich, wie Wilda bereits erkannt hat[10]), das Vierzigmarkstrafgeld in späterer Zeit mehr und mehr aus, während das Fünfzehnmarkstrafgeld zurückgeht. Alles dies lässt annehmen, dass das

---

[1]) Gþl. 28.
[2]) Gþl. 32. Frþl. V 46.
[3]) Forelæsninger II S. 24.
[4]) Gþl. 10. Frþl. II 7. Bþl. 8. Eiþl. 34.
[5]) Gþl. 170. Frþl. IV 57.
[6]) Gþl. 214. 256.
[7]) Gþl. 253. Frþl. V 15.
[8]) Gþl. 253. Frþl. XIV 12.
[9]) II 13.
[10]) Strafrecht S. 442.

Fünfzehnmarkstrafgeld älter als das Vierzigmarkstrafgeld ist. Ja es wirft sich bereits die Frage auf, ob nicht das Fünfzehnmarkstrafgeld früher überhaupt den Platz eingenommen hat, welchen in den Rechtsbüchern das Vierzigmarkstrafgeld besitzt.

Es ist nämlich auffallend — und hiervon war bisher nicht die Rede — dass die Frþl. auch beim Friedenskaufgelde, dem skógarkaup oder landkaup, nichts von den vierzig Mark erwähnen. Die Gþl. scheiden zwei Arten von skógarkaup, ein grösseres von vierzig und ein kleineres von fünfzehn Mark. Ganz deutlich tritt dies in 207 hervor, wo es heisst, dass derjenige, welcher einen Friedlosen unterstützt, sich mit vierzig Mark aus dem Walde zu kaufen habe, wenn auch der Friedlose selbst sich nur mit fünfzehn Mark frei zu kaufen habe. Die Stelle drückt sich eigentlich nicht correct aus, da in den Gþl. sonst auf Unterstützung eines Friedlosen das reine Vierzigmarkstrafgeld und nicht die útlegđ angedroht ist. Die nahe Beziehung zwischen beiden Strafarten erklärt aber hinlänglich, dass sie für einander eingesetzt wurden. Für unseren Zweck geht aus der Stelle klar hervor, dass die Gþl. zwei Arten von skógarkaup kennen. Von diesen trat das grössere von vierzig Mark bei dem Todtschlagsvergehen, das geringere von fünfzehn Mark bei Verwundungen oder sonstigen Körperverletzungen, welche Friedlosigkeit nach sich zogen, ein. — Die Frþl. erwähnen dagegen nur eine Art des skógarkaup, das Fünfzehnmarkstrafgeld. Freilich heisst es in der Réttarbòd, welche die Frþl. einleitet, dass der König vom Ächtergute des Todtschlägers von nun ab nicht mehr, als den Betrag des þegngilldi an sich ziehen wolle. Aus dem Königsspiegel[1]) ergiebt sich aber, dass das þegngilldi vierzig Mark betrug, und dass sich mit dem þegngilldi der friedlose Todtschläger in den Frieden wieder einkaufte. Sollte hieraus sich nicht ergeben, dass auch die Frþl. das Vierzigmarkstrafgeld als skógarkaup gekannt haben? Aber es ist wohl zu beachten, dass der König in der Réttarbòd ausdrücklich hervorhebt, dass es ihm nach dem Wortlaute der Frostaþíngsbók zustehe, alle Fahrhabe an

---

[1]) (ed. Brenner) S. 67.

sich zu ziehen. Neueren Datums, d. h. der Mitte des 13. Jahrhunderts angehörig ist also die Beschränkung, welche der König sich auferlegt. Damit fällt aber die Berechtigung fort, welche die Stelle zu der Annahme geben könnte, dass den Frþl. das Vierzigmarkstrafgeld als Friedenskaufgeld bekannt gewesen sei. Nirgends sonst ist aber in den Frþl. davon die Rede.

Nimmt man an, dass das Fünfzehnmarkstrafgeld in älterer Zeit das Vierzigmarkstrafgeld überhaupt vertreten hat, so gelangt man eher zu einem einheitlichen Bussensysteme, als wenn man dem Vierzigmarkstrafgelde das gleiche oder höhere Alter gegenüber dem Fünfzehnmarkstrafgelde zuschreibt. Bereits an sich passt das Fünfzehnmarkstrafgeld in den Rahmen des Duodecimalsystems. Es stellt sich als Verfünffachung des Dreimarkstrafgeldes, als Verzehnfachung des baugr von zwölf Unzen dar. Aber möglicherweise setzt sich das Fünfzehnmarkgeld aus mehrfachen Beträgen zusammen, so dass die Entstehung aus den Grundbeträgen von drei Mark und zwölf Unzen noch leichter erklärlich ist. So verdient hervorgehoben zu werden, dass die Bþl. bei Nothzucht den Verbrecher 15 Mark büssen lassen: drei Mark für Fesselung, sechs für Verletzung und sechs für den Beischlaf[1]). In diesem Falle handelte es sich um die Busse an den Privaten. Dass aber auch bei dem an die öffentliche Gewalt zu entrichtenden Strafgelde das Fünfzehnmarkgeld mehrfache Bestandtheile enthielt, zeigen Bestimmungen der Gþl. und Frþl., auf welche noch nicht aufmerksam gemacht ist. Bei „missgünstigem Schlage" heben die Gþl.[2]) hervor, dass dem Könige fünfzehn Mark als skógarkaup zukämen. Von diesen fünfzehn Mark, dem „Hundert, hundrađ", d. h. den 120 Unzen, soll sich aber der Beschädigte zunächst seinen rèttr nehmen. Die Frþl., welche den gleichen Grundsatz enthalten[3]), beziffern den rèttr zugleich auf drei Mark, wie dies ja sowohl in den Gþl. als in den Frþl. der rèttr des

[1]) II 13.
[2]) 189. 200.
[3]) IV 22. 42.

hauldr ist[1]). Zieht man diese Summe ab, so beziffert sich das Friedenskaufgeld auf zwölf Mark, eine Summe, welche auch in Schweden in älterer Zeit dieselbe Rolle spielte, und welche aus den zwölfunzigen baugar und dem Dreimarkstrafgeld sich ganz naturgemäss entwickelt hätte.

Gänzliche Klarheit über das Aufkommen der beiden hohen Strafgelder in Norwegen zu gewinnen, ist, wie sich aus dem Obigen ergeben haben wird, nicht leicht. Aber man darf darnach doch annehmen, dass das Fünfzehnmarkstrafgeld dem Vierzigmarkstrafgelde voraufgegangen und dass jenes wieder aus dem landrechtlichen Duodecimalsystem heraus erwachsen ist.

Es kann gefragt werden, ob mit der Entstehung des Fünfzehn- und des Vierzigmarkstrafgeldes nicht die Entstehung der útlegđ in Norwegen zusammenhängt. Als gemeinsame Momente für beide haben zu gelten: dass sie erst in der Zeit nach Lostrennung des isländischen Rechts entstanden sind und dass sie in den norwegischen Rechtsbüchern noch auf das Engste zusammenhängen. Mehrfach ist es zweifelhaft, ob wir es mit einer Busssache oder einer Friedlosigkeitssache zu thun haben. Als „Strafgeld für Friedensbruch" wird geradezu das Vierzigmarkstrafgeld bezeichnet[2]). Und die Entwicklung, welche wir in Schweden und in Dänemark wahrnahmen, lässt, bezüglich des Vierzigmarkstrafgeldes wenigstens, auch für Norwegen den Schluss zu, dass es bei der Verwandlung der strengen Friedlosigkeit in die milde eine Rolle spielte. Richtig ist freilich, dass die Rechtsbücher kleinerer Beträge als tryggvakaup und skógarkaup erwähnen. In der älteren Wergeldstafel der Gþl.[3]) treten Leistungen von einundeinfünftel Unzen als tryggvakaup und von drei Mark als skógarkaup auf. Ebenso wissen die Bþl.[4]) von sechs und zwölf Unzen tryggvakaup. Aber dies sind Leistungen, welche an den Verletzten, nicht an die öffentliche Gewalt zu entrichten sind, und welche wohl nie eine be-

[1]) Gþl. 200. Frþl. X 34.
[2]) Gþl. 152.
[3]) 243. 244.
[4]) II 13.

sondere Bedeutung besessen haben. Auf Island finden sie wenigstens keine Analoga. Die Annahme eines Zusammenhanges in der Entstehung der milden Friedlosigkeit und der hohen Strafgelder würde auch ihrerseits ein Licht auf die Motive für die Entstehung der útlegđ werfen. Fiscalische Bereicherung scheint darnach einer der für die Einführung der útlegđ treibenden Beweggründe gewesen zu sein. Die Beträge von fünfzehn und von vierzig Mark waren beträchtlich genug, um der Staatsgewalt eine reichlich fliessende Einkommensquelle zu verschaffen. Sie gewährten dem Könige jedenfalls einen grösseren Ertrag und bedeutsameren Einfluss, als er bei der strengen Friedlosigkeit besass, bei welcher er auf das Áchtergut des Friedlosen beschränkt war und die Verwandtschaft des Friedlosen zur Beisteuer heranzuziehen keine Hebel besass.

§ 22.

Der Königsfriede der Landslög.

Drei Befugnisse standen, wie wir sahen, dem norwegischen Grosskönige auf dem Gebiete des Friedens zu, das formale Recht der Friedensgabe, das Recht auf das ganze Áchtergut oder einen Theil desselben und das Recht auf Strafgelder. Alle drei Befugnisse gewannen im Laufe unserer Periode an Inhalt. Im alten Systeme der strengen Friedlosigkeit trat das formale Recht der Friedensgabe selten in Kraft. Und wo es in Kraft trat, bedurfte es vielleicht der Mitwirkung der Thinggemeinde. Im neuen Systeme der milden Friedlosigkeit und des Vierzigmarkstrafgeldes tritt es regelmässig in Kraft. Und wo es in Kraft tritt, wird es regelmässig vom Könige allein ausgeübt.

Im alten Systeme der strengen Friedlosigkeit stand dem Könige möglicherweise ein Recht nur auf einen Theil des Áchtergutes zu. Im neuen Systeme der milden Friedlosigkeit fällt ihm regelmässig das ganze Áchtergut zu.

Hatte das Recht des Königs auf Strafgelder ursprünglich vielleicht überall mit dem Rechte der Bauernschaft auf Strafgelder zu rechnen, so besitzt es im neuen Landrechte keinen

Rivalen, ausser dem Verletzten. Hatte es ursprünglich nicht grosse Bedeutung, so lange die Beträge der Strafgelder kleine waren, so ist es seit dem Aufkommen des Fünfzehn- und Vierzigmarkstrafgeldes in den Vordergrund getreten. Es hat eine specielle Richtung und Bedeutung für den Frieden gewonnen. Vermöge des Vierzigmarkstrafgeldes ist der König Träger des Friedens geworden, freilich noch nicht seines eignen Friedens, sondern des Volksfriedens.

Die Entwicklung drängt nun in dieser Richtung weiter. Es bildet sich ein königliches Begnadigungsrecht, es bildet sich ein durch die Anwesenheit des Königs erhöhter Friede. Wichtiger aber ist, dass der König auch auf dem Gebiete der Rechtsprechung eine maassgebende Stellung erringt. Den Abschluss erlangt die Entwicklung endlich mit dem Institute des bréfabrot.

Die Landslög zeigen den Abschluss dieser Entwicklung noch nicht, aber die Stellung des Königs ist in ihnen eine wesentlich andere geworden. Es gilt, dies in den einzelnen Beziehungen festzustellen.

Wie in den Rechtsbüchern, ist in den Landslög grundsätzlich die Uebereinstimmung derer, welche das Land bebauen, und des Königs nothwendig, um ein Gesetz herzustellen. Denn der Eid des Gesetzsprechers geht dahin: „die Gesetze soll ich sprechen denjenigen Männern, welche mein Herr meiner Gesetzessprechung zutheilt, so wie sie der heilige König Olaf schuf und seine rechten Nachfolger zwischen König und denen, welche das Land bebauen, vereinbart haben“ [1]), und der Eid der Bauern lautet: „erfüllen soll ich ihm alle gesetzlichen Unterthanenpflichten nach all' dem Recht und Maass, wie es der heilige König Olaf zwischen König und Landvolk theilte, und wie seine rechten Nachfolger jetzt zwischen König und denen, welche das Land bebauen, mit beiderseitiger Uebereinstimmung vereinbart haben“ [2]). Man hat zwar aus den Landslög entnehmen wollen, dass dem Könige für die Zukunft das Recht eingeräumt werde, einseitig nur „mit Rath guter Männer“

[1]) II 11.
[2]) II 12.

das Landrecht ohne Zuziehung des Volkes fortzubilden und umzuändern [1]). Man hat dies zunächst aus der Fassung des Königseides gefolgert, welcher dahin lautete: „ich soll die christlichen Gesetze halten, wie sie der heilige König Olaf schuf und seine rechten Nachfolger jetzt zwischen König und denen, welche das Land bebauen, unter beiderseitiger Uebereinstimmung vereinbart haben, und soll sie mit Rath guter Männer nach dem Verstande, den Gott mir lieh, bessern" [2]). Oder ausführlicher in dem Protokolle über König Erich Magnússons Krönung im Jahre 1280: „Profiteor et promitto coram deo et sanctis eius a modo pacem et iusticiam ecclesie dei populoque mihi subiecto observare . pontificibus et clero prout teneor condignum honorem exhibere . secundum discrecionem mihi a deo datam atque ea que a regibus ecclesiis collata ac reddita sunt . sicut compositum est inter ecclesiam et regnum inviolabiter conservare malasque leges et consuetudines perversas precipue contra ecclesiasticam libertatem facientes abolere et bonas condere prout de concilio fidelium nostrorum melius invenere potuerimus" [3]), indem von einer Theilnahme des Volkes bei der „Besserung", dem „abolere et bonas condere" keine Rede sei. In gleichem Sinne hat man ferner die Schlussworte des den Landslög angefügten Gesetzes von König Magnús Lagabætir gedeutet, welche besagen „dieses Buch soll von heute ab über ganz Norwegen gelten für ewig und immer bei unbeschädigter Würde des Königthums nach dem Gesetzesworte, wie es vorher gesprochen ist. Scheint irgend Einem seiner (des Königs) rechten Nachfolger eine Stelle noch der Verbesserung zu bedürfen, so richte er sie so, dass Gott Ehre davon habe, er selber Seelenheil, die Gewinn, welche darunter wohnen sollen" [4]). Aber alle drei Stellen beweisen nichts für ein einseitiges Verordnungsrecht des Königs. Wenn das Bessern schlechter Gesetzesstellen als ein Recht und eine Pflicht des Königs für die Zukunft hingestellt wird,

---

1) Keyser S. 240. Aschehoug S. 156. 157.
2) II 8.
3) Dipl. Norveg. I 69.
4) N. G. L. II S. 178.

so folgt daraus noch nicht, dass die Verbesserung Gesetz werden sollte, bevor das lögþing sie angenommen habe. Das Gesetz Geben, Abschaffen, Aendern ist in den Landslög gemäss dem in den Vordergrund Treten der königlichen Gewalt als eine That des Königs bezeichnet, ohne dass damit das Mitwirkungsrecht des Volkes negirt werden soll. So heisst es in dem Prologe Königs Magnús Lagabætir zu den Landslög: „Ihr wisset, dass die verständigsten Männer aus dem Rechtsbezirke des Gulaþinges häufig vor uns bemerkt haben, ihr hättet in Erfahrung gebracht, dass wir uns damit befassten, an den meisten Gesetzbüchern im Lande mit Rath der besten Männer etwas zu bessern, und ihr hättet uns gebeten, euer Gesetzbuch sollte von diesen Verbesserungen nicht ausgeschlossen sein. Aber ihr sollt gewiss versichert sein, dass es uns schon sehr obliegt, dafür zu sorgen, jetzt aber vornehmlich am meisten, wo ihr so sehr unserer Vorsicht vertrauet, dass ihr sie (die Verbesserung) ganz in unser Belieben verurtheilt". Auch hier ist von einem Bessern mit Rathe der besten Männer die Rede. Aber damit diese Verbesserung Landrecht ward, war es nothwendig, dass das Volk die königlichen Vorschläge annahm. Bei den Landslög geschah dies zunächst in der Weise, dass das Volk dem König die Vollmacht ertheilte, die Revision des alten Rechts einseitig vorzunehmen. Wie wenig aber diese Form der Gesetzgebung dem damaligen Rechtsbewusstsein genügte, ergiebt sich daraus, dass die Landslög in der durch den König ihnen gegebenen Gestalt auf den einzelnen Lagthingen angenommen werden mussten, um Geltung zu erlangen. Die grosse Réttarbòd König Erich Magnússons von 1280, welche die seit Geltung der Landslög hervorgetretenen Unklarheiten und sonstigen Mängel des Codificationswerkes beseitigen will, stellte sich in ihren Einleitungsworten auf den Standpunkt jener Worte des Königseides, wonach der König schuldig ist „sorgsam zu beaufsichtigen und zu verbessern die Gesetze und das Landrecht". Zugleich aber hebt sie hervor, dass sie nicht nur „mit Rath der besten Männer" erlassen, sondern auch auf den Einzelthingen vorgebracht und dann erst niedergeschrieben und veröffentlicht worden sei[1]). Aus dem Königseide liesse sich ein Schluss auf ein einseitiges königliches Gesetzgebungsrecht auch nur dann ziehen, wenn die Worte desselben, welche den König verpflichten, das Landrecht zu bessern, eine Neuerung wären. Aber nichts berechtigt uns, dies anzunehmen. In den Geschichtsquellen[2]) wird zwar nur das Versprechen des Königs „Gottes Gesetze und das Landrecht zu halten“ aus dem Königseide hervorgehoben, aber ihnen kommt es auf den Gegensatz zwischen Landrecht und Kirchenrecht, nicht den zwischen Landrecht und Amtsrecht an. Wohl aber ist darauf Gewicht zu legen, dass bereits die Járnsíđá[3]) dieselbe Fassung des Königseides zeigt, wie die Landslög, während ihr sonst diejenigen Sätze der Landslög fehlen, welche in der That die königlichen Rechte gegenüber dem vorzeitigen Zustande vermehren. Und dafür, dass jene Worte von jeher oder doch wenigstens lange Zeit vor den Landlög dem Königseide angehörten, spricht vornehmlich der bis in das zwölfte Jahrhundert zurückverfolgbare Ausdruck réttarbòd.

Wäre in der That mit jenen Worten das gemeint, was man meist darunter versteht, so würde der Eid des lögmađr und der Bauern nicht so lauten, wie er lautet. Es würde dann aber auch das Institut des bréfabrot nicht diejenige Entwicklung genommen haben, welche wir an ihm wahrnehmen werden. Gerade das Gebiet der Gesetzgebung ist das zeitlich letzte, auf welchem der König durch das bréfabrot thätig wird. —

Anders, als auf dem Gebiete der Rechtschaffung verhält es sich mit der Thätigkeit des Königs auf dem Gebiete der Rechtsprechung in den Landslög. In den Grundsatz, welcher von Alters her bestand, dass die Urtheilsfindung allein der Bauernschaft zustände, war bereits um die Mitte des dreizehnten Jahrhunderts ein Riss erfolgt. Es erklärt der König in dem Gesetze, welches den zweiten Theil der Einleitung zu den Frþl. bildet:

---

[1]) N. G. L. III S. 4.

[2]) Heimskr., Magnús saga Erl. 21. Fríssbók Hák. sag. Hák. 27.

[3]) Krb. 5.

„Ferner haben wir das oft gehört, dass, wenn auch manche Leute richtig beschuldigt würden, sie doch nicht zum Gesetzessprecher fahren wollen, wiewohl sie gesetzlich geladen werden, und dass manche nicht die Entscheidung des Gesetzessprechers anerkennen wollen, nachdem er das Recht gesagt hat. Aber wir vermeinten doch, dass wir zu dem Zwecke die Gesetzessprecher besoldet haben von unserem Gelde und Erbgute, dass gemäss der Gesetzgebung des heiligen Königs Olaf und der Entscheidung der Gesetzessprecher jeder seine Angelegenheit zu Ende bringen solle, und deshalb legen wir drei Mark Strafe auf Jeden, der, richtig beschuldigt und gesetzlich geladen, nicht zum Gesetzessprecher fahren will, und ebenso denen, welche nicht des Gesetzessprechers Entscheidung anerkennen wollen."

Damit ist der Gesetzessprecher zu einem richterlichen Organe gemacht, welches mit den Thingversammlungen concurrirt. Die Landslög ordnen demgemäss die Stellung des Gesetzessprechers als Urtheilers in umfassender Weise. Er kann in Civilsachen neben dem hèradsþing angegangen werden, während in Strafsachen dieses allerdings ausschliesslich zuständig bleibt [1]). Vom Gesetzessprecher geht der Zug an das Lagthing, in welchem die lögrètta entscheidet. Jedoch vermag diese den Spruch des Gesetzessprechers nicht zu vernichten, sondern hat, falls sie den Zug für begründet hält, die Sache dem Könige zu unterbreiten [2]). Der Gesetzessprecher ist ferner nicht bloss in erster Instanz als Urtheiler thätig, sondern er wirkt auch bei dem Urtheile der lögrètta als deren Vorsitzender mit, vorausgesetzt, dass es sich nicht um eine Rechtssache handelt, in welcher er als erstinstanzlicher Urtheiler das Urtheil fällte. Ja, wenn Einstimmigkeit in der lögrètta nicht zu erzielen ist, soll der Gesetzessprecher den Ausschlag geben, sofern nicht Recurs an den König ergriffen wird. Es ergiebt sich also, dass der Gesetzessprecher unmittelbar unter dem Könige steht, und dass auf die Giltigkeit seines Spruches dem Volksgerichte keinerlei Ein-

---

[1]) Maurer, das Alter des Gesetzsprecheramtes S. 51.

[2]) Maurer S. 52.

fluss zugestanden wird. Zugleich ergiebt sich aber, dass der König die oberste Stellung auf dem Gebiete der Urtheilsfindung erworben hat. Für uns ist die letztere Thatsache von besonderer Bedeutung. Das ihr zu Grunde liegende Princip drücken die Landlög[1]) mit den Worten aus: Konungr er ifir login skipaðr, der König ist über die Gesetze gesetzt. Der Grundsatz greift offenbar über das Gebiet der Rechtsprechung hinaus und umfasst das ganze Gebiet der Vollziehung. Doch sprechen ihn die Landslög nur mit Beziehung auf die Urtheilsfällung aus, für welche sie zwei bedeutsame Folgerungen ziehen.

þingfararb. 4:

„Die Männer, welche in die lögrètta ernannt sind, sollen die Gesetze urtheilen in allen den Sachen, welche dahin gezogen sind mit rechtem Thingzuge und dort rechtsmässig vorgetragen sind. Die Sachen soll man von denen, welche zum lögþíng gelegt sind, zuerst aburtheilen, welche nach dem, was das Gesetzbuch bekundet, die grössten sind. Hiernach die (anderen), welche dahin eingeklagt sind, und alle die Sachen, in denen Männer ihre Hände zusammenlegen vor zwei Zeugen, wenn das Zeugniss auf dem Thinge erbracht wird. Aber in Allem, wo das Gesetzbuch mit keiner Entscheidung aushilft, soll das in jeder Sache Bestand haben, worüber der Gesetzessprecher und die Mitglieder der lögrètta alle einig werden. Aber wenn da Streit entsteht, so entscheide der Gesetzessprecher und die, welche mit dem übereinstimmen, sofern nicht dem Könige mit Beirath der verständigsten Männer ein Anderes gesetzlich erscheint".

Ferner bestimmt þingfararb. 11:

„Jetzt zieht Jemand seine Sache unter den Gesetzessprecher hinweg und zum Lagthing . da sollen die Mitglieder der lögrètta sorgsam die Sache untersuchen, und wenn auch allen denen der Spruch, welchen der Gesetzessprecher gesagt hat, nicht gesetzlich erscheint, sollen sie doch nicht des Gesetzessprechers Spruch brechen, aber berichten sollen sie an den

[1]) I 11.

König, was ihnen billiger in der Sache dünkt, und solches aus der Untersuchung, was sie für am besten bewiesen erfunden haben, weil den Spruch, welchen der Gesetzessprecher abgiebt, Niemand brechen mag ausser der König sieht, dass unser Gesetzbuch dagegen zeugt oder der König sieht selbst mit weiser Männer Zustimmung etwas Billigeres, weil er über die Gesetze gesetzt ist."

In beiden Stellen liegen bewusste Neuerungen gegenüber dem älteren Rechte vor. In der ersteren Stelle handelt es sich um eine Lücke im bestehenden Recht, welche bei der Entscheidung eines einzelnen Falles sich bemerkbar machte. Diese Lücke auszufüllen, war bereits das älteste Recht bestrebt. Es bestimmte das Recht von Drontheim: „Aber in Allem, worin das Buch nicht entscheidet, da soll das Bestand haben in jeder Sache, worüber alle Mitglieder der lögrètta einig werden und was das rechteste ist vor Gott" [1]). Gemäss dem Grundsatze, dass die Urtheilsfällung im vollsten Maasse beim Volke läge, übertrug es die Ausfüllung dieser Lücke dem höchsten urtheilenden Organe des Volkes. Die Landslög lassen dieses Princip formell bestehen. Auch nach ihnen ist die stimmeneinige lögrètta das zuständige Organ für Ergänzung des Gesetzes im gegebenen Falle. Aber, indem sie bei Dissens des königlichen Beamten oder auch nur eines Mitgliedes der lögrètta dem königlichen Beamten, und über ihm dem Könige die Aufgabe der Gesetzesergänzung übertragen — durchlöchern sie das alte Princip im Grundsatze, heben es auf in der Wirklichkeit. Denn nunmehr hing es vom königlichen Gesetzessprecher ab, inwieweit er von Fall zu Fall der lögrètta die Ausübung ihrer Befugniss belassen oder die Sache unter die königliche Rechtsprechung ziehen wollte [2]).

---

[1]) I 2.

[2]) A. A. Brandt II S. 202, welcher annimmt, dass ein von der lögrètta einstimmig gefälltes Urtheil auch bei Dissens des Gesetzessprechers der Controle des Königs nicht unterlag. Wäre dies richtig, dann dürfte die Fassung in I 4 nicht lauten: sem logmadr oc logrettumenn verda aller a eitt satter, sondern nur sem .. logrettumenn verda aller a

Für die Ergänzung des Rechtes von Fall zu Fall ist nach den Landslög der König oberstes Organ. Ebenso ist er es für die Abänderung des Rechtes von Fall zu Fall. Das Königsgericht vermag das Landrecht zu beugen. Es vermag es nach dem Wortlaute der obigen Stelle in allen Fällen, wo der Spruch des lögmaðr gescholten wird. Aber es vermochte es jedenfalls auch bei dem Zug vom hèraðsþíng, sofern der lögmaðr und die lögrètta nicht stimmeneinig war. Es ist nicht abzusehen, weshalb jenes Recht des Königs sich auf den Zug vom Urtheile des Gesetzessprechers habe beschränken sollen. —

Für die Ergänzung und für die Abänderung des Landrechtes von Fall zu Fall war dem Könige als obersten Wächter des Rechts eine weitgehende Befugniss ertheilt. Sie war ihm aber nur für den einzelnen Fall als solchen ertheilt. An dem Grundsatze, dass ein Gesetz nur mit Zustimmung des Volkes zu Stande komme, sollten also die beiden Stellen nichts ändern. Dem Gebiete der Rechtsprechung, nicht dem der Rechtschaffung gehörte diese königliche Befugniss an. —

Vergleichen wir die Stellung des norwegischen Königs in dem Landslög mit der Stellung, welche der schwedische und der dänische König auf derselben Entwicklungsstufe besitzen, so unterscheidet sie sich merklich von der letzteren. Nicht ist der norwegische König ein allgemeiner Urtheiler, wie der Schwedenkönig und der Dänenkönig, sondern er ist nur ein oberster Urtheiler. Ein Institut, welches dem rættaræþíng entspricht, ist in Norwegen vor der Zeit der Vereinigung mit Dänemark und Schweden nicht nachzuweisen. Es stand deshalb dem Könige nach dem Landslög nicht frei, in den Rechtsgang der ersten Instanz einzugreifen, eine Sache in der ersten Instanz unmittelbar an sich zu ziehen.

Noch die Réttarbòd von 1280, welche Ungehorsam gegenüber der Ladung des Königs bestraft, nimmt davon ausdrücklich den Fall aus, dass der Geladene den erstinstanzlichen

---

eitt satter. Die hier vorgetragene Deutung hat auch K. Maurer, das Alter des Gesetzsprecheramtes S. 54.

Richter bereits angegangen habe. Von einer Concurrenz zwischen Königsgericht und Volksgericht, wie sie in Schweden auftrat, ist deshalb in den Landslög nichts zu merken.

War der König in den Landslög nur oberster Urtheiler, so bezog sich sein Urtheilerrecht der Absicht der Landslög nach ferner in erster Linie auf die Rechtsfrage. Er entscheidet, wo das Gesetzbuch „nicht sich deutlich ausdrückt" (sem logbok skilr eigi or), er sieht zu, ob nicht „unser Gesetzbuch dagegen zeuge" oder er sieht etwas Billigeres mit weiser Männer Rath. Mit Recht hat man die Thätigkeit des norwegischen Königs in den Landslög deshalb als eine nur revidirende angesehen. Erst der Folgezeit ist es überlassen, sie zu verallgemeinern.

Auf dem Gebiete des Friedens ist in den Landslög die Stellung des Königs eine selbständigere geworden. Die Landslög zeigen das königliche Begnadigungsrecht ausgebildet. Der König kann gegebenen Falls dem Friedlosen den Landaufenthalt wieder gewähren, wenn er nach Prüfung der Sachlage die Ueberzeugung gewinnt, dass ihn ein Nothstand, nockor nauðsyn, zur Vornahme der verbrecherischen Handlung getrieben habe [1]). Des Königs Gnade gewährt dem Friedlosen die landsvist jetzt aber auch bei der útlegð. „Nun kann die Begebenheit einmal geschehen, dass der König einem Mannestodtschläger Landaufenthalt gewährt bei Befürwortung von Häuptlingen oder anderen guten Männern, oder dass der vor das Antlitz des Königs kommt und von ihm vorläufigen Frieden erhält, da soll er sich so in den Frieden mit dem Könige kaufen, wie des Königs Gnade dazu ist" [2]). Ebenso heisst es vom Niding: „Wo auch immer Jemand einen Schandtodtschlag schlägt oder ein Nidingswerk thut. da fahre er friedlos und ungeheiligt. habe verwirkt Gut und Frieden, Land- und Fahrhabe, und auch seine Stammgüter, und komme nie in das Land zurück, sofern er nicht wahre Nachricht vom Heereseinfalle bringt, von welcher die Leute vorher nichts wussten, dann erlange er Landaufenthalt nach der Gnade und dem Frie-

[1]) IV 14 u. s.

[2]) IV 1; das Gesetz bereits in der Einleitung zu den Frþl. 5.

denskaufgelde, welche der König ansetzt"[1]). An Stelle der festen Friedenskaufgelder treten demgemäss in den Begnadigungsurkunden des Dipl. Norveg. nunmehr gewillkürte Beiträge. Wir finden 2, 3, 4, 5, 6, 8, 10, 15 Mark, ferner ein halbes, ein drittel, ein viertel, andrerseits ein anderthalbfaches, zweifaches, dreifaches, vierthalbfaches friđkaup, oder der König erlässt das friđkaup[2]). —

Den Landslög gehört aber auch die Ausbildung eines Königsfriedens in dem Sinne an, dass die Person des Königs dem Orte, an welchem sie sich aufhält, einen besonderen Frieden verleiht. Die Ansätze hierzu liegen freilich weiter zurück. Bereits in den Gþl.[3]) heisst es: „Erschlägt Jemand den ármađr des Königs . da soll er ihn vergelten mit 15 Mark, sofern er ihn nicht vor dem Tische des Königs erschlägt .... dann ist er friedlos." Und die Heimskringla[4]) lässt demgemäss den heiligen Olaf fragen, als Asbjörn Sigurđarson den königlichen ármađr Þórir vor des Königs Augen erschlägt: „Ist das nicht Todessache ... wenn er einen Mann in des Königs Herberge erschlug?" Mit den letzten Worten ist indessen ein weitergehender Königsfriede ausgedrückt, von welchem die Gþl. und Frþl. noch nichts wissen, welchen aber die Landslög aufweisen. „Das ist auch Nidingstodtschlag, wenn Jemand einen Mann erschlägt, der in der Herberge des Königs ist oder in dessen Gegenwart, oder im Königshofe oder auf dem Königsschiffe, wenn auch der König nicht auf dem Hofe oder auf dem Schiffe ist. Aber wenn es innerhalb der Stadt geschieht, dann wenn der König in der Stadt ist oder im Hafen dabei, da geschehe es nach dem, wie des Königs Gnade dazu ist in Gemässheit der Umstände[5]). Hierhin gehört ferner folgender Satz: „Wenn sich Leute im Felde mit dem Könige untereinander schlagen .... vermehrt sich die Busse derer, welche

[1]) IV 6.

[2]) Beispiele: D. N. I 297. 337. 374. 417. 420. 473. 474. 529. 893. 744. 767. 806. III 692. V 230. XI 51. Aslak Bolts Jordebog S. 10.

[3]) 170.

[4]) Olafs. h. h. 125.

[5]) IV 4.

beschädigt oder verletzt wurden, um den gleichen Betrag .... es gebührt dem Könige für jede Wunde oder jeden Steinwurf oder Wassertauche 13 Mark Silber und acht Örtugen"[1]), d. h. das höchste Friedenskaufgeld, welches von König Hákon Hákonarson[2]) auf den dritten Theil ermässigt worden war, während der König in den Rechtsbüchern bei Körperverletzungen nur das kleinere Friedenskaufgeld von 15, später seit Hákon, 5 Mark zu beanspruchen hatte.

Eine neue Herabsetzung erfuhren die Friedensgelder durch König Magnús Lagabætir[3]), welcher sie auf ein Viertel ihres ursprünglichen Betrages herabsetzte, ohne dass diese Herabsetzung auf die Dauer wirklich durchgeführt wurde. —

§ 23.

Das bréfabrot.

Die Verhältnisse zur Zeit der Landslög drängten darauf hin, eine selbständige königliche Banngewalt zur Entstehung zu bringen. Auf der einen Seite ein starkes erbliches Königthum, in welchem bereits thatsächlich der Schwerpunkt der Gesetzgebung lag, und welches die oberste Aufsicht über die Rechtsprechung sich erworben hat — auf der anderen Seite das in vier Thingverbände zersplitterte Volk, welches unter einem königlichen Beamtenthume steht, und welchem eine Führung mangelt. Mit den Landslög war ferner für das Reich ein einheitliches Recht geschaffen. Grosse gesetzgeberische Leistungen erheischte das Bedürfniss nicht mehr. Um den Ausbau im Einzelnen, um die Beseitigung zeitweise hervortretender Nothstände konnte es sich für die Folgezeit handeln. Naturgemäss machte sich hier das Schwergewicht, welches das Königthum ohnehin bei der Rechtschaffung besass, in erhöhtem Grade geltend. So finden wir denn, dass in der Folgezeit das Königthum auch auf dem Gebiete der Gesetzgebung sich eine selb-

---

[1]) IV 18.

[2]) N. G. L. II 175.

[3]) N. G. L. II 176.

ständige Stellung erringt. Indessen vollzog sich dieser Process doch nur langsam und auf Umwegen. Zu tief wurzelte noch das Rechtsbewusstsein, dass dem Volke ein Antheil an der Rechtschaffung zustehe, als dass mit einem Schlage eine königliche Gesetzgebung Platz zu greifen vermochte. Die grösseren gesetzgeberischen Akte vollzogen sich noch im Laufe des vierzehnten Jahrhunderts unter Mitwirken des Volkes, wenn auch in abgeschwächter Form durch Vorlegen des Gesetzentwurfes vor nur eine der Thingversammlungen. Und das nicht zur Annahme vorgelegte Gesetz mochte als Landrecht darum nicht eigentlich angesehen werden. Dagegen finden sich zahlreiche Erlasse der Könige, welche auf den einzelnen Fall gerichtet sind oder gerade auftauchende Fragen des Lebens beantworten wollen. Meist betreffen sie Materien handelspolizeilicher Natur: Waarentaxen, Arbeitslöhne, Handelsbetriebsberechtigungen, das Pass-, Münz-, Zollwesen, die öffentliche Sicherheit, oder sie regeln die Aemterverfassung. Aber im Laufe der Zeit greifen sie auch in das materielle Recht über und jedenfalls sind sie von grosser, mittelbarer Bedeutung für dasselbe. Das Mittel aber, durch welches das Königthum seinen Satzungen Raum schafft, ist das bréfabrot. —

Bréfabrot ist Briefbruch. Mit Bezug auf die Königsurkunden gebraucht demnach Bruch der Königsurkunden. In angewandtem Sinne die Strafe, welche der Bruch der Königsurkunde nach sich zog.

Das Wort ist weder den Rechtsbüchern noch den Landlög bekannt. Und dies erklärt sich aus der ganzen staatsrechtlichen Stellung, welche das Königthum in jenen und auch in diesem einnahm. So lange dem Verfassungsleben der Gedanke zu Grunde lag, dass das Rechtschaffen bei König und Volk liege, waren die Befugnisse des Königs vom Landrechte bestimmte und umgrenzte. Soweit dem Könige also eine Strafgewalt zukam, kam sie ihm vermöge Landrechts zu; soweit die Königsurkunde mit strafrechtlichem Schutze umgeben war, war sie es vermöge Landrechts. Ein „lagabrot“, „Gesetzesbuch“, lag, wenn überhaupt eine strafrechtliche Handlung gegeben war, vor. Aber eine solche strafrechtliche Handlung war in älterer Zeit durch

Verletzung der Königsurkunde allein nicht consummirt. Die Königsurkunde genoss keines höheren Schutzes, als die Privaturkunde. Wie in älterer Zeit auch in ihrer Form sich die Königsurkunde in Nichts von der Privaturkunde unterscheidet, so bezüglich des Schutzes, mit welchem ihr Inhalt umgeben ist. Uns sind leider nur wenige Königsurkunden, welche über die zweite Hälfte des dreizehnten Jahrhunderts zurückreichen, erhalten. Aber sie genügen, um das Fehlen eines formalen und inhaltlichen Merkmales für die ältere norwegische Königsurkunde zu erweisen[1]).

Zuerst tritt das Wort bréfabrot in einer Königsurkunde vom Jahre 1264 auf, durch welche König Magnús Hákonarson das Kloster Munkalif zu Bergen unter seinen Schutz stellt. Hier heisst es:

„Wir verbieten Jedermann, die (Mönche), ihre Knechte oder Dienstleute oder irgend ein Gut, welches denen oder dem Kloster anheimfällt, zu beeinträchtigen. Aber wer sich dessen erdreistet, der wisse, dass er unseren Zorn und Strafe und harte Behandlung erfahren soll, und obendrein mit vollem bréfabrot verantwortlich sein soll“ [2]).

Indessen walten gegen die Echtheit der Urkunde Bedenken ob, vornehmlich, wenn auch nicht allein, wegen ihrer Kenntniss des bréfabrot. Das „volle bréfabrot“ setzt bereits die Geltung des bréfabrot seit Längerem voraus, während doch die Landslög desselben so wenig gedenken, wie die Járnsíða, das Stadtrecht, ja auch noch die Jónsbók. Auch sonst zeigt die Urkunde Auffälliges. Sie weist bereits den der späteren Königsurkunde Norwegens eigenthümlichen vollen Schlussvermerk auf: „Herr Erlendir der Kanzler siegelte, P. schrieb“, während gleichzeitige Königsurkunden entweder von dem Vermerke gar nichts wissen[3]), oder nur den siegelnden Kanzler aufführen[4]). Erst seit ungefähr 1280 zeigt sich der volle Vermerk[5]). Auch der

[1]) Vergl. die im Dipl. Norveg. abgedruckten Königsurkunden.

[2]) Codex Diplomatar. Monasterii St. Michaelis, vulgo Munkalif dicti S. 5.

[3]) D. N. I 60. II 12.

[4]) D. N. XI 2. II 16. IV 2.

[5]) D. N. II 20.

Umstand, dass der Schreiber nur mit dem Anfangsbuchstaben genannt ist, erscheint bedenklich, da eine solche Abkürzung, soweit ich sehe, nur ein einziges Mal in Königsurkunden noch anzutreffen ist [1]). Endlich erweckt die Person des Kanzlers Erlendir Zweifel an der Echtheit der Urkunde. Aus zwei anderen Urkunden [2]) ersehen wir, dass in den Jahren 1264 und 1266 Bischof Askatin von Bergen Kanzler des norwegischen Königs war, und das Nebeneinanderauftreten zweier königlichen Kanzler ist sonst nicht nachweisbar. Aus all' diesen Gründen dürfte die Urkunde als verdächtig anzusehen sein. —

Mit Sicherheit lässt sich das Wort bréfabrot erst seit dem letzten Jahrzehnt des dreizehnten Jahrhunderts nachweisen. Eine Königsurkunde vom 3. März 1293 [3]), durch welche des Gesetzessprechers Sigurðr Urtheil bestätigt wird, enthält das Verbot an jeglichen Mann „dies anzufechten oder Männer zur Anfechtung zu veranlassen . aber der, welcher dies unrechtmässig thut . der wisse gewiss dass er solches dafür verantworten solle, wie die Gesetze bekunden gegen den, welcher unseren Brief bricht und des Gesetzessprechers Spruch anficht". Bemerkenswerth ist hier noch die Bezugnahme auf die Gesetze und die Gleichstellung des bréfabrot mit der Anfechtung des vom Gesetzessprecher gefällten Spruches. Das bréfabrot erscheint noch nicht als vom Landrechte losgelöstes amtsrechtliches Institut. Von nun ab tritt es häufiger auf. Die Urkunde vom 11. Februar 1297 [4]) setzt die Strafe des bréfabrot als Folge der Verletzung eines königlichen Schutzbriefes als bekannt voraus, und in den Urkunden von 1301 [5]), 1304 [6]), 1306 [7]) tritt das bréfabrot in verschiedenen Beträgen als Strafe der Verletzung königlicher Bestätigungsurkunden auf. Im Jahre

[1]) Munkalif S. 63.
[2]) D. N. XI 2. VIII 9.
[3]) D. N. II 33.
[4]) D. N. II 39.
[5]) D. N. IV 52.
[6]) D. N. I 103.
[7]) D. N. IV 65.

1299 taucht in einer Urkunde[1]) der Ausdruck „volles bréfabrot“ auf. In der Gesetzgebung findet er sich 1303[2]). Im Jahre 1315 erfährt das ganze Institut durch König Hákon Magnússon eine einheitliche durchgreifende Regelung. Die Verordnung, durch welches dies geschah, lautet:[3])

„Hakon von Gottes Gnaden (Norwegens König) sendet dem Gesetzessprecher N. N. etc. Manche Leute haben sich häufig bei uns beschwert, besonders die, welche Vollmacht von unserer Seite haben, für uns das bréfabrot einzuklagen: dass ihr keine Busse gegen die urtheilen wollet, die unsern Brief brechen oder die Entscheidungen anfechten, die wir gefällt oder bestätigt haben. Und darum wollen wir, dass du wissest, dass wir so vordem fest bestimmt haben und wollen, dass es so von diesem Tage ab gehalten wird: dass, wer unseren Brief von nun ab bricht, Urtheils-, Schutz- oder Bestätigungsbrief oder andere, die wir Leuten ertheilen zur Stärkung ihrer Rechte oder aus Gnade, wenn auch nicht eine Strafe in unseren Briefen angegeben ist, da wollen wir, dass jeder sachfällig sei zu acht Mark (F: acht Örtugar und dreizehn Mark), wer unsern Brief bricht.

Und so gebieten wir dir, zu urtheilen und Gesetzesspruch zu fällen von jetzt ab betreffs der genannten acht (F: acht Örtugar und dreizehn) Mark gegen Jeden, welcher dessen überführt wird, wie betreffs anderer gesetzlicher Strafen, die im Landrechtsbuche selbst benannt sind, ausser denen, wenn Leute einen Friedensbruch begehen oder Heimsuchungen, Raub oder andere Sachen, die uns nicht so kleine Strafe zu verdienen scheinen, da wollen wir, dass nach dem verfahren werde, wie es das Gesetzbuch bezeugt.“

Bemerkenswerth ist vor Allem die Angabe des Motivs zum Erlasse der Verordnung. Selbst der königliche Beamte trug bis dahin Bedenken, den Bruch der Königsurkunde an sich als eine strafbare Handlung zu betrachten. Deutlich erhellt

---

[1]) D. N. II 53.
[2]) N. G. L. III S. 65.
[3]) N. G. L. III S. 114.

daraus, wie fremd noch der Zeit der Landslög der Gedanke war, dass die Königsurkunde eines besonderen Schutzes geniesse.

Eine Schwierigkeit ergiebt sich bezüglich des Betrages des bréfabrot. Folgt man den meisten H. H., so hat man anzunehmen, dass es acht Mark, folgt man der späten H. F., so gelangt man zu der Annahme, dass es präsumtiv 13⅓ Mark betragen habe. Für die letztere Annahme entscheiden sich die Herausgeber der Norges gamle Love, für die erstere Fr. Brandt [1]). Das handschriftliche Material steht, wie man sieht, auf Brandt's Seite. Gerade die werthvollen H. H., welche bis in die Mitte oder den Anfang des 14. Jahrhunderts zurückgehen, bringen die Lesart: acht Mark, während die eine H. F., welche 13⅓ Mark liest, erst dem Schlusse des 16. Jahrhunderts angehört. Wenn nichtsdestoweniger die Herausgeber in den Noten die Lesart von F. als die richtige, die der anderen H. H. als zweifellos fehlerhaft hinstellen, so thaten sie es mit gutem Grunde. Wirklich scheint die von F. gebrachte Lesart der aller anderen H. H. vorgezogen werden zu müssen. Für sie sprechen zwei Umstände: die Behandlung des bréfabrot in dem norwegischen Urkundenmateriale und die Geschichte der norwegischen Strafgelder. Die norwegischen Königsurkunden kennen zwar auch ein bréfabrot von acht Mark. Allein es tritt bei Weitem nicht so häufig, wie das von 13⅓ Mark auf und es wird nie als Grundbetrag aufgefasst, somit nie verdoppelt, wie das von 13⅓ Mark [2]). Für letzteres brauchen zudem zwei Königsurkunden des Klosters Munkalif [3]) ausdrücklich die Bezeichnung: „volles bréfabrot“, was von dem bréfabrot von acht Mark niemals geschieht. Richtig ist nun, dass beide Urkunden erst der zweiten Hälfte des vierzehnten Jahrhunderts angehören. Aber wir haben keinen Grund, anzunehmen, dass inzwischen eine Veränderung im präsumtiven Betrage des bréfabrot vor sich gegangen sei. Somit werden wir aus den Urkunden zu schliessen haben, dass in allen Fällen, wo die Königsurkunden

---

[1]) Forelæsninger II S. 141.

[2]) Vergl. D. N. II 214. Diplomatarium Suecanum 3423.

[3]) Munkalif S. 10. 11.

bloss vom „vollen bréfabrot" sprechen, die Summe von $13^1/_3$ Mark gemeint ist. Dann aber sinkt die Wagschale zu Ungunsten derjenigen Königsurkunden, welche das bréfabrot von acht Mark enthalten, noch um ein Beträchtliches. Auf der anderen Seite weist auch die historische Entwicklung auf das bréfabrot von $13^1/_3$ Mark hin. Das bréfabrot von $13^1/_3$ Mark ist das auf ein Drittel herabgesetzte Vierzigmarkstrafgeld, welches, wie wir sahen, seinen Ausgang gerade von den Vergehen gegen die königlichen Hoheitsrechte nahm. Das bréfabrot von acht Mark liesse sich aber unmittelbar weder aus dem Vierzig- noch aus dem Fünfzehnmarkstrafgelde ableiten. Nur mittelbar kann es in Verbindung mit dem letzteren gebracht werden. In einigen Fällen setzte nämlich König Hákon Hákonarson das Fünfzehnmarkstrafgeld auf das Viermarkstrafgeld herab, unter welchen sich allerdings der Fall des Urtheilsbruches befand[1]). Als eine Verdoppelung des Viermarkstrafgeldes könnte man das bréfabrot von acht Mark auffassen, wie dies auch Brandt gethan hat. Allein dann müsste mit Brandt für die Zeit vor der Verordnung von 1315 angenommen werden, dass das bréfabrot vier Mark betragen habe. Hierfür liefern aber die norwegischen Königsurkunden vor 1315 keinen Anhalt. Vielmehr tritt in ihnen das bréfabrot von $13^1/_3$ Mark ganz ebenso auf, wie in den späteren Königsurkunden.

Das bréfabrot von $13^1/_3$ Mark ist somit als das präsumtive bréfabrot aufzufassen. Neben ihm treten in den norwegischen Königsurkunden noch Beträge von 10[2]), 8[3]), 4[4]) Mark, 6 Unzen[5]) auf. Eine Beschränkung auf sie lag aber nicht in der Natur der Sache. Jedweder Betrag konnte vom Könige auf die Verletzung seiner Urkunde angedroht werden. Ja, war die Entwicklung einmal soweit gediehen, dass der König seine Urkunde durch ein beliebiges Strafgeld schützen konnte, so

---

[1]) Brandt, Forelæsninger II S. 25.

[2]) II 213.

[3]) D. N. I 103. 310. III 466. Munkalif S. 9.

[4]) D. N. I 378. III 220. 281. 466. N. G. L. III S. 111. 220.

[5]) N. G. L. III S. 186.

mochte er sie auch durch eine beliebige Strafe überhaupt schützen. In der That finden wir neben Bussgeldern auch die Friedlosigkeit angedroht. In der Königsurkunde vom 31. August 1314[1]), durch welche dem jeweiligen Propste der Marienkirche zu Oslo das Kanzleramt übertragen wird, erklärt der König: „Aber wir machen aus königlicher Machtvollkommenheit Jeden, der diese unsere Verordnung verletzt oder andere dazu anstiftet, zum vollen busslosen Manne.“ In der Königsurkunde vom 19. März 1313[2]), durch welche ein Urtheil bestätigt wird, trägt der König den Sysselmännern auf, jeden, der nun das bestätigte Urtheil bräche, friedlos zu legen. Im technischen Sinne bedeutet aber bréfabrot lediglich das Strafgeld, welches auf Verletzung der Königsurkunde steht.

Das bréfabrot dient nicht Königsurkunden bestimmter Art, sondern es dient jeder Königsurkunde. Die Verordnung von 1315 hebt königliche Urtheils-Schutz-Bestätigungsurkunden besonders hervor, um sodann auf Königsurkunden, welche den Leuten zur Stärkung ihrer Rechte oder im Gnadenwege ertheilt werden, allgemein hinzuweisen. Das bréfabrot dient öffentlichrechtlichen Königsurkunden, wie privatrechtlichen. Seinen Ausgang nahm das bréfabrot aber, wie es scheint, von den königlichen Bestätigungsurkunden. Die Stellung des Königs als oberster Wächter des Rechts gab den Anstoss zur Entstehung des bréfabrot. Dem königlich bestätigten Urtheile gebührte ein höherer Schutz, als dem Urtheile des lögmaðr und auch der lögrètta. Auf dem Boden des Landrechts stand ferner der König, wenn er in seiner Eigenschaft als oberste Aufsichtsbehörde über die Rechtsprechung einem Urtheile oder Vergleiche besondere Stetigung verlieh. Es war nicht der Inhalt der königlichen Urkunde, sondern die Strafe, mit welcher ihr Inhalt erzwungen wurde, zunächst eine amtsrechtliche.

Auf dem Gebiete der Rechtsprechung diente das bréfabrot aber im Laufe der Zeit dazu, die königlichen Befugnisse zu erweitern. Durch die Landslög war dem Könige nur die

---

[1]) D. N. I 143.

[2]) D. N. V 58.

oberste Aufsicht über die Rechtsprechung eingeräumt. Dagegen besass er nach den Landslög nicht die Befugniss, in den Rechtsgang gleich in erster Instanz einzugreifen. Die grosse Réttarbòd von 1280, welche eine Revision der Landslög darstellt, bedeutet zwar in dieser Richtung einen Fortschritt gegen die Landslög, indem sie bestimmt: „wo ein Mann gesetzlich zum Könige innerhalb des Landes geladen ist und nicht kommt ohne Hinderungsgründe noch sein Vertreter, da wird er sachfällig mit drei Mark Silber gegen den König“ [1]), aber sie fügt die Einschränkung hinzu: „ausser er habe vorher seine Streitsache unter rechte Untersuchung daheim an den Gesetzessprecher oder den Sysselmann geboten“. Die Angehung des Gesetzessprechers schloss also die königliche Judicatur in erster Instanz aus. Es stand dem Könige nicht frei, die Rechtssache unmittelbar an sich zu ziehen. Im Gegensatz hierzu weisen die Königsurkunden des 14. Jahrhunderts auch Fälle auf, in denen der König Personen unmittelbar vor sich ladet, ohne von jener Einschränkung Erwähnung zu thun. Das Zwangsmittel bildet das bréfabrot. Ebenso finden wir in vielen Urkunden, dass der König durch ad hoc beauftragte Beamte eine Rechtssache aburtheilen lässt. Den Parteien wird bei Strafe des vollen bréfabrot geboten, sich vor die königlichen Richter zu stellen.

Ein Beispiel liefert die Urkunde vom 11. September 1309: „Hakon von Gottes Gnaden Norwegens König sendet dem Herrn Sighvat zu Leirholar, Arnbjörn Prestson, Guđbrand zu Sata und Lođin þorkiælsson Gottes Gruss und den seinen. Der Bauer Hallvarđr zu Stafwin klagte vor uns, dass er nicht Recht erlangt von Arni Jorunnarson wegen seines Wassers, welches er dem Arni verkaufte, und da wir allen Leuten zu Gesetz und Recht zu verhelfen schuldig sind, so fordern wir euch auf, dass ihr so genau wie möglich dies untersucht in Gegenwart, beziehungsweise nach gesetzlicher Ladung Beider, und dass ihr dem Hallvardr so Recht thuet nach den Gesetzen, wie ihr es vor Gott und uns verantworten wollet. Wir fordern den Arni auf, nach Aal an dem Tagfahrtstag zu kommen, den

[1]) N. G. L. III 5. 6.

ihr ihm setzet, und alles das zu halten, was ihr zwischen denen urtheilt, sofern er uns nicht mit vollem bréfabrot verantwortlich sein will[1])."

Der König zieht ferner nun Rechtssachen unter seine ausschliessliche Rechtsprechung.

Urkunde vom 23. Juni 1349:

„Nos Magnus dei gracia rex Suecie Norvegie et Scanie . prohibemus sub optentu gracie nostre firmiter per presentes, nequis cuiuscunque condicionis status aut eminencie fuerit, exhibitorem presentis dilectum nobis Nicholaum Pætersson super causis per dicretos viros Asbernum Halstensson et Thorstanum Jonsson, quos ad hoc speciales judices deputavimus, sufficienter discussis contra tenorem literarum ipsorum presentibus annexarum quomodolibet inquietare presumat, presertim cum siquis querimonias in hac parte contra dictum Nicholaum movere contingat, ipsas examini nostro et discussioni specialiter volumus reservari[2])."

Der König erzwingt weiter durch das bréfabrot die Erfüllung des Urtheils.

Urkunde vom 27. August 1335:

„Magnús von Gottes Gnaden Norwegens, der Swear und Götar König sendet der þora, Wittwe des Guđbrandin Guđbrandsson, dem þorbjörn und Jon, Schwägern des Guđbrandin und Vertretern seiner Kinder — Gottes Gruss und seinen. Das ist unser vollkommner Befehl und wahrer Wille, dass ihr nach Lautin kommet, innerhalb zweier Monate von da ab, wo ihr diesen unsern Brief gesehen oder vernommen habt, dort die Urtheilssumme zu bezahlen, die als abuđafall (Strafe für schlechte Bewirthschaftung) für das Grundstück Lautin zugeurtheilt ist laut Zeugniss des Urtheilsbriefes, der diesem unseren Briefe anbei folgt. Wisset wohl, wenn ihr nicht am benannten Tage kommet und euch recht verantwortet, dass ihr uns 10 Mark bréfabrot bezahlen und doch späterhin Recht thuen sollet[3])."

---

1) D. N. II 100, vergl. 453.

2) D. N. III 269.

3) II 213.

Das bréfabrot ist in diesem Falle ein stärkeres Zwangsmittel, als das landrechtliche dómrof, welches auf nur vier Mark ging.

Das bréfabrot dient ferner dazu, einstweilige Verfügungen während des Rechtsstreites vor gefälltem Urtheile durchzusetzen. Und von hier ab ist nur ein Schritt dahin, durch das bréfabrot Handlungen, zu deren Vornahme Jemand rechtlich verpflichtet ist, zu erzwingen, auch ohne dass ein Rechtsstreit nach Landrecht erhoben ist. Wie wir in Schweden wahrnahmen, dass sich ein schleuniges Schuldbeitreibungsverfahren mit Hilfe des Vierzigmarkstrafgeldes im Königsgerichte ausbildete, so finden wir in Norwegen das bréfabrot als Zwangsmittel zur Beitreibung liquider Schulden ohne förmliche Klageerhebung.

Urkunde vom 15. Januar 1335:

„Magnús von Gottes Gnaden Norwegens, der Swear und Götar König, sendet allen den Männern, welche diesen Brief sehen oder hören Gottes Gruss und den seinen. Das ist unser vollkommner Befehl und wahrer Wille an alle die Leute, welche der Kirche in Bergen und dem Bischofe, ihrem Vorstande, alte oder neue Schulden zu zahlen haben, worin das auch ist und er gesetzlichen Beweis erbringt — dass jeder, welchen Standes oder Ranges er auch sei, die ihm oder seinem Vertreter mit guter Bereitschaft innerhalb eines Monats von dem Zeitpunkte ab bezahlt habe, wo sie diesen unsern Brief gesehen oder gehört haben, wissend für wahr, dass wer diesen unseren Befehl unberücksichtigt lässt, uns mit 4 Mark bréfabrot verantwortlich sein soll und doch später die Schuld bezahlen soll[1]."

In einer Urkunde vom 3. Mai 1339 nimmt König Magnús seine Mutter, die Herzogin Ingeborg, mit all' ihrem Vermögen unter seinen Schutz. Zugleich erklärt er:

„Das befehlen wir auch allen den Männern hier, welche ihr Schulden zu bezahlen haben, kleinere oder grössere, dass sie ihr oder ihrem Vertreter die alle mit guter Bereitschaft innerhalb des Monates, nachdem sie diesen unseren Brief gehört haben, bezahlt oder irgend eine gesetzliche Sicherheit dafür

[1]) II 210.

gestellt haben. Aber wer anders handelt, soll uns mit acht Örtugar und 13 Mark bréfabrot verantwortlich sein und doch die Schuld zahlen, wenn es auch später geschieht[1]."

In einer Urkunde vom 24. Januar 1367[2]) befiehlt König Hákon den Bewohnern der äusseren Schiffsrhede von Follo, gewisse Abgaben an die Marienkirche zu Oslo bei vier Mark bréfabrot innerhalb eines halben Monates zu bezahlen. Fünf oder sechs Jahre darauf wiederholt er den Befehl[3]). Unter acht Mark bréfabrot wird am 6. December 1384[4]) ein königliches Gebot an alle Schuldner der gleichen Kirche zur Zahlung ihrer Schulden innerhalb eines halben Monats erlassen. Am 4. Juli 1343[5]) fordert König Magnús bei vier Mark bréfabrot die Bauern des Kirchspiels Brekka in Jämtaland auf, an die königliche Kapelle in Sund einen „Sundamale" genannten Zoll zu entrichten. Weitere Fälle sind im Dipl. Norveg. aufzusuchen[6]). Es ergiebt sich aus ihnen, dass die Rolle, welche das bréfabrot auf diesem Gebiete spielte, sich durchaus nicht auf Geldschulden einschränkt. Handlungen jeder Art erzwingt der König durch das bréfabrot.

In dieser Function dient das bréfabrot nicht mehr den reinen Zwecken der Rechtsprechung, sondern bereits den Zwecken der Verwaltung. Insbesondere, wo es sich um öffentlich-rechtliche Verpflichtungen handelte, als Zahlung von Zöllen, Zehnten, welche notorisch seit Menschengedanken zu Recht bestanden, waltet der Gedanke ob, dass der König als Handhaber der Executive, nicht als Richter auftritt. Auch hier, auf dem Gebiete der Verwaltung, erweitert das bréfabrot die königlichen Rechte. In der Zeit vor den Landslög und auch noch in diesen waren die königlichen Rechte durch das Landrecht genau abgegrenzt. „Der König soll beschliessen über Aufgebot und Verkehrsverbot und beschliessen nach den Gesetzen" heisst

---

[1]) II 233.
[2]) II 390.
[3]) II 430.
[4]) II 487.
[5]) III 220.
[6]) Vergl. IV 99. 216. 285. 448. V 27. VI 73. 196. 266.

es in den Frþl.[1]) und die Landslög[2]) drücken sich energischer dahin aus: „In desselben Jesus Christus Namen soll unser gesetzlicher König von Norwegen, sein Diener, beschliessen über Aufgebot und Verkehrsverbot und über unsere Ausrüstungen und er beschliesse nach den Gesetzen und nicht wider die Gesetze, Gott zum Lobe und Preise, sich zum Gewinn und uns nach Bedürfniss." Und mit Bezug auf die Besteuerung heisst es gleich darauf[3]): „Keine allgemeinen Zölle soll der König auf uns legen oder seine Vertreter, nicht Gaben noch Bewirthungen noch Hengstfütterung noch Holzschlag . . . ausser den Reitthieren und den anderen Unterthanenpflichten, wie sie das Gesetzbuch bezeugt." Ein Verordnungsrecht ist dem Könige nicht beigelegt. Ueberall sucht das Gesetzbuch vorsorgend einzugreifen. Dagegen ist im jüngeren Stadtrechte dem Könige ein Verordnungsrecht eingeräumt. Es heisst in dem Abschnitte über die Städteordnung[4]):

„Alle die Vereinbarungen, welche wir mit Handreichung und auf dem Mote unter uns treffen über Käufe oder Verkäufe oder anderes dem Gleiches, was unserer Stadt zukommt, das soll alles zwischen uns Geltung haben, wenn nicht das Gesetzbuch dagegen spricht. Strafbar ist Jeder mit einer halben Mark, welcher das bricht, sofern dem Könige nicht ein Anderes richtiger erscheint."

Den Stadtleuten ist damit Autonomie bezüglich ihrer städtischen Angelegenheiten, insbesondere bezüglich des Handels gewährt, soweit die Satzungen nicht gegen das gemeine Stadtrecht verstossen. Ueber ihnen steht mit Controlbefugniss der König. Er kann die ungesetzliche Vereinbarung vernichten, er kann aber auch etwas Richtigeres an die Stelle der gesetzlichen oder ungesetzlichen Vereinbarung setzen. Von diesem Verordnungsrechte haben die Könige denn auch umfassenden Gebrauch gemacht. Die Ordnung des Handels in den See-

---

[1]) VII 1.
[2]) III 1.
[3]) a. a. O.
[4]) VI 2.

städten, die Aufrechterhaltung des Friedens im Weichbilde, die Regelung des Handwerkswesens, der Kleidertrachten geschieht durch königliche Verordnungen. Wichtige, umfassende Satzungen werden dagegen nach wie vor erst auf dem Mot angenommen, bevor sie Rechtens werden. Beispiele bringen die in Bd. III der Norges gamle Love abgedruckten Verordnungen vom 16. September 1282, 9. Februar 1302 und vom 24. Januar 1377. Ein Theil der königlichen Verordnungen bezieht sich auf Ausländer, welche als Kaufleute und Handwerker in den Seestädten bekanntlich eine grosse Rolle spielten. Hier war die Befugniss des Königs zum Erlasse von Verordnungen ohnedies unbestritten.

Für das Land sind Verwaltungsverordnungen des Königs weniger zahlreich. Für die Hochlande regelt durch Verordnung vom 9. Februar 1291 König Hákon die Taxen für den Arbeitslohn. Verordnungen von 1299, 1303, 1311 beschäftigen sich mit dem Handel auf dem Lande, dem Pass- und Münzwesen. Später werden sie zahlreicher. Ein Theil der in Norges gamle Love abgedruckten Verordnungen richtet sich an die königlichen Beamten und Dienstleute, welche zum Könige naturgemäss in einem strengeren Abhängigkeitsverhältnisse standen. Die Hirđskrá[1]) bestimmt: „Wenn irgend ein Dienstmann des Königs die Gesetze an irgend einem seiner Unterthanen bricht und nicht nach Beschluss des Sysselmanns und Entscheidung des Gesetzessprechers büssen will, da ist er von selbst aus dem Dienste gesagt, da er des Königs Eid und seinen eigenen brach, aber der Sysselmann soll an den König die Verhältnisse, wie sie liegen, berichten, der König aber verfüge sodann, wie er will, mit guter Männer Rath, und lege die Gnadenbestimmung auf, die ihm am geeignetesten scheint, wenn der vor ihn kommt.“ Die königlichen Verordnungen richten sich an die Beamten und Dienstleute als Mitglieder der königlichen hirđ oder als königliche Beamte. Sie bewegen sich also entweder innerhalb des Dienstmannenrechts oder sie sind Instructionen für die Aemterführung gegenüber den Unterthanen. Die letzteren waren naturgemäss mittelbar von grösserer Be-

---

[1]) 34.

deutung für das Landrecht. Eine Verordnung vom 28. August 1315 weist ein lehrreiches Beispiel auf, wie der König gegenüber seinen Beamten vermittelst des bréfabrot eine straffere Aufrechterhaltung des Friedens zu erzielen sucht, während er gegenüber den Unterthanen sich mit dem Hinweise auf das Landrecht beschränkt.

„Wir haben vernommen von den besten Männern in der Reichsregierung in allen Theilen des Landes, dass Leute, die solch' schandbare Werke thuen, wie Menschentodtschlag oder anderes Zuchtlose begehen, worauf Friedlosigkeit steht, sich daheim festsetzen in die Dörfer ohne unseren oder eines anderen rechtschaffenen Mannes Brief, und dass ein Theil von denen, welche von uns zu endgiltigem oder vorläufigem Frieden Brief nehmen, sich damit so berühmen, dass sie weder den Verwandten Busse, noch dem Könige das Unterthanengeld zahlen wollen . . . . und weil es unangemessen ist, dass bei ihnen so grosse Frechheit in ihren Uebelthaten geduldet wird, fordern wir unsere Sysselmänner, Dienstleute und alle Allgemeinheit auf, so sorgsam wie möglich darnach zu sehen, zu verhüten, dass solche Leute in den Dörfern absichtlich weiter oder länger sich aufhalten, als unser Landaufenthalts- oder Friedensbrief bezüglich der Erlegung von Busse an die Verwandten und des Unterthanengeldes an den König bekunden. Jeder Sysselmann, welcher diesen unseren Befehl verabsäumt, oder es unterlässt, auf die benannten Schandthäter und Friedensbrecher Acht zu geben, wisse sicher, dass er unsere wahre Ungnade sich zuziehen und uns ausserdem acht Örtugar und dreizehn Mark bezahlen soll. Aber jeder Dienstmann oder andre vorbenannte Mann, welche überführt werden, dass sie ruhig zusehen und nicht dem Sysselmanne oder seinem Vertreter Kunde bringen und nicht ihm beistehen, Recht zu thun, soll unserer wahren Ungnade sich verantworten und dem Könige vier Mark bréfabrot büssen. Aber die Bauern und die Allgemeinheit büssen solches dafür, wie das Gesetzbuch bekundet, wenn sie die verbergen und nicht dem Sysselmanne oder seinem Vertreter das so bald sagen, als sie mögen.“

In der Androhung eines besonderen bréfabrot an die Bauern hätte eine Abänderung des Landrechts gelegen, welche schwerer empfunden und geduldet worden wäre. Dagegen vermag den Sysselmännern und Dienstmännern der König ihre Obliegenheit durch das bréfabrot schärfer einzuprägen, weil für sie das „Gesetzbuch“ weniger, als das Dienstmannenrecht in Betracht kam.

Spät wird das bréfabrot auf dem Gebiete der Gesetzgebung thätig. Die Aufstellung von eigentlichen Rechtsnormen ohne Hinzuziehung des Volkes erscheint noch lange nach den Landslög als ein Uebergriff der königlichen Macht über die ihr gesteckten Grenzen. Die grösseren Gesetze sehen wir denn ausdrücklich in ihrer Einleitung oder am Schlusse erklären, dass sie vom Volke angenommen seien. Der Annahme mochte es gleich erachtet werden, wenn das Volk sich an den König mit der Bitte um Regelung gewisser Verhältnisse in gesetzlichem Wege gewandt hatte und daraufhin der König Normen erliess, wie z. B. in der grossen Réttarbòd für Hedemarken und Thoten von 1293. Auch dann, wenn das alte Verhältniss zwischen König und Volk durch innere Unruhen Störungen im Gleichgewichte erfahren hatte, mochte das Königthum seine thatsächlich überlegene Stellung verwerthen, wirkliches Recht ohne Zustimmung des Volkes zu setzen, wofür die grosse Réttarbòd für Hadaland von 1297 ein lehrreiches Beispiel liefert. Im Ganzen empfand das Rechtsbewusstsein des Volkes die einseitige königliche Gesetzgebung aber noch als Kränkung. Erst seit der Mitte des vierzehnten Jahrhunderts scheint der Grundsatz, dass der König auch einseitig Recht schaffen kann, sich unbedingte Anerkennung errungen zu haben. Erst seit dieser Zeit tritt denn auch das bréfabrot in umfassenderen Gesetzen auf.

Verfolgen wir den Entwicklungsgang, welchen das bréfabrot durchmacht, sowie die Bedeutung desselben im norwegischen Staatsrechte, so drängt sich naturgemäss dem Blicke die Vergleichung mit dem fränkischen bannus auf. Wie der fränkische bannus, wurzelt das bréfabrot nicht im Volksrechte, sondern tritt in Gegensatz zu ihm. Wie jener, wirkt es auf den verschiedenartigsten Gebieten des Verfassungslebens, die königlichen Rechte erweiternd und stärkend. Gleich dem fränkischen bannus ist es in seinen Beträgen wechselnd. Ja auch die Uebertragung des fränkischen bannus an Andere zur selbständigen Verhängung und Einziehung hat das bréfabrot in späterer Zeit durchgemacht. Im Jahre 1343 verleiht König Magnús den Kreuzbrüdern der Marienkirche zu Oslo das Privilegium, „sich selbst zu Handen alle die bréfabrot einzuklagen, die abfallen können aus Zuwiderhandlungen gegen die Briefe und Privilegien, welche unser Muttervater guten Angedenkens oder wir der vorbenannten Marienkirche gegeben haben" [1]), und einmal sehen wir einen Bischof geradezu das bréfabrot androhen, ohne dass ersichtlich ist, dass er in Vertretung des Königs handelt. Dass das bréfabrot aber eine Tochter des bannus wäre, ist gänzlich ausgeschlossen. Die Zeit, in welcher es entstand, seine auf Norwegen beschränkte Geltung, endlich die organische Entwicklung, welche es aus dem älteren norwegischen Staatsrechte entstehen liess, erweisen seine bodenständige Natur. So ist es ein höchst lehrreicher Beleg, wie unter gleichen Bedingungen unbeeinflusst von einander gleiche Gebilde in der Welt des Rechtes zu Entstehung gelangen.

§ 24.

Rückblick.

In mehrfacher Hinsicht unterscheidet sich die Entwicklung des norwegischen Königsfriedens von der Entwicklung des dänischen und vor allem des schwedischen Königsfriedens.

Jener Antagonismus zwischen Landschaft und Reich, welcher in Schweden die Quelle lebhafter Gegensätze wurde und welcher auch in Dänemark sich bemerkbar machte, trat in Norwegen nicht hervor. Nicht ohne Grund spricht man von Provinzialrechten Norwegens, von Landschaftsrechten Dänemarks und Schwedens. So in sich abgeschlossene Rechtsgenossenschaften, wie die schwedischen Landschaften, stellen die Ver-

[1]) V 165.

bände der norwegischen lögþíng nicht dar. Jedweder von ihnen besass zwar ein eigenes Recht, aber dieses Recht war doch vom Einheitsgedanken beherrscht und durchdrungen. Die Thatsache, dass es eine Friedlosigkeit über das lögþíng hin in Norwegen nicht giebt, sondern dass die Friedlosigkeit sich über das ganze Reich hin erstreckt, spricht am besten für das Aufgehen des lögþíng im Gesammtstaate.

Baute sich also das norwegische Grosskönigthum von vornherein nicht bloss über den einzelnen Landschaften auf, sondern durchdrang es deren Gliederung, so hatte es nicht mehr nöthig das durchzusetzen, was das schwedische und dänische Grosskönigthum im dreizehnten Jahrhundert erstrebte, aus einem Staatenbunde einen Einheitsstaat herzustellen, an Stelle des Friedens der Landschaft einen Frieden des Reiches zu setzen. Es war von vornherein der Wächter des Friedens für das Reich und es konnte in ruhiger, allmählicher Entwicklung dieser seiner Aufgabe gerecht werden. Von hier aus erklärt sich, warum die Entwicklung des norwegischen Königsfriedens nicht in scharfen Wendungen, wie die des schwedischen Königsfriedens sich bewegt, sondern ohne Gegensätze langsame Fortschritte macht.

Das Resultat dieser Entwicklung ist aber in zwiefacher Beziehung ein anderes, als das Resultat der Entwicklung in den Nachbarländern.

Einmal bildet das norwegische Königthum kein allgemeines Königsgericht aus, wie das schwedische und dänische rættaræþíng. Der norwegische König wird oberster Wächter über das Recht, aber er wird nicht allgemeiner Urtheiler. Darum ist von dem anziehenden Schauspiele des Kampfes zwischen Königsgericht und Volksgericht, königsgerichtlichem und volksgerichtlichem Verfahren, in Norwegen nichts zu bemerken. Darum findet eine Einführung von Reformen in das volksgerichtliche Verfahren durch das Königsgericht nicht statt. Norwegen hat sich in dieser Beziehung reiner den alten Standpunkt erhalten, als seine Nachbarländer. Es hielt länger die Scheidung zwischen urtheilender und verwaltender Gewalt fest, als jene. Indem es die urtheilende Gewalt principiell bis zum Schlusse unserer Periode beim Volke liess, theilte es aber die verwaltende Gewalt in stärkerem Umfange dem Königthume zu, als seine Nachbarländer.

Mit diesem letzteren Umstande hängt es zusammen, dass auf der anderen Seite das norwegische Königthum allein ein eigenes amtsrechtliches Institut im bréfabrot ausbildete. Wir sahen, dass auch die dänische und schwedische Königsurkunde der späteren Zeit einen erhöhten Schutz gegenüber der Privaturkunde geniessen konnte, aber ein typischer Name hierfür fand sich in Dänemark und Schweden nicht vor. Das Recht des Königs, den Inhalt seiner Urkunden durch ein eigenes Strafmittel zu erzwingen, hat sich in Dänemark und Schweden nicht zu einem amtsrechtlichen Institute mit eigenem Namen verdichtet. In dieser Beziehung ist die Entwicklung über die der Nachbarländer hinausgegangen. —

Sieht man von diesen in die Augen fallenden Abweichungen ab, so bietet im Uebrigen die Entwicklung des norwegischen Königsfriedens das Seitenstück zu der Entwicklung des schwedischen und dänischen Königsfriedens dar. Hier wie dort ursprünglich das Königthum ein Organ im starren Frieden des Volksrechtes mit genau abgemessenen Befugnissen, von denen in Norwegen nur die Rechte auf das Ächtergut und auf Strafgelder sicher sind, jedoch so, dass auch an diesen neben dem Könige die Bauernschaft vielleicht Theil hatte. Dann Umwandelung der alten Friedlosigkeit in die neue, milde Friedlosigkeit. Damit Erwerb der formalen Friedensgabe durch das Königthum, zuerst vielleicht unter Mitwirkung der Thinggemeinde, dann aber zu alleiniger Ausübung. Dann Fortfall des Antheilsrechtes der Bauernschaft am Ächtergute und Strafgelde, so dass diese dem Könige allein zufielen. In einer weiter vorgeschrittenen Periode Ausbildung eines eigenen Königsfriedens, Ausbildung des Begnadigungsrechtes, Ausbildung eines objectiven Friedens des Königs neben dem Frieden des Volksrechtes.

War in Schweden mit Sicherheit, in Dänemark mit annähernder Sicherheit die historische Mission, den alten Zustand in den neuen umzuwandeln, dem Vierzigmarkstrafgelde zuzuschreiben, so lagen die Verhältnisse nicht gleich klar in Norwegen. Ein so in sich abgeschlossener Kreis von „Vierzigmarksachen“, wie ihn Schweden und Dänemark aufwiesen, war in Norwegen nicht nachweisbar. Aber die spätere Entstehung des Vierzigmarkstrafgeldes wird auch für Norwegen durch dessen Fehlen in Island und dessen Ausbreitung in Norwegen zweifellos gemacht. Die nahe Beziehung des Vierzigmarkstrafgeldes zur útlegð trat auch in Norwegen hervor und die Verwendung des Vierzigmarkstrafgeldes beim bréfabrot gab einen deutlichen Fingerzeig für seine ursprüngliche Bedeutung. Die Vergleichung mit den schwedischen und dänischen Verhältnissen dürfte endlich jeden Zweifel darüber heben, dass auch in Norwegen das Vierzigmarkstrafgeld der Hebel war, vermittelst dessen der Grosskönig seine eng begrenzten Befugnisse innerhalb des Volksfriedens erweiterte und sich zum Träger des Friedens vermöge Volksrechts emporschwang, schliesslich einen objectiven Frieden neben dem Volksfrieden sich schuf.

---

§ 25.

Zusammenfassung. Schlussbemerkungen.

Zwei Perioden schied die Darstellung des Königsfriedens in den drei skandinavischen Reichen von einander.

Die erste Periode kennzeichnet der Mangel eines Königsfriedens. Sie ermangelt eines objectiven Königsfriedens, sowohl eines gemeinen als eines Sonderkönigsfriedens. Aller objective Friede ist ihr Volksfriede. Sie ermangelt eines Königsfriedens im Sinne des durch die Anwesenheit des Königs erhöhten Friedens. Sie ermangelt muthmaasslich sogar eines subjectiven Sonderkönigsfriedens. Der König geniesst in ihr als Angehöriger einer bestimmten Kategorie von Rechtsgenossen, nicht als König, eines erhöhten Friedens. Sie ermangelt muthmaasslich endlich eines Königsfriedens in dem am Eingange gerügten missbräuchlichen Sinne. Der König erhält Friedensgelder und Strafgelder nicht neben dem Verletzten allein, sondern neben ihm steht die Bauernschaft als antheilsberechtigt an Friedensgeld und Strafgeld.

Diese erste Periode beherrscht das System der strengen Friedlosigkeit für die schweren Friedensbrüche, das Duodecimalsystem von Strafgeldern mit dem Grundbetrag des Dreimarkstrafgeldes für die leichten Missethaten.

Das System der strengen Friedlosigkeit gewährt in seiner Starrheit der Willkür des Königs keinen Spielraum. Damit der Verbrecher in den Frieden wieder gelangen kann, bedarf er des Beschlusses der Volksgemeinde allein oder in Verbindung mit dem Könige.

Diese erste Periode beherrscht das Vortreten der einzelnen Landschaften oder Volkslande. Insbesondere ist der Friede ein Friede der Landschaft, die Friedlosigkeit höchstens eine Friedlosigkeit über die Landschaft hin.

In dieser ersten Periode ist der König demnach nichts weiter als ein Organ im Frieden der Landschaft. Er wird nach Volksrecht thätig, er übt die ihm zustehenden Befugnisse vermöge Volksrechtes aus, er wird vom Volksrechte in seinen Befugnissen bis ins Kleinste umgrenzt und überwacht.

Dieser ersten Periode fehlt in Uebereinstimmung damit auf dem Gebiete des Friedens ein Königsgericht. Wie es nur einen Volksfrieden giebt, so giebt es nur ein Volksgericht. Und wie dieser Volksfriede ein starrer ist, so ist das volksgerichtliche Verfahren ein formstrenges. Im formstrengen Verfahren des Volksgerichtes muss auch der König sein Recht suchen. —

Diese erste Periode reicht in Schweden und Dänemark weit über die Zeit des Kleinkönigthums hinaus. Das Grosskönigthum hat in Dänemark und Schweden keinen Umschwung gebracht. Es hat nur die einzelnen Landschaften zu einem Staatenbunde vereinigt, welcher das verfassungsmässige Leben der einzelnen Landschaften unberührt liess. Nach wie vor bleibt der Friede ein Volksfriede der Landschaft mit dem volksgerichtlichen Verfahren der Landschaftsthinge. Was die einzelnen Kleinkönige an Befugnissen besassen, vereinigt nun der Grosskönig in seiner Hand. Aber er vereinigt es nicht aus dem einheitlichen Grunde seines Grosskönigthums heraus, sondern als Nachfolger der einzelnen Kleinkönige. Er ist in jeder Landschaft das Organ dieser Landschaft. Das Maass seiner

Befugnisse ist deshalb nicht ein einheitliches. Es richtet sich in jeder Landschaft nach dem Rechte dieser Landschaft. —

In Norwegen endet diese erste Periode dagegen mit dem Kleinkönigthume. Mit dem Grosskönigthume hebt hier sofort die zweite Periode an. In Schweden hebt die zweite Periode erst in der Mitte des dreizehnten, in Dänemark am Wendepunkte des zwölften und dreizehnten Jahrhunderts an.

In der zweiten Periode entfaltet sich nach und nach ein Königsfriede. Es entsteht ein subjectiver Sonderkönigsfriede, welcher den König aus dem Kreise der Rechtsgenossen heraushebt. Es entsteht im Anschlusse hieran ein Königsfriede im Sinne eines durch die Anwesenheit des Königs erhöhten Friedens. Es verdrängt der König in Dänemark und Norwegen die Bauern völlig von ihrem Antheile am Strafgelde, während er in Schweden sich wenigstens „Einsachen" schafft. Es entsteht schliesslich ein objectiver Friede des Königs neben dem Frieden der Landschaft, in Schweden und Dänemark als Ausnahme, in Norwegen sich zu dem Institut des bréfabrot verdichtend.

Diese zweite Periode beherrscht das System der milden Friedlosigkeit oder des Vierzigmarkstrafgeldes für die schweren Friedensbrüche.

Das System der milden Friedlosigkeit lässt dem Könige die formale Friedensgabe zunächst in Verbindung mit der Thinggemeinde, sodann allein. Damit erscheint der König als Träger des Friedens zunächst vermöge Volksrechts. Aber im Laufe der Zeit entwickelt sich hieraus sein Begnadigungsrecht.

In dieser zweiten Periode tritt das Reich in den Vordergrund. Neben den Frieden der Landschaft tritt ein Friede des Reiches. Die Friedlosigkeit über die Landschaft verwandelt sich in eine Friedlosigkeit über das Reich.

In dieser zweiten Periode entwickelt sich ein Königsgericht, aber in den drei skandinavischen Ländern in verschiedenem Umfange. In Schweden geht die Entwicklung am schnellsten und einschneidendsten vor sich. Es entsteht dort in kurzer Zeit ein Königsgericht mit oberster und mit allgemeinster Zuständigkeit, von welchem Reformen in der Verfassung und im Verfahren des Volksgerichtes herrühren.

In Dänemark sehen wir ebenfalls ein allgemein zuständiges Königsgericht in die Erscheinung treten, ohne dass dessen Wirksamkeit die gleich einschneidende ist.

In Norwegen aber hält sich die Rechtsprechung noch lange Zeit, nachdem das Königthum auf dem Gebiete des Friedens eine dominirende Stellung sich errungen hat, beim Volke. Erst am Schlusse des 13. Jahrhunderts erlangt der norwegische König die Stellung eines obersten Wächters über das Recht. Ein allgemein zuständiges Königsgericht gelangt dagegen in Norwegen nicht zur Entfaltung.

In allen drei skandinavischen Reichen sahen wir das Vierzigmarkstrafgeld bei der Ausbildung des Königsfriedens eine grosse Rolle spielen. Vermöge des Vierzigmarkstrafgeldes wird der König seinen wachsenden Aufgaben auf dem Gebiete des Friedens gerecht. Der Sonderfriede der Königseidgesetzgebung und der Gehorsam gegen das königsgerichtliche Urtheil wird in Schweden durch das Vierzigmarkstrafgeld erzwungen, die Vierzigmarksachen sind in Dänemark die schweren Friedensbrüche, das auf ein Drittel herabgesetzte Vierzigmarkstrafgeld ist in Norwegen der Grundbetrag des bréfabrot. In allen drei skandinavischen Staaten löste das Vierzigmarkstrafgeld die strenge Friedlosigkeit ab oder leitete sie in die milde Friedlosigkeit hinüber. In allen drei skandinavischen Staaten breitete sich das Vierzigmarkstrafgeld mit der wachsenden Bedeutung des Königthums aus.

Bevor wir unsere Darstellung schliessen, wird es deshalb nöthig sein, auf die Frage nach dem Ursprunge des Vierzigmarkstrafgeldes hier kurz einzugehen. Grundsätzlich wurde dies deshalb bisher vermieden, weil die Beantwortung der Frage nicht gut möglich war, so lange nicht die Stellung dieses hohen Strafgeldes in den einzelnen Reichen erörtert war. Nachdem das einschlägige Material nunmehr gesammelt ist, kann an die Aufgabe herangetreten, sie ihrer Lösung wenigstens näher zu führen, versucht werden.

Wilda bemerkte in seinem Strafrechte der Germanen [1]) bereits, dass das Strafgeld „von 40 Mark über den ganzen skandina-

---

[1]) S. 442.

vischen Norden sich verbreitete" und sprach für Norwegen die Vermuthung aus: „Alle die vielfachen Stellen, worin die Busse von 40 Mark an den König vorkommt, scheinen erst später in die altnorwegischen Gesetzsammlungen gekommen zu sein. Diese Busse hat vielleicht ihren Ursprung in einer nicht erhaltenen Friedenssanction." Diese Sätze werden durch die vorhergehenden Erörterungen nicht bloss bestätigt, sondern auch wesentlich ergänzt sein. Indem wir das Vorgetragene zusammenfassen, werden wir dem Ursprunge unseres Strafgeldes näher zu kommen vermögen.

Am deutlichsten liegt uns die Entwicklung in Schweden vor. Das ältere Westgötalag und das Gotlandslag gewähren uns die nöthige Controle, über den Ursprung des Vierzigmarkstrafgeldes in Schweden ins Klare zu kommen. Beide kannten, wie wir sahen, das Vierzigmarkstrafgeld nur in ganz wenigen Fällen, deren späterer Ursprung anzunehmen war. Bedeutsam war es insbesondere, dass im älteren W. G. das Vierzigmarkstrafgeld nur bei dem Todtschlag an einem ausländischen Schweden zu Grunde gelegt wurde unter Befreiung von der Geschlechtsbusse. Deutlich prägte sich darin sein später Ursprung und fremder Charakter aus.

Bedeutsam war es ferner, dass in dem fremdem Einflusse offenen Stadtrechte von Gotland das Vierzigmarkstrafgeld bei Todtschlag lange Zeit bereits in Geltung war, als das Landrecht von Gotland noch an dem Duodecimalsystem festhielt.

Von aussen her, können wir mit Sicherheit sagen, ist das Vierzigmarkstrafgeld Schweden zugekommen. Und da das ältere W. G. es nur in wenigen Fällen zeigt, da auch das gotländische Landrecht so gut wie frei von ihm ist, kann das Eindringen dieses Strafgeldes nicht gut vor dem 13. Jahrhundert stattgefunden haben.

Steenstrup hat in seinem Danelag[1]) freilich eine entgegengesetzte Meinung aufgestellt. Er geht davon aus, dass das alte Wergeld des skandinavischen Nordens 40 Mark betragen habe, und sucht für Schweden diese Meinung nachzuweisen. Aber dieser Nachweis gelingt ihm nur für diejenigen Svearechte,

[1]) S. 285 ff.

welche keine Geschlechtsbusse mehr kennen. Bei den Götarechten und dem Helsingelag geräth er entweder in Schwierigkeiten oder er muss geradezu eine abweichende Bildung zugeben. Wir nehmen, im Gegensatze zu ihm, die Sätze der Götarechte und des Helsingelag, weil sie die alterthümlicheren sind, als die ursprünglicheren an, und finden in ihnen einen Beweis für den von uns vertretenen, späteren Ursprung des Vierzigmarkstrafgeldes.

Scheidet somit Schweden von vornherein bei der Frage nach dem Ursprunge des Vierzigmarkstrafgeldes aus, so bleiben uns Norwegen und Dänemark übrig. Führt man in beiden Ländern das Vierzigmarkstrafgeld auf einen einheitlichen Akt der Gesetzgebung zurück, da Island das Vierzigmarkstrafgeld nicht kennt, so gelangt man frühestens auf die Zeit von Knut dem Grossen, welcher England, Dänemark und Norwegen unter seinem Scepter vereinigte, dann auf die Zeit seines Sohnes Sveinn, auf welchen die Heimskringla[1]) ja auch gesetzgeberische Akte zurückführt.

Führt man sie dagegen nicht auf einen einheitlichen Akt zurück, so fragt es sich, von welchem von beiden Ländern aus das Vierzigmarkstrafgeld seinen Ausgang nahm, und wann und wo es in dem Mutterlande in das Leben trat.

Gegen die gleichzeitige Entstehung des Vierzigmarkstrafgeldes in Dänemark und Norwegen spricht nun entscheidend, dass das Anwendungsgebiet des Vierzigmarkstrafgeldes in Dänemark sich durchaus nicht mit dessen Anwendungsgebiet in Norwegen deckt und dass sowohl in Dänemark, wie in Norwegen die einzelnen Rechtsquellen in den Anwendungsfällen des Vierzigmarkstrafgeldes unter einander variiren.

In Dänemark sahen wir, wie es in dem Rechtsbuche von Schonland nur ausnahmsweise auftrat, dann in den Rechtsbüchern von Seeland an Umfang gewann, endlich im jütischen Königsgesetze das regelmässige Strafgeld für die schweren Friedensbrüche wurde. In Norwegen besass es ein weiteres Geltungsgebiet in den Gulaþingslög, als in den Frostaþingslög und trat, wie es schien, allmählich an die Stelle des Fünfzehnmarkstrafgeldes. Auch lässt sich nicht behaupten, dass der

---

[1]) Olafs s. h. h. $^{253}/_{503}$.

Ausgangspunkt für das Vierzigmarkstrafgeld in beiden Ländern derselbe gewesen zu sein scheint. In Norwegen scheint es, wie bereits bemerkt ist, vom königlichen „bann“ seinen Ausgang genommen zu haben. In Dänemark werden wir einen muthmaasslich anderen Ausgang gewinnen. Endlich lässt sich in England keine Spur des Vierzigmarkst afgeldes nachweisen, was doch anzunehmen wäre, wenn es durch einen Gesetzgebungsakt des dänischen Grosskönigs entstanden wäre.

Alles dies spricht gegen die gleichzeitige Einführung des Vierzigmarkstrafgeldes für Norwegen und Dänemark. Bleibt uns somit nur übrig anzunehmen, dass unser Strafgeld von einem der beiden Länder aus in das andere Eingang gefunden hat, so ist zu erwägen, welches als das Mutterland anzusehen ist. Hier scheint nun Mehr auf Dänemark, als auf Norwegen hinzuweisen. Die Geschichtsquellen führten es in beiden Ländern freilich auf die graue Vorzeit zurück. Aber auf die Geschichtsquellen war, wie wir sahen, wenig Werth zu legen. Wenn die Fagrskinna in Norwegen unser Strafgeld auf Haraldr den Schönhaarigen zurückführte und wenn Saxo in Dänemark es in Knuts des Grossen Zeit bereits ordentliches Strafgeld für Todtschlag sein liess, so sprechen gegen beide Berichte so erhebliche Bedenken, dass wir auf sie nichts zu geben vermochten. Wohl aber liess sich in Dänemark das Vierzigmarkstrafgeld mit völliger Sicherheit bis in die Mitte des 12., mit einer gewissen Sicherheit bis in den Ausgang des 11. Jahrhunderts zurückverfolgen. In Norwegen waren wir nicht im Stande, es rückwärts zu verfolgen, da uns die nöthigen Urkunden hierzu fehlten. Aber wir bemerkten, dass das Recht von Drontheim es in viel wenigeren Fällen aufwies, als das Recht der Gulaþingslög. Sprach schon diese Thatsache für den südländischen Ursprung des Vierzigmarkstrafgeldes nicht wenig, da Drontheim immer als der Kern Norwegens betrachtet wurde, so bemerkten wir ferner, dass in Norwegen neben dem Vierzigmarkstrafgelde das Strafgeld von 15 Mark auftrat, welches älter als jenes zu sein schien und welches jenem allmählich wich. In Dänemark sahen wir einen solchen Kampf dagegen nicht. Hier war das Vierzigmarkstrafgeld neben dem Dreimarkstrafgeld bereits um die Mitte des 12. Jahrhunderts einzige causa regia. Das Strafgeldersystem Dänemarks zeichnete sich vor den anderen skandinavischen Ländern gerade durch seine Einfachheit aus. Auch diese Thatsache sprach also für die ältere Geltung des Vierzigmarkstrafgeldes in Dänemark.

Endlich kann der Umstand, dass von Dänemark aus das Vierzigmarkstrafgeld nach Schweden eindrang, dazu verwerthet werden, für Norwegen den dänischen Ursprung des Vierzigmarkstrafgeldes zu behaupten. —

Wenn wir aus diesen Gründen Dänemark für das Mutterland des Vierzigmarkstrafgeldes ansehen, so gilt es weiter, den Ausgangspunkt unseres Strafgeldes anzugeben. Bei welchen Vergehen trat es zuerst in Kraft? Drei Ableitungen wären hier nach den vorgehenden Erörterungen möglich.

Man könnte den einfachen Todtschlag als den Urfall des Vierzigmarkstrafgeldes annehmen. Von diesem aus habe sich, könnte man sagen, unser Strafgeld auf die qualificirten Todtschläge (im Thinge, Kirchhofe, Hause etc.), dann auf die anderen schweren Friedensbrüche, schliesslich auf die königlichen Hoheitsrechte in der Art ausgebreitet, dass es dem Könige bei jenen im Wege der Verdoppelung, bei diesen unter Verdrängung des bestehenden Strafgeldes allein zugewiesen wurde. Diese Annahme findet sich bei Steenstrup in dessen Danelag vor. Steenstrup nimmt das Vierzigmarkstrafgeld als das alte Strafgeld für Todtschlag im ganzen Norden an. Wir können uns indessen dieser Annahme nicht anschliessen. Was Schweden betrifft, so ist auf die Grundlosigkeit der Ansicht Steenstrups bereits hingewiesen worden. Nicht minder aber lässt sich ihre Grundlosigkeit für die anderen skandinavischen Länder darthun. In Dänemark sprach, wie wir sahen, gegen sie die Dreitheilung in der Todtschlagsbusse zwischen Erben, Schwertmagen und Spillmagen, und hiergegen kann Saxos Bericht über König Knut kein Wert beigelegt werden. In Island betrug das ganze Wergeld ungefähr 15 Mark. In Norwegen erinnert zwar der Gesammtbetrag der Bussen, welche beim Todtschlage des hauldr zu zahlen waren, an das Vierzigmarkstrafgeld. Aber dieser Gesammtbetrag wird erst durch Zusammenrechnung aller der kleinen Beiträge, welche die entferntesten Verwandten zu leisten haben, erzielt. Das hier vieles später hinzugetreten ist, liegt auf der Hand. Wenn man nur auf die Baugar sieht, ergeben sich ganz andere Beträge. So betragen die drei Baugar in Gþl. 218. 219 zusammen nur 19 Mark, was zu den 18 Mark giolld von Gþl. 180 so ziemlich stimmt, und die drei Baugar in Gþl. 243 gar nur etwas über 12 Mark 12 alna eyrir. Ueberhaupt wird man davon auszugehen haben, dass es erst der späteren Anschauung entspricht, einen Gesammtbetrag zu Grunde zu legen und von ihm aus die Vertheilung vorzunehmen. Die späteren Wergeldstafeln der Frostaþíngslög und des Bjarni Marđarson drücken das gesammte Wergeld in den bestimmten Summen von 6, 5, 4, 3, 2½, 2 Mark Gold aus. Den früheren lag dies fern. Die einzelnen Gruppen der Verwandtschaft traten als selbständige Gläubiger und Schuldner einander gegenüber. Bereits mit der Annahme dreier solcher Gruppen für den ganzen Norden: Todtschläger, väterliche und mütterliche Verwandte des Todtschlägers auf der einen Seite, Erbe des Erschlagenen, väterliche und mütterliche Verwandte auf der anderen Seite — ist schon die ursprüngliche Geltung des Vierzigmarkstrafgeldes bei Todtschlag negirt.

Vom einfachen Todtschlag aus kann sich unserer Meinung nach also das Vierzigmarkstrafgeld nicht herleiten. Ein zweiter Ausgangspunkt ergäbe sich in den reinen königlichen Hoheitsrechten, insbesondere dem königlichen bann. In der That sahen wir in Norwegen hier den muthmaasslichen Ausgangspunkt des Vierzigmarkstrafgeldes. Zeitlich kann dieser aber nicht über die Mitte des 11. Jahrhunderts zurückreichen, da Sveinn Alfífuson auf Uebertretung des königlichen Bann die strenge Friedlosigkeit angedroht hatte. (Heimskr. Olafs s. h. h. 258/508.)

Da Sveins Gesetze für Norwegen nach dem Vorbilde der dänischen abgefasst waren, gewinnen wir auch für Dänemark im elften Jahrhundert die strenge Friedlosigkeit als strafrechtliche Folge der Uebertretung des bann. Am Ausgange des elften Jahrhunderts sahen wir in Dänemark in einem dem bann innerlich verwandten Falle das Vierzigmarkstrafgeld denn auch die strenge Friedlosigkeit ablösen. Auf die Uebertretung des

16*

königlichen bann stand also in Dänemark und Norwegen bereits früh das Vierzigmarkstrafgeld.

Nichtsdestoweniger ist unseres Erachtens hier der eigentliche Ausgangspunkt des Vierzigmarkstrafgeldes nicht zu suchen. Die königlichen Hoheitsrechte, insbesondere das Recht des bann, haben mit dem Frieden unmittelbar wenig zu thun. Dass von ihnen das Vierzigmarkstrafgeld seinen Ausgang genommen haben soll, stimmt nicht recht zu seiner historischen Mission auf dem Gebiete des Friedens. Die dänischen Landschaftsrechte erwähnen auch nichts von dem Vierzigmarkstrafgelde beim königlichen bann. Wäre dieser Fall selbst als der zeitlich früheste aufzufassen, so gab er doch nicht die unmittelbare Anregung zur Verbreitung unseres Strafgeldes auf dem Gebiete der Friedensbrüche. Er blieb bei Seite stehen, diente nicht zum Vorbilde oder zur Schablone für andere Fälle. —

Dagegen sehen wir in dem Mutterlande unseres Strafgeldes, in Dänemark, einen Vorgang, welcher für die Entstehung unseres Strafgeldes von Bedeutung ist. Es ist eine bereits Wilda aufgefallene Erscheinung, dass der Begriff des Heerwerkes in den dänischen Landschaftsrechten ein schwankender ist. Im eigentlichen Sinne ist Heerwerk die in Schaaren verübte Gewaltthat an eines anderen Mannes Gut innerhalb seiner vier Pfähle, die Heimsuchung also. Und die seeländischen Rechtsbücher beschränken an einer Stelle ausdrücklich auf die Heimsuchung den Begriff[1]). Aber im schonischen Rechte wird Heerwerk auch bei Tödtung mit Hausfriedensbruch[2]) und bei Nothzucht[3]) angenommen, ohne dass Schaarenvergehen vorliegt. Dabei wird erkannt und hervorgehoben, dass es sich nur im uneigentlichen Sinne um Heerwerk handle. Ausser Verwundung im Königsfrieden, welche nachweislich, und Ehebruch, welcher muthmaasslich erst später dem Vierzigmarkstrafgelde unterlegt wurde, sind aber, wie wir sahen, jene drei Fälle die einzigen, welche im Schonenrechte dem Vierzigmarkstrafgelde unterliegen. Auf terminologischem Wege scheint man somit für das Schonenrecht zu dem Schlusse zu

[1]) Valdemar 56. Erich II 16.

[2]) 86. Knuts Verordnung von 1200. [3]) 207. Sunesen 128.

gelangen, dass die Heimsuchung historisch zuerst dem Vierzigmarkstrafgelde unterworfen wurde und sodann andere, ihr nahestehende Vergehen, nach sich zog, welche unter dem Namen Heerwerk vereinigt wurden.

Dieser Schluss wird nun durch zwei weitere Umstände bekräftigt. Einmal verdient hervorgehoben zu werden, dass die Verordnung Knuts von 1200 bei Heerwerk das Vierzigmarkstrafgeld als „ab antiquis temporibus“ in Geltung befindlich bezeichnet. Sodann aber, dass das jüngere seeländische Rechtsbuch Vierzigmarksachen und Heerwerkssachen als ziemlich gleichbedeutende Kategorien auffasst[1]). Aus beiden Umständen scheint sich zu ergeben, dass das Heerwerk den Urtypus der Vierzigmarksachen in Dänemark darstellte. Auch für Norwegen hatten wir angenommen, dass die Kategorie der Schaarenvergehen neben den Vergehen politischer Natur die älteren Fälle des Vierzigmarkstrafgeldes in sich schloss. Jedoch konnten wir in Norwegen bei Schaarenvergehen noch in den Eiþl. die strenge Friedlosigkeit nachweisen. In Dänemark vermögen wir dies nicht mehr. Wir sind demnach berechtigt, anzunehmen, dass von Dänemark aus das Vierzigmarkstrafgeld bei Schaarenvergehen nach Norwegen übertragen wurde, was durch die Uebereinstimmung beider Rechte in der Bestrafung der Gefolgsleute mit 3 Mark eine wesentliche Stütze erhält. —

Innerlich erklären würde sich das Inkrafttreten des Vierzigmarkstrafgeldes gerade bei Heimsuchung. Heimsuchung war seiner Beschaffenheit nach wesentlich eine Gefährdung des öffentlichen Friedens. Der Umstand, dass es ein Schaarenvergehen war, lenkte die Aufmerksamkeit des Königthums, welches für Aufrechterhaltung des Landfriedens besorgt war, auf sich. Um dem Zusammenschluss von Banden, welche den öffentlichen Frieden bedrohten, wirksam entgegenzutreten, wurde hier zu einem ausserordentlichen Strafgelde gegriffen. Von hier aus breitete sich das Vierzigmarkstrafgeld über verwandte Friedensbrüche aus, trat bei denselben schlechthin oder in milderen Fällen an die Stelle der Friedlosigkeit oder griff Platz, wenn Verletzter und König von der Friedloslegung Ab-

[1]) III 48.

stand nahmen. Auf einfachem Todtschlag stand es nach unserer Meinung also nicht von jeher, weder als Wergeld, noch als Friedensgeld. Sondern es wurde in Norwegen auf den einfachen Todtschlag ausgedehnt, als es bereits für die Friedensbrüche zum typischen Strafgelde sich entwickelt hatte und zwar entweder, wie in Schweden, so, dass es Wergeld und Friedensgeld in sich begriff oder, wie in Norwegen, so, dass es als þegngilldi an den König allein fiel.

Fassen wir das Gesagte zusammen, so erblicken wir in Dänemark das Heimathsland unseres Vierzigmarkstrafgeldes. Seinen Ausgangspunkt sahen wir nicht im Wergelde noch im þegngilldi für Todtschlag, sondern im bann und im Heerwerk. Vom letzteren aus verbreitete es sich über das Gebiet der schweren Friedensbrüche. Es drang sodann in die beiden anderen skandinavischen Reiche ein, früher in Norwegen, später in Schweden, in Norwegen nicht vor dem 11., in Schweden nicht vor dem 12. Jahrhundert. Es verdrängte in Norwegen das Fünfzehnmarkstrafgeld, in Schweden das Zwölfmarkstrafgeld oder ein anderes, auf dem Duodecimalsysteme beruhendes höheres Strafgeld und bildete in allen drei Staaten den Vermittler zwischen dem alten Königthume, dem Organe im Frieden, und dem neuen Königthume, dem Träger des Friedens.

Mit diesen Aufstellungen über den Ort, die Zeit und den Ausgangspunkt der Entstehung des Vierzigmarkstrafgeldes schliessen wir unsere Erörterungen über den Königsfrieden der Nordgermanen. Wir verkennen nicht, dass sie keineswegs unanfechtbar sind, und dass sie vor allem eine Erklärung über die Vierzigzahl vermissen lassen. Wie bildete sich diese räthselhafte Zahl aus? Aus welchen Einzelbeträgen setzte sie sich zusammen? War sie ein Product des Nordens oder eine Entlehnung aus dem Auslande? Wir vermögen auf diese Fragen keine Antwort zu geben. Uns mit einem „ignoramus“ begnügend, müssen wir es anderen Kräften überlassen, in dieser Richtung die Untersuchung fortzuführen.

Hält man das Ergebniss für gesichert, dass in Dänemark das Heimathsland des Vierzigmarkstrafgeldes ist, so scheint uns das Ziel unserer Erörterungen erreicht.

Anhang.

DIE ISLÄNDISCHE BEZIRKSACHT
(hèraðssekt).

Literatur: Páll Vídálín Skýríngar yfir Fornyrði Lögbókar. Reykjavík 1854 voce hèrað. Jón Arnesen Historisk Inledning til den gamle og nye Islandske Ræettergang 1762 S. 417 ff. Für die topographischen Angaben ist benutzt Kålund, Bidrag til en historisk-topografisk Beskrivelse af Island, Kopenhagen 1877—1879 (mit K. bezeichnet).

Die isländischen Rechtsbücher der Freistaatszeit weisen bekanntlich zwei Grundformen der Friedlosigkeit auf: den Waldgang, d. h. die strenge und den fjörbaugsgarðr, d. h. die milde Friedlosigkeit. Der Waldgang ist die völlige Friedlosigkeit nach Zeit und Raum. Für ewige Zeit und für den ganzen Rechtsverband, wo immer „Himmel sich wölbt, Erde bebaut ist, Wind weht, Wässer zur See fallen, Männer Korn säen“, im In- und Auslande galt der Waldgänger als „Wolf gehetzt und gejagt“. Niemand durfte ihn beherbergen, Niemand ihn mit Speise und Trank versorgen, Niemand ihm zur Abfahrt Unterstützung leisten. Sein Vermögen war verfallen, seine Ehe gelöst. Auf sein Haupt war ein Preis gesetzt.

Der fjörbaugsgarðr war eine beschränkte Friedlosigkeit nach Zeit und Raum. Nur für drei Jahre galt sie. Der Aechter hatte die Freiheit, das Land zu verlassen. Der Schiffer, der gerade zur Abfahrt bereit lag, musste ihn in's Ausland mit sich nehmen. Bis der Aechter das Land verliess — vorausgesetzt, dass dies innerhalb der ersten drei Jahre nach seiner Aechtung geschah — war er an gewissen Stätten gefriedet. Auch im

Auslande war der Aechter gefriedet. Seine Ehe blieb bestehen und nach Ablauf der im Auslande verbrachten drei Jahre trat er wieder in seine volle Mannheiligkeit ein. Sein Vermögen war freilich, wie das des Waldgängers, verfallen. Zwischen diesen beiden Grundformen der Friedlosigkeit weisen die Rechtsbücher freilich Mittelformen auf.

1. Der Waldgänger konnte zum „feriandi" werden, d. h. die rechtliche Freiheit erlangen, das Land verlassen zu dürfen. In diesem Falle traten bie Grundsätze über den fjörbaugsgarđr ein, aber nur soweit sie zum gefriedeten Verlassen des Landes dienten. Er blieb also im Gegensatze zu dem einfachen Landesverwiesenen für ewige Zeiten und im Auslande friedlos. Seine Ehe blieb gelöst und auf sein Haupt stand ein Preis. Kb. I. S. 95. 122.
2. Der fjörbaugsgarđr konnte zum zeitlich immerwährenden Exile gestaltet werden, so dass der Landesverwiesene nie die Rückreise in's Inland vornehmen durfte, im Uebrigen aber vom Waldgänger sich unterschied, im Auslande gefriedet war, in seiner Ehe intact blieb, die rechtliche Freiheit hatte, das Land gefriedet zu verlassen. Kb. I. S. 109. Die Geschichtsquellen zählen mehrere solcher Fälle auf. Sturlúnga I S. 157. 201.
3. Es konnte dem Waldgänger „eine grössere Heiligkeit" ausbedungen werden, als dem Landesverwiesenen. Kb. I. S. 95. Dieser Fall fällt wohl unter den ersten. Die „grössere Heiligkeit" bezog sich wohl bloss auf den gefriedeten Zustand bis zum Verlassen des Landes.
4. Es konnte Jemand so geächtet werden, dass sein Vermögen seinen Erben intact blieb. Beim Waldgang und der Landesverweisung verfiel, wie bemerkt, das Aechtergut an den Staat. Hiervon konnte eine Ausnahme gemacht, den Erben das Aechtergut vorbehalten werden. Kb. I. S. 94.

Man sieht, der Willkür der Gerichte und der Vergleichsschliessenden war ein gewisser Spielraum in der Bestimmung der Achtbedingungen gelassen. Indessen schwebt die Grundscheidung zwischen skóggangr und fjörbaugsgardr doch stets den Rechtsbüchern vor. Der Waldgang in seiner strengsten Form auf der einen, der fjörbaugsgardr in seiner mildesten Form auf der anderen Seite sind für sie die beiden Schranken, innerhalb deren die Spielarten der Acht sich bewegen. Nach der einen oder anderen Seite darüber hinausgehende Arten der Friedlosigkeit sind ihnen unbekannt. Diese beiden Grundformen der Friedlosigkeit mit ihren Spielarten haben aber das Gemeinsame, dass sie

einmal einen vorübergehenden oder dauernden Ausschluss des Aechters vom g a n z e n isländischen Rechtsverbande darstellen, — und dass sie

zweitens den Aechter persönlich während seiner Achtzeit von der Ausübung aller privaten und öffentlichen Rechte im isländischen Rechtsverbande ausschliessen. Weder in Person, noch durch einen Stellvertreter, weder im Inlande, noch vom Auslande her, konnte der Aechter sein Vermögen verwalten, Rechtsstreitigkeiten führen, sein Godord ausüben u. s. f. —

Demgegenüber weisen die Geschichtsquellen Islands eine dritte Art der Friedlosigkeit auf, deren verschiedenartige Gestaltungen sie unter dem Namen der Bezirksacht, hèradssekt, zusammenfassen. Das Gemeinsame dieser verschiedenartigen Gestaltungen der hèradssekt ist aber

einmal, dass der davon Betroffene nicht Island, sondern nur einen bestimmten Bezirk innerhalb der Insel zu meiden gezwungen wird,

zweitens, dass der Ausschluss an sich keine Folgen für die sonstige, rechtliche Stellung des Betroffenen zu besitzen scheint.

Im Uebrigen herrscht eine bunte Mannigfaltigkeit. Bevor ich auf das Verhältniss der hèradssekt zu dem Waldgange und der Landesverweisung des Näheren eingehe, stelle ich zunächst die mir zu Gesicht gekommenen Quellenzeugnisse, nach der Zugehörigkeit der Quellen zu den einzelnen Landesvierteln geordnet, zusammen. —

I. Nordviertel.

a) Landnáma III 20/288: (Isl. Sög. 1843).

„Geirri hiess ein Norweger, welcher zuerst südlich von Mývatn zu Geirastadr wohnte. Seine Söhne waren Glúmr und þorkell. Vater und Söhne schlugen sich mit þorberg höggvinkinni und erschlugen dessen Sohn þorsteinn: Wegen dieses Todtschlages wurden sie aus den Gegenden im Norden verwiesen (fyrir þan víg voru þeir gjörvir nordan or sveitum). Geirri blieb den Winter in Geirastadr am Húnavatn, hierauf zogen sie nach dem Breidafjördr."

Von demselben Vorgange berichtet die Reykdæla (ed. Jónsson) in ziemlich übereinstimmender Weise XVIII/98. Nach ihr werden Geirri und Glúmr „von da aus der Gegend verwiesen" (þeir váru brot görvir þadan ór sveitinni) „und es wird so berichtet, dass Geirri am Króksfjördr zu Geirastadr wohnte."

Mývatn und Húnavatn gehörten dem Nordviertel, die Gegend des Breidafjördr dagegen dem Westviertel an (K. II S. 164, 31), Mývatn selbst gehörte dem östlichen, Húnavatn dem westlichen Theile des Nordviertels an, jenes der Gegend des þingeyjarþing, dieses der Gegend des Húnavatnsþing. Die Verweisung hatte also zunächst eine Veränderung des Wohnsitzes innerhalb desselben Viertels, sodann einen Wechsel des Viertels zur Folge.

b) Ldn. III/5.

„Eyvindr Sörkvir ergriff Besitz vom Blöndudalr .... sein Sohn war Hrómundr enn halti, welcher den Högni Ingimundarson erschlug .... darum ward er verwiesen aus dem Nordlandsviertel (því var hann gjörr or Nordlendingafjórdungi)."

Anders über denselben Vorfall die Vatnsdæla cf. unten k.

c) Reykdæla XVI/86 (ed. 1881).

Hávardr Fjörleifarson und Eyjólfr Valgerdarson schliessen einen Vergleich wegen begangener Todtschläge. Eine Bestimmung dieses Vergleiches lautet: dass þórir flatnefr ausser Landes gehen und niemals im Nordviertel sein sollte, so lange die Söhne des Fjörleifr am Leben wären (þórir skyldi fara utan, ok vera aldri í Nordlendingafjordungi, medan Fjörleifarsynir væri á lifi).

Hier liegt also eine Doppelung der Acht vor. Einmal sollte þórir für drei Jahre landesverwiesen sein, sodann sollte er, auch nach Ablauf der drei Jahre, für die Lebenszeit der Söhne von Fjörleifr vom Nordviertel fern bleiben.

d) Finnbogasaga (ed. Gehring) 28/50.

Im Friedensvergleiche wird bestimmt, dass Finnbogi sich nicht im Nordviertel aufhalten dürfe, ausser er besuche seine Verwandten (varð þat at sætt um siðir, at Finnbogi væri ecki í Norðlendingafjorðungi utan hann fœri at heimboðum til frænda sinna).

e) Sturlúnga (ed. Vigfússon) I S. 222.

Ögmundr, Gode nördlich von der Öxnadalsheiði (I S. 213), wurde etwa um 1210 gezwungen, für eine Missethat ein Grosshundert Hunderte zu zahlen und seinen Aufenthalt im Bezirke bis zu seinem Tode aufzugeben (Ögmundr lét hundrað hundraða ok hèraðs—vist áðr létti). Er zog ostwärts nach Hofsteig. Da letzterer Ort im Ostviertel lag (K. II S. 214), er selbst aber ursprünglich im Nordviertel angesessen war (K. II S. 72), fand ein Wechsel des Viertels statt.

f) Vatnsdæla 35/57. 58 cf. Finnbogasaga 38/75.

Dem Finnbogi aus Borg im Viðidalr (K. II S. 19) wird im Friedensvergleiche auferlegt:

„du sollst fortziehen aus dem Viðidalr im Frühjahre und nie dich aufhalten zwischen der Jökulsá am Skagafjörðr und der Hrútafjarðará (þú skalt fara brott or Viðidal at vári ok vera eigi vistum milli Jökulsár á Skagafirði ok Hrútafjarðarár)". Ebenso wird dessen Schwestersohn Bergr auferlegt „du sollst dich ebenfalls nicht in dem Bezirke aufhalten, welcher dem Finnbogi verboten ist." Als Beide nach Hause kommen, höhnt sie die Geliebte des Bergr, dass sie zu Bezirksächtern (hèraðssekir) gemacht seien, wie Galgenstricke.

Finnbogi zog im Frühjahre darauf nach Trékyllisvik (K. I S. 623). Es fand demnach ein Verlassen des Landesviertels statt.

g) Grettissaga (ed. 1853) 44/100.

Gegen Grímr þorhallsson und Atli wird Klage auf dem Húnavatnsþíng wegen Todtschlags an den Söhnen des þórir erhoben. Es kommt zwischen dem Blutkläger, þorbjörn öxnamegin, und dem Beklagten zu einem Vergleiche, nachdem Atli vorher ausbedungen hatte, dass ihn weder Bezirksächtungen (hèradssektir) noch Landesverweisungen (utanferdir) treffen dürften. Die Schiedsrichter legen dem Atli desshalb nur Busse auf, dem Grímr þorhallsson aber legen sie auf, dass er seinen Bezirksaufenthalt aufgeben solle (skyldi láta hèradsvist sína). Grímr zieht nach Gilsbakki am Borgarfjördr.

Da Grímr vorher zu þórhallstadir bei seinem Vater gewohnt hatte, fand eine Veränderung des Viertels statt.

Während die bisherigen Berichte die Verweisung aus dem Viertel kennen, sprechen weitere von einer Verweisung aus dem hèrad, ohne dass das Viertel aufgegeben wird.

h) Ldn. III 4.

„Hrolleifr enn mikli und seine Mutter Ljót landeten im Borgarfjördr; sie fuhren nordwärts in der Gegend umher und erhielten nirgends Niederlassung bis sie zu Sæmundr am Skagafjördr kamen .... der wies ihn nördlich nach den Höfdaströnd zum þórdr, der gab ihm Land im Hrolleifsdalr und da wohnte er. Hrolleifr verführte die Hrodnýja, Tochter des Uni aus dem Unadalr .... Hrolleifr erschlug den Oddr und zwei andere Männer. Darum machte ihn Höfda-þórdr bezirksgeächtet, soweit wie die Wassergefälle zum Meere in den Skagafjördr fielen (fyrir þat gerdi Höfda-þórdr hann hèradssekan, svá vítt sem vatnsföll deildu til sjóvar í Skagafirdi); da sandte Sæmundr den Hrolleifr zu Ingimundr dem Alten. Ingimundr setzte ihn ein zu Oddsás gegenüber Hof.“

Denselben Bericht bringt die Vatnsdæla 20/34.

Höfdaströnd und Hrolleifsdalr lagen im Nordosten des Skagafjördr (K. II S. 86. 87), Ingimundr des Alten Sitz zu Hof dagegen im Vatnsdalr (K. II S. 37). Eine Veränderung des Viertels fand also nicht statt.

i) Glúma (ed. 1880) 26/78.

Glúmr schliesst wegen eines begangenen Todtschlags einen Vergleich mit den Blutklägern dahin, dass „Glúmr dem Ketill, Sohne von þorvaldr Krókr, als Vatersbusse das halbe þverárland zahlte, die andere Hälfte aber verkaufte — und er sollte den

Winter noch da wohnen bleiben, und er ward bezirksgeächtet und er sollte von da ab nicht näher als im Hörgárdalr wohnen dürfen (ok varð héraðssekr, ok bua eigi nær en i Hörgárdal)". Dahin zieht er späterhin in der That. —

Das Þverárland lag an der Eyjafjarðará im Nordviertel (K. II 120 f), der Hörgárdalr zog sich längst der in den Eyjafjörðr ebenfalls mündenden Hörgá hin (K. II 103 f). Von einem Wechsel des Viertels ist also keine Rede.

k) Reykdæla XIII/65.

In dem Vergleiche, welchen Áskell Eyvindarson und Eyjólfr Valgerðarsson mit einander schliessen, wird ausbedungen, dass Vémundr und Háls „sollen ungefriedet fallen um den Eyjafjörðr herum, sofern sie nicht im Gefolge des Áskell wären. Helgi sollte auch ungefriedet fallen nördlich von der Fnjóská, sofern er nicht im Gefolge des Eyjólfr Valgerðarsson wäre." (þeir Vémundr ok Háls skulu falla óhelgir um Eyjafjörð, nema þeir fylgi Áskatli. Helgi skyldi ok falla óhelgr fyrir norðan Fnjóská, nema hann væri í för með Eyjólfi Valgerðarsyni.)

Hier haben wir also eine räumliche Friedlosigkeit, welche eine Unterbrechung durch den Anschluss des Friedlosen an eine bestimmte Person erleidet. Der Achtbezirk ist dabei ganz unbestimmt gehalten. „Nördlich von der Fnjóská", „um den Eyjafjörðr herum" sollen die Aechter friedlos sein.

l) Reykdæla XXVII/136

Es wird im Friedensvergleiche bestimmt, dass Þórbergr höggvinnkinni „solle ziehen aus der Gegend von dort und nach Lundarbrekka im Barðárdalr" (en Þórbergr skal fara á brott þaðan ór sveitinni, ok til Lundarbrekku i Barðárdal). Vordem wohnte Þórbergr in Arnarvatn südlich von Mývatn (K. II 167). Lundarbrekka lag südwestlich von Arnarvatn jenseits der Mývatnsheiði. Die lokale Veränderung, welche hier stattfand, war also eine ganz unbedeutende.

m) Vatnsdæla (ed. Vigfússon und Möbius) 29/49 vergl. dagegen ob. unter b).

Hrómundr, der Sohn von Eyvindr sörkvir, wohnhaft bei seinem Schwiegervater Már zu Márstaðr im Vatnsdalr (Vatnsd. 29/47. 45, K. II 36), wird wegen Todtschlags im Vergleiche „für geächtet erklärt zwischen der Hrútafjardará und der Jökulsá am Skagafjördr" (Hrómundr skal sekr vera milli Hrútafjardarár ok Jökulsár i Skagafirdi), also für den ganzen Landstrich zwischen Hrútafjördr und Skagafjördr.

n) Flateyjarbók I S. 208.

Þorleifr Asgeirsson wird wegen Todtschlages an Klaufi geächtet und aus dem Svarfadardalr gewiesen (Þorleifr vard utlægr ok giorr i burt or Svarfadardal).

o) Sturlúnga I S. 140.

Im Jahre 1191 kam es zu einem Vergleiche, in welchem Brand Örnólfsson, Snorri Grímsson, Björn Oláfsson und ein Geistlicher, Þóroddr, wegen Todtschlags, bez. Beihilfe dazu gestraft wurden. Der Todtschläger Brand wurde vollgeächtet. Snorri zahlte 12 Grosshunderte und ward aus dem Skagafjördr verwiesen (var brott gör ór Skagafirdi). Er zog südlich nach Oddi, also in ein anderes Viertel. Björn zahlte sechs Grosshunderte und sollte bezirksgeächtet sein (ok skyldi vera héradssekr). Der Priester Þóroddr zahlte drei Grosshunderte und sollte bleiben können, wo er wollte (ok skyldi vera þar er hann vildi). Wo Björn in der Folgezeit blieb, erfahren wir leider nicht.

p) Sturlúnga I S. 171.

Im Jahre 1199 weist Gudmundr aus dem hèrad Þorsteinn Jónsson und Þorlákr Ketilsson fort. Gemeint ist die Gegend um den Eyjafjördr.

q) Sturlúnga I S. 227.

Kálfr Guthormsson von Grund am Eyjafjördr wird wegen Todtschlags durch Schiedsspruch zu einer Geldbusse und zu dreijähriger Landesverweisung verurtheilt. Ausserdem sollte er bezirksgeächtet für den Eyjafjördr sein (Kálfr skyldi vera útan þrjá vetr, ok hèradssekr or Eyjafirdi). Dieser Vorgang spielt sich im Jahre 1212 ab. Kálfr geht zunächst ausser Landes. Etwa 20 Jahre später finden wir ihn zu Miklabær am Skagafjördr wieder (St. I S. 321). Er ist also im selben Landesviertel geblieben.

r) Vatnsdæla 44/74.

Die Stelle ist nur terminologisch wichtig. Im Vergleiche zwischen Gudmundr und Þórormr wird ausbedungen, dass Gudmundr die Vergleichsbedingungen feststellen solle, jedoch weder Landesverweisung noch Bezirksächtung, sondern nur Busse bestimmen dürfe (þá tók hann sjálfdæmi af þórormi, at gera fé slikt sem hann vildi, at undanskildum utanferđum ok hèrađssektum). Als etwas Besonderes hebt sich also die hèrađssekt von der Landesverweisung auf der einen, von der Busse auf der anderen Seite ab.

II. Südviertel.

a) Landnáma V/4. 288.

Die Söhne von Önundr bíldr, Sigmundr kleykir und Eilifr audgi haben den Örn erschlagen. Deshalb von den Blutklägern verklagt, erlangen sie durch die Unterstützung von Mörđr gigja die Strafmilderung, dass sie nur „sollten bezirksgeächtet sein für Flói", also die Gegend, in welcher der Wohnsitz ihres Vaters lag (Ldn. S. 284. 363). Sigmundr zog nun in die „ostwärtige Gegend". Er nahm das Land zwischen der Grímsá und der Kerlingará in Besitz (Ldn. S. 273), Eilífr dagegen erhielt durch Heirath Höfđalönd, wo er für die Folgezeit wohnte.

Der Strich Flói (K. I S. 173) lag im Südviertel zwischen der þjórsá und der Ölfusá, die Grímsá und Kerlingará dagegen lagen im Ostviertel bei Höfđabrekka (K. II S. 333), andrerseits lagen die Ländereien von Höfđi im Südviertel, nordöstlich von Skálaholt, bei dem Zusammenflusse von Túngufljót und Hvítá (K. I S. 172).

Die Bezirksächtung hatte also nur für den einen Ächter die thatsächliche Wirkung, dass er in ein anderes Landesviertel zog, dessen Theil freilich dem ursprünglichen Wohnsitze am nächsten lag. Der andere Ächter blieb im selben Viertel.

b) Landnáma V/4.

„Baugr hiess jemand, ein Pflegebruder von Hængr; er fuhr nach Island und blieb den ersten Winter in Baugstađr . . er nahm die ganzen Fljótshaiden oberhalb Breiđabólstađr und wohnte zu Hliđarendi; seine Söhne waren Gunnarr in Gunnarsholt und Eyvindr zu Eyvindarmúli, der dritte Steinn enn snjalli und seine Tochter Hildr, welche Örn in Vælugerđ zur Frau hatte. Steinn enn snjalli und Sigmundr, der Sohn von Sighvatr raudi, machten eine Reise von Eyrar hinaus und kamen allesammt nach der Sandholaferja ... und es wollte Jeder von den Beiden vor dem Anderen über den Fluss. Sigmundr griff mit seinen Leuten die Hausleute des Steinn an und trieb sie vom Schiffe; da kam Steinn hinzu und schlug dem Sigmundr auf der Stelle eine Todeswunde. Wegen dieses Todtschlages wurden die Söhne des Baugr alle aus der Haide verwiesen (um víg þetta urđu Baugssynir allir sekir or Hlíđinni); es zog Gunnarr nach Gunnarsholt, Eyvindr ostwärts unter Fjöll nach Eyvindarhólar, Snjallsteinn nach Snjallsteinshöfđi".

Es verzogen also Eyvindr aus Eyvindarmúli und Snjallsteinn sowie Gunnarr aus der Gegend von Breiđabólstađr. Eyvindarmúli und Breiđabólstadr lagen im Südviertel an der Þverá, zwischen diesem Flusse und der Fiská (K. I S. 232. 247). Demselben Viertel gehörten aber auch die neuen Wohnsitze, Gunnarsholt, Eyvindarhólar und Snjallsteinshöfđi an. Eyvindarhólar lag südöstlich von dem Markarfljót am Meere, die beiden anderen Orte dagegen nordwestlich an der äusseren Rangá (K. I S. 206. 274). Die Verweisung hatte also keine Veränderung des Viertels, ja nicht einmal die Veränderung der Gegend des Thingverbandes zur Folge. Alle die berührten Orte liegen in der gleichen Gegend des Þingskálarþíng.

c) Njála 99 : 204 (ed. 1875).

Lýtingr hat den unehelichen Sohn Njáls erschlagen. Er will sich mit Njáll versöhnen und seinen Wohnsitz gern behalten. Er wendet sich deshalb an den Pflegesohn Njáls, Höskuldr, mit der Bitte, Höskuldr solle sich bei Njáll für ihn verwenden. Höskuldr willfahrt ihm. Bedeutsam ist für uns nun die Antwort Njáls.

„Das will ich," sagt Njáll, „dass Lýtingr 2 Grosshunderte Silbers für den Todtschlag zahle und am selben Platze wohnen bleibe. Doch halte ich es für räthlicher, dass er sein Land verkauft und sich fortmacht, nicht deshalb, weil ich und meine Söhne etwa den Friedensvergleich an ihm brechen würden; sondern weil ich glaube, es kommt dahin, dass Jemand in der Gegend aufsteht, vor dem er sich in Acht zu nehmen hat.

Meint man aber, ich wolle ihn bezirksgeächtet machen, so ziehe ich es vor, zu erlauben, er bleibe hier in der Gegend; doch hat er selbst das Meiste dabei zu riskiren."

Die Stelle ist nicht so des Umfanges, wie des Inhaltes der Bezirksächtung wegen bemerkbar.

d) Njála $^{123}/_{246}$.

Wegen des Todtschlages an Höskuldr kommt es zum Schiedsspruche. Zwölf Schiedsrichter werden eingesetzt und berathen. Einer von ihnen, Guđmundr, fragt den Snorri: „Wollt ihr Bezirksächtungen oder Landesverweisungen bestimmen? (viliđ jer nakkvat hjeradssektir gera eđa utanferđir?)" „Nein," erwidert Snorri, „weil das oft nicht gehalten wurde und Leute deswegen erschlagen wurden."

e) Njála $^{139}/_{298}$.

In den dem Mordbrandprocesse voraufgehenden Werbungen seitens der Partei von Flosi wird auch Snorri angegangen. Er meint, sie würden nur Geldbussen zu zahlen haben, „so dass ihr eure Godorde und Bezirksaufenthalte behaltet".

f) Njála $^{147}/_{335}$.

An dieser Stelle ist nur die Ausdrucksweise bemerkbar. Þórgeirr erliess weder die Landesverweisungen, noch die Bezirksächtungen (gaf hvártki upp útanferđir nje hjeradssektir). Dass eine Bezirksächtung stattfand, ist indessen aus dem Zusammenhange — cf. $^{145}/_{330}$ — nicht ersichtlich.

III. Westviertel.

a) Hávarđar saga Ísfirđings (ed. 1860) S. 50.

Dem Hávarđr Ísfirđingr wird von Gestr Oddleifssonr im Schiedsspruche auferlegt, sein Gehöft aufzugeben und mit seinem Verwandten Þórhallr das Landesviertel zu verlassen, während andere Uebelthäter „ausfahren", d. h. des Landes verwiesen sein sollen (Hávarđr skal fœra bústađ sinn, ok vera eigi í þessum landsfjórđungi, ok svá Þórhallr frændi hans).

Hávarđr verzieht denn auch vom Ísafjörđr nach dem Oxadalr, also vom Westviertel nach dem Nordviertel.

b) Sturlúnga I. S. 178.

Im Jahre 1209 erklärte als Schiedsrichter Sighvatr Sturluson den Lóptr Markússon wegen Todtschlages an einem gewissen Guđmundr für verwiesen aus dem Westviertel (görđi hann fyrir Guđmund Lopt brott ór Vestfirđinga—fjórđingi ok förunauta hans, þá er til vígsins voru). Der Verweisung gehorchte Lóptr.

c) Sturlúnga II. S. 255.

Für die Lebenszeit zweier Personen wird Uebelthätern der Aufenthalt im Westviertel untersagt. Der Vorgang spielt im Jahre 1262.

d) Ldn. II 14, cf. Flateyjarbók I S. 429:

Eirekr rauđi schlug seinen Wohnsitz im Haukadalr auf. Wegen eines Todtschlages wurde er auf erhobene Blutklage hin aus dem Haukadalr verwiesen (frændr Eyjólfs mæltu eptir hann; þá var Eirekr gjörr or Haukadal). Er ergriff jetzt Besitz von der Brokey und Öxney und wohnte zu Trađir auf der Sudrey, bis er wegen eines späteren Todtschlages in die volle Acht fiel.

Der Haukadalr, von dem hier die Rede ist, lag im Westviertel am Hvammsfjörđr (K. I 460). Draussen, im selben Meerbusen, lagen die drei Inseln.

e) Eigla 86/220 (ed. 1856):

In dem Friedensvergleiche zwischen Steinarr Önundarson und Þorsteinn Egilsson legt Egill dem Steinarr auf „dass du nicht sollst haben Wirthschaft noch Aufenthalt hier im Bezirke südlich der Langá, und fortsein sollst von Ánabrekka, bevor die Ziehtage verstrichen sind, und ungefriedet fallen vor allen den Männern, die dem Þorsteinn Unterstützung leisten wollen sogleich nach den Ziehtagen, falls du nicht fortziehen willst oder irgend ein Ding nicht halten willst, welches ich dir auferlegt habe“ (þú skalt eigi hafa bústađ nè vistarfar hèr í hèrađi fyrir sunnan Langá, ok vera brottu frá Ánabrekku, ađr fardagar sè liđnir, en falla úheilagr fyrir öllum þeim mönnum, er Þorsteini vilja liđ veita, þegir eptir fardaga, ef þú vill eigi brott fara eđa nökkurn hlut eigi halda, þann er ek hefi á lagt viđ þik).

Wichtig ist an dieser ausführlichen Darlegung der Umstand, dass der Aechter innerhalb des Achtbezirkes Allen gegenüber friedlos ist. In dieser Beziehung erscheint die Bezirksacht der Friedlosigkeit gleich.

Der Bezirk ist auch hier unbestimmt gelassen, es ist die Gegend um Borg, um den Borgarfjörðr gemeint, ohne dass eine feste Abgrenzung möglich erscheint. Steinarr verlegte zunächst seine Wirthschaft jenseits der Langá und liess sich in Leirulæk nieder (87/221), später wird er gezwungen, nach den Snæfellsströnd zu ziehen und sich zu Elliði niederzulassen (88/224).

Leirulæk lag in südwestlicher Richtung von Ánabrekka, dicht am Borgarfjörðr (K. I 384), Elliði dagegen auf der weit vorspringenden Landzunge zwischen dem Breiðafjörðr und Faxafjörðr (K. I 411). In beiden Fällen fand also kein Wechsel des Viertels statt, wohl aber gehörte Elliði wenigstens der Gegend eines anderen Thinges an, des þórsnessþing.

f) Bjarnar saga Hítdælakappa S. 72 (ed. 1847).

þorsteinn Kuggason legt dem Kalfr illvíti im Friedensvergleiche auf, dass er b e z i r k s g e ä c h t e t im Westen von da sein solle; er solle seinen Grundbesitz im Selárdalr aufgeben und über die Haide südwärts nach seiner Heimathsgegend ziehen (Kálfr skal . . . vera hèraðssekr vestan þaðan; láta jörð sína í Selárdal, ok fara suðr um heiði, í átthaga sinn). Wenn wir als Heimathsgegend des Kalfr den Hraundalr anzusehen haben — (cf. Bj. s. H. S. 38), so würde keine Veränderung des Viertels wahrzunehmen sein.

g) Eine ganze Blumenlese von verschiedenen Graden der Acht finden wir in der Sturlúnga I S. 187.

Im J. 1213 erliess þórðr Sturlusonr einen Schiedsspruch des Inhaltes: dass der Gode þorvaldr Snorrason denselben Sommer das Land verlassen und im Auslande fünf Jahre bleiben solle, ausser wenn er zum Papste reiste und sich dort Absolution ertheilen liesse, dann sollte er drei Jahre draussen bleiben. Käme er hernach zurück, so sollte ihm der Aufenthalt, das Gehöft und die Herrschaft über die Thingleute unangetastet bleiben. E r s o l l t e a b e r s t e t s z w i s c h e n d e m V a t z f j ö r ð r, d e r B u c h t a m B r e i ð a f j ö r ð r u n d

Stigi am Ísafjördr ungefriedet sein, ebenso alle die Männer, die mit ihm auszogen, Hrafn um's Leben zu bringen. Sie sollten nie in diesen Bezirk kommen, ausser wenn sie durch Seenoth dazu gezwungen würden, und auch dann sollten sie baldmöglichst fortfahren .... Alle Leute, die in dem Bezirke angesiedelt wären, sollten aus dem Thingverbande des þórvaldr geschieden sein ... Eine Anzahl anderer Männer sollte das Land verlassen und nie wiederkommen ... und das Westviertel 14 Tage, nachdem sie den Schiedsspruch vernommen, verlassen haben. Der Diakon Bjarni sollte über das ganze Land hin geächtet sein, und aus dem Westviertel verschwinden. Örmr Skeggjason sollte sich weder am Arnarfjördr noch am Ísafjördr aufhalten, ebenso þórdr Steinsson; alle anderen Leute aber, die den þórvaldr begleitet hatten, sollten nur bezirksgeächtet sein.

Wir finden also lebenslängliche, fünfjährige, dreijährige Landesverweisung, wir finden Verweisung aus dem Viertel, aus einzelnen Districten des Viertels und aus dem Bezirke im engsten Sinne, ohne dass über die Grenzen des letzteren etwas gesagt ist. Wir finden diese Strafen für sich und in Verbindung miteinander.

h) Sturlúnga II S. 284.

In einem Friedensvergleiche zwischen den Jahren 1191 und 1202 wird einer der Uebelthäter, Ingi, für Lebenszeit aus dem Lande verwiesen. Einige Andere sollen aus dem Westviertel fortziehen und nie sich später da aufhalten (skyldu fara í brott ór Vestfirdingafjórdungi ok verda þar aldri sidan vistum). Einer wird bezirksgeächtet für die Gegenden von Bardaströnd, Raudasand, Víkr und den Patreksfjördr, also für die am meisten hervorspringende Landzunge am Breidifjördr.

i) Sturlúnga II S. 241.

Im Jahre 1257 wurden im Friedensvergleiche „Manche bezirksgeächtet, aber keiner aus dem Lande gewiesen; und sie behalten ihre Godorde“.

IV. Ostviertel.

a) Hrafnkelssaga S. 21 (ed. 1847).

Sámr Bjarnarson legt dem Hrafnkell im Vergleich auf, von seinem Wohnsitze Adalbol fortzuziehen und ihm nie näher als bis zum Fljótsdalshèrad zu wohnen. Hrafnkell siedelte sich sodann im Gehöft Lokhylla am Lagarfljót an (S. 22). Da Adalbol am Berufjördr lag (K. II S. 257), fand eine Veränderung des Viertels auf alle Fälle nicht statt.

b) Brandkrossaþáttr S. 59 (ed. 1848).

Bessi verweist in einem Schiedsspruche den Oddr sindri aus seinem Wohnsitze am Lagarfljót und aus dem Bezirke. Wohin er nachher zieht, wird nicht angegeben.

c) Droplaugarsonasaga $^{28}/_{114}$ (ed. 1883).

Ein Friedensvergleich lautet dahin: „Helgi sollte ausser Landes gehen und drei Winter fort bleiben, und Nachts im Hause bleiben, bis er fortführe; wenn er nicht führe, sollte er als Aechter fallen vor Helgi Asbjörnson zwischen der Smiörsvallsheidi und der Lonsheidi.“

Eine regelrechte Landesverweisung liegt nicht vor, da bei dieser Folge des Nichtfortgehens allgemeine Acht ist, während hier nur für einen bestimmten Bezirk des Ostviertels die Friedlosigkeit festgesetzt wird.

Soweit die Berichte der sögur. Es fällt an ihnen auf, dass die Belege für die hèradssekt am zahlreichsten aus der Gegend des Nordviertels, am spärlichsten aus der des Ostviertels fliessen. Mag sein, dass der Umstand, dass für das Nordviertel eine stärkere Sagaliteratur existirt, hierfür massgebend ist. Vielleicht erklärt sich die Erscheinung aber auch daraus, dass man im Ostviertel, welches dem europäischen Festlande am nächsten gelegen war, zu jener beschränkten Friedlosigkeit in seltneren Fällen griff, vielmehr gleich die volle Landesverweisung aussprach. Denn auch diejenigen Quellen, welche für die ganze Insel Berichte liefern, wie die Landnámabók und die Sturlúnga, erwähnen keines Falles von hèradssekt aus dem Ostviertel. Das Nord- und Westviertel dagegen, diejenigen Viertel, welche aus den Sögur das stärkste Contingent für unsere hèradssekt liefern, lagen von dem Festlande weiter entfernt, bildeten eher selbständige Bezirke für sich. Ihnen genügte es, den Uebelthäter aus ihrem Bereiche fortgeschafft zu haben. —

Wenn wir nun die sämmtlichen Berichte der sögur überschauen, so ergeben sich gewisse gemeinsame Seiten des Institutes auf der einen, gewisse Verschiedenheiten auf der anderen Seite.

1. Gemeinsam ist zunächst, dass in keinem der vielen Fälle die Bezirksverweisung erweislich auf Grund eines gerichtlichen Urtheiles ergeht.

Für die Erklärung in die hèradssekt wird an keiner Stelle der Ausdruck døma gebracht. Stets ist von einem gøra hèradssekjan, einem schiedsrichterlichen Feststellen der Bezirksacht die Rede, wenn nicht gar ausdrücklich hervorgehoben wird, dass ein Friedensvergleich geschlossen wurde. Da nun auch unsere Rechtsbücher von dem ganzen Institute keine Silbe erwähnen, so ergiebt sich daraus, dass es lediglich auf privater Uebereinkunft beruhte, dass es nie kraft Gesetzes in's Leben trat. Es war also die hèradssekt eine im Wege der Privatvereinbarung festgestellte Strafe.

2. Gemeinsam ist ferner allen Berichten, dass nirgends von dem Abhalten eines féránsdómr die Rede ist.

„Féránsdómr soll hinter jedem Manne, der geächtet worden ist, abgehalten werden, wenn 14 Nächte von dem Thinge ab verstrichen sind, auf dem er geächtet wurde," lautet zwar der Satz von Kbk. 48. Allein offenbar dachte die Kbk. nicht an unsere Bezirksacht. In 51 formulirt sie den obigen Satz auch correcter dahin: „In gleicher Weise soll man den féránsdómr abhalten hinter einem Landesverwiesenen, wie hinter einem Waldgänger." Vom hèradssekr ist hier also keine Rede. Es wäre auch höchst auffällig, wenn nirgends in allen den Berichten vom féránsdómr Erwähnung geschähe, wiewohl dieser bei der hèradssekt Platz griff, da doch beim skóggangr und fjörbaugsgardr des féránsdómr oft genug Erwähnung geschieht. Es ist deshalb anzunehmen, dass die hèradssekt keine Verwirkung des Vermögens nach sich zog. Wir bemerkten im Eingange bereits, dass die Rechtsbücher auch beim skóggangr und fjörbaugsgarðr gestatteten, von der Verwirkung des Vermögens abzusehen. Was bei diesen als Ausnahme zugelassen ist, ist der hèraðssekt eigenthümlich. Sie zieht keine Verwirkung des Vermögens nach sich, weder an den Staat, noch zu Gunsten der Erben. Vielmehr behielt der Aechter sein ganzes Gut. Dies ergiebt sich aus den Berichten der Glúma $^{26}/_{78}$, Vatnsdæla $^{35}/_{57}$, Eigla $^{86}/_{220}$, Bjarnarsaga S. 72, Sturlúnga II S. 241 mit Deutlichkeit. In aller Ruhe veräussert der Geächtete nachher sein Gut, ehe er den Achtbezirk verlässt, er behält sein Godord; auch wenn er über die ihm erlaubte Zeit bleibt, verfällt sein Gut nicht, sondern er fällt nur „ungeheiligt“.

Die hèraðssekt ist demnach nur gegen die Person des Betroffenen gerichtet, nicht gegen sein Vermögen. Naturgemäss wirkte sie auch mittelbar auf dessen Vermögen ein. Von dem Augenblicke ab, wo sie in Kraft trat, war es dem Betroffenen untersagt, eine unmittelbare Einwirkung auf sein Vermögen auszuüben. Dadurch, dass er gewissen oder allen Menschen innerhalb des Achtbezirkes gegenüber ungefriedet war, war er gezwungen, sein Vermögen aus dem Achtbezirke zu ziehen, es zu versilbern, und seine Wirthschaft ausserhalb des Achtbezirkes zu verlegen. Aber dies war eine thatsächliche, keine rechtliche Folge.

3. *Die hèraðssekt ist im Gegensatze zur Landesverweisung regelmässig eine lebenslängliche Aechtung für einen bestimmten Bezirk.* An mehreren Stellen wird ausdrücklich hervorgehoben, dass der Aechter *nie* mehr im Achtbezirke sich aufhalten solle — cf. Vatnsdæla $^{35}/_{57}$, Sturlúnga I S. 222, 187, II S. 284, Hrafnkelssaga S. 21 —, und dies wird für alle Fälle anzunehmen sein, in denen nichts über den Inhalt der hèraðssekt gesagt ist. Wie aber der Waldgang und die Landesverweisung Abstufungen erleiden konnten, sofern der Wille der Parteien solche erheischte, so waren auch bei der hèraðssekt besondere Ausmachungen über die Zeit ihrer Dauer möglich. Nach der Reykdæla XVI/$_{86}$ und Sturlúnga II S. 255 wird den Aechtern der Aufenthalt im Achtbezirk für die Dauer der Lebenszeit Anderer, nach

der Reykdæla XIII/65 und Finnbogasaga 28/50 zwar für immer, aber unter Ausnahme einzelner Fälle (Anschluss an gewisse Personen, Besuch von Verwandten) verboten.

4. Hatte die Uebertretung des Verbotes bei der hèradssekt die Folge, dass der Aechter allen oder dass er nur bestimmten Personen gegenüber innerhalb des Achtbezirkes als friedlos galt? Die Quellen drücken sich hierüber nicht klar genug aus. Sie sprechen davon, dass der Aechter „ungefriedet fallen" (Reykdæla XIII/65), dass er „unheilig sein" (St. I S. 187) solle, oder sie erwähnen gar nur den Verletzten als denjenigen, dem gegenüber er als Aechter fallen solle (Droplaugarsonasaga 28/114). Wir werden indessen anzunehmen haben, dass die Friedlosigkeit des Aechters innerhalb des Achtbezirkes eine allgemeine war, dass also jedweder ihn erschlagen durfte. Dies scheint einmal aus der Njála 99/204 hervorzugehen. Die Befürchtung Njáls, dass eine dritte Person den Lýtingr erschlagen würde, beruht darauf, dass eben Lýtingr als Aechter innerhalb dieses Bezirkes allgemein angesehen wurde. Es wird sodann durch die Eigla 86/220 bestätigt. Steinarr soll nach Ablauf der gesetzten Frist ungeheiligt fallen, „vor allen den Männern, die dem Þorsteinn Unterstützung leisten wollen". Jedweder konnte also das Achturteil vollziehen und dadurch dem Verletzten Unterstützung leisten.

5. Am schwierigsten ist die Frage nach der Grösse des Achtbezirkes bei der hèradssekt zu beantworten.

a) In einer Reihe von Fällen ist entweder das betreffende Landesviertel ausdrücklich als Achtbezirk hingestellt, oder es verlegt wenigstens der Aechter thatsächlich seinen Wohnsitz nach einem anderen Landesviertel.

Hrómundr enn halti (Ldn. III 5), Þórir flatnefr (Reykdæla XVI/86), Finnbogi (Finnbogasaga 28/50) werden aus dem Nordviertel, Hávardr Ísfirdingr (Háv. s. Ísf. S. 50), Loptr Markússon (St. I S. 178), Gudlaugr und die Söhne von Ingi (St. II S. 284), endlich die Mörder von Þorgils (St. II S. 255) werden aus dem Westviertel verwiesen. An keiner dieser Stellen wird allerdings der Ausdruck hèradssekt gebraucht.

Bei Geirri (Ldn. III· 20/238), Finnbogi (Vatnsdæla 35/57), Grímr Þorhallsson (Grettissaga 44/100), Snorri (St. I S. 140), Ögmundr (St. I S. 222), Sigmundr Kleykir (Ldn. V 4/288) fand wenigstens thatsächlich eine Veränderung des Viertels statt; hier wird denn auch der Ausdruck hèraðssekt gebraucht. —

b) Im weitesten Sinne umfasste die hèraðssekt demnach auch die Verweisung aus dem Viertel. Im engeren Sinne dagegen tritt die hèraðssekt der Verweisung aus dem Viertel gegenüber. Wie wir nämlich einerseits sahen, dass an den Stellen, welche die Verweisung aus dem Viertel als von vornherein beabsichtigt hinstellen, der Ausdruck hèraðssekt nicht gebraucht wird, so wird andererseits die Bezirksacht geradezu von der Verweisung aus dem Viertel unterschieden.

In der Sturlúnga I S. 140 heisst es: „Snorri zahlte 12 *Grosshunderte* und ward *aus dem Skagafjörðr verwiesen* und er zog südlich nach *Oddi*. Björn zahlte sechs Grosshunderte und sollte *bezirksgeächtet* sein“. Wie die Geldbusse Björns nur die halbe des Snorri war, so war offenbar seine Acht nur die halbe des Snorri. Während Snorri sein Viertel verliess, durfte jedenfalls Björn im selben Viertel bleiben. Die *Bezirksacht* unterscheidet sich hier also deutlich von der Verweisung aus dem Viertel.

In der Sturlúnga I S. 187 werden fünfjährige, dreijährige, lebenslängliche Landesverweisung und Verweisung aus dem Viertel als Strafen schiedsrichterlich verhängt. Diesen allen Strafen gegenüber aber wird von einer besonderen Bezirksverweisung gesprochen.

In der Sturlúnga II S. 284 werden je nach der Grösse des Vergehens die Achtstrafen verschieden bemessen. Es tritt die Dreitheilung auf: Verweisung aus dem Lande, Verweisung aus dem Viertel, Verweisung aus dem hèrað.

Gerade die Sturlúnga ist für uns werthvoller, als die übrigen historischen Quellen, weil sie die nackten Thatsachen zuverlässig wiedergiebt. Wir entnehmen aus ihr, dass die hèraðssekt im eigentlichen Sinne eine räumlich begrenztere Acht, als die Verweisung aus dem Viertel darstellte.

c) Welchen Umfang besass nun das hèrad, für welches die hèradssekt im eigentlichen Sinne eintrat. Hier finden wir die verschiedensten Angaben.

Bald ist es die ganze Gegend auf der einen Seite eines Meerbusens, für welche die Aechtung eintrat. Hrolleifr wird „bezirksgeächtet, soweit wie die Wassergefälle zum Meere in den Skagafjördr fielen (Ldn. III/4). Vémundr Fjörleifarsonr soll ungefriedet fallen um den Eyjafjördr herum“ (Reykdæla XIII/65), Kálfr Guthormsson soll ebenfalls bezirksgeächtet sein für den Eyjafjördr (St. I S. 227), die Gegend um den Eyjafjördr ist es gleichfalls, aus der im Jahre 1199 Gudmundr dýri den þorsteinn Jónsson verweist (St. I S. 171). — Da der Skagafjördr und Eyjafjördr mächtige Meerbusen waren, ist der Bezirk, über welchen hin die Acht sich erstreckt, kein geringer. —

Bald werden die Grenzen fester abgesteckt. Zwischen der Hrútafjardará und der Jökulsá am Skagafjördr sollen Hrómundr Eyvindarson und Finnbogi geächtet sein (Vatnsdæla 29/49, 35/57), zwischen dem Vatzfjördr am Breidafjördr und Stigi am Ísafjördr soll þorvaldr Snorrason ungefriedet sein (St. I S. 187), zwischen der Smjörsvallsheidi und der Lonsheidi soll Helgi als Aechter fallen (Droplaugarsonas 28/114). — Auch in diesen drei Fällen sind es ausgedehnte Territorien, über welche hin die Aechtung erfolgt, grosse Bruchstücke des Nord-, West- und Ostviertels. Bald ist es wieder ein bestimmter Landstrich, der den Achtbezirk bildet. „Für Flói“ erfolgt die Aechtung der Söhne von Önundr bíldr (Ldn. V/4.288), „aus der Haide“ wurden die Söhne von Baugr verwiesen (Ldn. V/4), „aus dem Svarfadardalr“ wird þorleifr Asgeirrson (Fl. I/208), „aus dem Haukadalr“ Eirekr raudi (Ldn. II/14), aus dem Selárdalr Kalfr illvíti (Bj. s. Hítd. S. 72) gewiesen. Die Gegenden von Bardaströnd, Raudasand, Víkr und der Patreksfjördr sind der Achtbezirk in St. II S. 284.

Hier sind die Striche bereits kleiner, bilden abgerundete Bezirke für sich. —

An anderen Stellen werden die Entfernungen angegeben, bis zu welchen der Aechter sich niederlassen durfte. Glúmr darf seinem früheren Wohnsitze zu þverá nicht näher, als im

Hörgárdalr wohnen ($^{26}/_{78}$ Glúma), Helgi Fjörleifarson darf die Fnjóská nicht überschreiten (Reykdæla XIII/$_{65}$), Steinarr nicht die Langá (Eigla $^{86}/_{220}$), Hrafnkell nicht die Gegend des Fljótsdalshèrađ (Hrafnkelss. S. 21). Hier lässt sich eine feste Grenze des Achtbezirkes nicht aufstellen, weil nur nach einer Richtung hin das gebannte Gebiet bezeichnet ist. —

Ganz unbestimmt gehalten sind endlich die Angaben, wenn es bloss heisst: sie wurden aus den Gegenden im Norden verwiesen (Ldn. III $^{20}/_{238}$), oder: sie wurden von da aus der Gegend verwiesen (Reykdæla XVIII/$_{98}$). Hier sind wir genöthigt, aus den späteren Schicksalen des Aechters den Umfang seines Achtbezirkes zu entnehmen. —

d) Es fragt sich nun, ob sich für den Umfang dieses hèrađ im engeren Sinne eine Regel aufstellen lässt, m. a. W. ob das hèrađ als Achtbezirk ein fester Begriff war, wie das „Land“, das „Viertel“ bei der Landesverweisung, bei der Viertelsverweisung. Diese Frage erfordert ein Eingehen auf den Begriff des hèrađ im Rechte des isländischen Freistaates.

Während das Wort hèrađ in den übrigen Ländern der skandinavischen Zunge die ein für alle Male feststehende Bedeutung eines politischen Verbandes, der Hundertschaft, besitzt, geht ihm in Island natürlich von vorn herein diese Bedeutung ab. Die Besiedelung Islands erfolgte ja bekanntlich nicht durch die Gesammtheit eines Volksganzen, sondern im Wege der Einzelbesitznahme. Jeder Ansiedler nahm für sich eine bestimmte Strecke in Besitz, er umfuhr diese Strecke mit Feuer und heiligte sie sich dadurch. So weit die occupirte Strecke reichte, so weit war er unbeschränkter Herr des in Besitz genommenen Landes. Erst, als die gesammte Insel besiedelt war, als Nachbarn an Nachbarn mit ihren Grenzen zusammenstiessen, als die wirthschaftlichen und rechtlichen Verhältnisse ein Zusammentreten der Ansiedler zu grösseren Verbänden erforderten, entstanden die isländischen Gemeinden (hreppar), die Thingbezirke, die Viertel, das „Land“, als Gesammtheit, bildeten sich für diese Abtheilungen Organe und Vertretungen in den Zusammenkünften der Gemeinden, den Frühjahrs-, Viertel- und Allthingen aus. Nicht also auf der Sippe, dem Grundbesitz, erwuchs in Island die staatliche Gliederung, sondern sie war ein rein künstliches Product. Ein hèrađ, wie auf dem Festlande, konnte also in Island sich gar nicht entwickeln. Wenn das Wort dennoch sich vorfindet, so gilt es sein Verhältniss zu den staatlichen Verbänden des Freistaates festzustellen. War es identisch mit Gemeinde, mit Thingbezirk? Denn dass es nicht das Viertel oder gar das Land umfasst, ist bereits aus den obigen Ausführungen ersichtlich. Oder nahm es eine selbständige Stellung gegenüber der Gemeinde und dem Thingbezirke ein?

Was nun unsere Rechtsbücher betrifft, so tritt in ihnen hèrađ in den verschiedensten Bedeutungen auf.

I. *Hèrađ bedeutet zunächst bewohnte Gegend.* In diesem Sinne heisst es in Kb. $^{2}/_{11}$: „Wenn eine Leiche sich auf den Halden findet, wo Wasserfälle nach beiden Seiten abfallen, dann soll man die Leiche zu der Kirche bringen, die in der Gegend dem Wasser am nächsten liegt, welches auf der Halde der Leiche am nächsten zu entspringt . . . . dem Wasserlaufe nach soll man die Leiche in die bewohnte Gegend bringen." Das hèrađ, als bewohnte Gegend, bildet hier den Gegensatz zur öden, wüsten Halde.

Ebenso heisst es in Kb. $^{281}/_{168}$: „Wenn Jemand die Sache eines Anderen oben auf den Halden oder in unbebauten Gegenden irrthümlich an sich nimmt und dies nicht eher merkt, als bis er in bewohnte Gegend (i hèrađ) kommt." —

II. Die Bodenverhältnisse Islands waren der Art, dass die ganze Insel von Höhenzügen durchschnitten war, die überall Wasserscheiden hervorriefen. Im Gegensatze zu diesen Höhenzügen hiessen die Thäler auf beiden Seiten der Wasserscheide hèrađ, ob sie bewohnt oder unbewohnt waren. *Die durch eine Wasserscheide von einander getrennten Thalstriche werden also mit dem Namen hèrađ belegt.* So spricht von hèrađ Kb. $^{164}/_{61.65}$. Während also in der ersteren Bedeutung allein das Moment der Besiedelung den Ausschlag giebt, ist es in der zweiten bereits ein geographisches Moment. Das hèrađ in der ersteren Bedeutung ist in seiner

Ausdehnung unbeschränkt, das in der zweiten Bedeutung ist eingeengt.

III. *Mit hèrađ wird die Gegend bezeichnet, welche ein Kirchspiel ausmacht.* Kb. $^{5}/_{19}$: „Der Bischof soll sagen lassen in jeder Gegend auf der Kirchenversammlung wem man das Geld einhändigen solle, das die Leute dem Bischofe zu zahlen haben." Darum hat auch nach Kb. $^{4}/_{14}$ „der Bischof das Hèrađ so einzutheilen, dass von jeder Wirthschaft jeder zu der Kirche seinen Zehnt zahlen soll."

IV. *Mit hèrađ wird die Gemeinde, der hreppr, bezeichnet.*

„Jeglicher Mann, der seine Wirthschaft in eine Gemeinde (hreppr) verlegt, in der er vorher nicht wohnte, soll die Thiermarke, die ihm gehört, auf der nächsten Versammlung der Gemeinde, in die er gezogen ist, angeben. Wenn jemand in dem Hèrađ ist, dem eine solche Thiermarke bereits zusteht, dann soll der später Hinzugezogene in dem Hèrađ sie ablegen." Kb.$^{225}/_{159}$. Klar ist hier die Identität von hèrađ und hreppr.

V. *Mit hèrađ wird die Gegend eines várþíng, eines Frühjahrsthinges, bezeichnet.* In diesem Sinne spricht Kb. $^{6}/_{21}$ von dem skulldamót, welches die Herađsmenn haben, bekanntlich dem Theile des várþíng, auf welchem die Forderungen der Thingangehörigen gegen einander liquidirt wurden. In diesem Sinne wird in Kb. $^{128}/_{6}$ gesagt: man soll auf dem várþíng alle die aufbieten, die Antheil an der Versorgung eines ómagi haben, sofern sie demselben hèrađ angehören. In diesem Sinne lässt Sthbk. $^{58}/_{61}$ Kühe und Schafe nach der Thingtaxe berechnen, die in dem *Hèrađ* gilt, spricht Sthbk. $^{89}/_{120}$ von dem hèrađs er samþinga er.

VI. Umfassend ist die Bedeutung von hèrađ im Gegensatze zum Thing, insbesondere zum alþíng. Im Gegensatze zum Thing bedeutet hèrađ die Heimath des Thingbesuchers. So heisst es in Kb. $^{22}/_{41}$: „Wenn Jemand einen Anderen nach Wohnsitz und Thingzugehörigkeit im hèrađ gefragt hat, so braucht er nicht darnach auf dem Thinge zu fragen."

Regelmässig tritt dann mit hèrađ verbunden das Wort heima auf. „Daheim im hèrađ" oder gar mit dem Zusatze

„daheim im hèrađ am Wohnsitze Jedwedes“ drückt stets den Gegensatz zum Thinge, die engere Heimath des Betreffenden aus. Wenn es sich um das Allthing dabei handelt, so kann diese engere Heimath selbst ein grosser Bezirk sein. Das Viertel z. B., dem Jemand angehört, ist seine engere Heimath auf dem Allthing, die für die verschiedensten Rechtshandlungen in Betracht kommt. Im Gegensatze zum alþing bedeutet demnach das hèrađsþing in Sthbk. 328/356 alle kleineren Thinge, das Viertels- wie das Frühjahrsthing mit eingeschlossen.

VII. Eine absonderliche Bedeutung besitzt endlich der Begriff hèrađ in Kb. 167/72. Für die Durchführung der gesetzlichen Waarentaxen sind bestimmte Bezirke auf der Insel gebildet, für deren jeden gesetzliche Oberaufseher ernannt werden. Von mehreren dieser Bezirke giebt die Kb. die Grenzen an. Der erste Bezirk soll reichen von Langanes bis zur Lónsheiđi, der zweite von der Lónsheiđi bis zur Arnarstacsheiđi, der dritte von der Arnarstacsheiđi bis zur Þiorsármündung, der vierte von dort bis nach Reykianes. Die einzelnen Bezirke haben darnach einen weiten Umfang, umfassen jedweder ungefähr ein halbes Viertel. Sie sind ferner ohne Rücksicht auf die Vierteleintheilung gebildet. —

So viel geht aus der Prüfung der von den Rechtsbüchern gebrauchten Nomenclatur hervor, dass es an einer festen, abgeschlossenen Bedeutung des Begriffes hèrađ durchaus gebrach. Es überwog zweifellos die allgemeine Vorstellung von „Gegend“, „Strich“, der, bez. dem Jemand angehörte; ob dies nun mit Rücksicht auf den Kirchen- oder Gemeinde- oder Thingverband, oder ob es lediglich mit Rücksicht auf die geographische Lage seiner Heimath geschah, war in zweiter Reihe erst von Bedeutung.

Diese Unbestimmtheit des Begriffes von hèrađ tritt in gleicher Weise in den Geschichtsquellen hervor. Auch in ihnen besitzt hèrađ die verschiedensten Bedeutungen. Die Landnáma spricht zum Beispiel von gođ hèruđ, guten Gegenden in demselben Sinne, wie wir von guten Gegenden sprechen, sie lässt einem hèrađ Orte aus verschiedenen Vierteln angehören (I 19), ein anderes Mal versteht sie darunter die Gegend um einen Meerbusen herum (Ldn. III/12), als hèradsþing bezeichnet sie in Uebereinstimmung mit der Eyrbyggja das þórsnesþing (II 12, Eyrb. 4) u. s. f.

Hiernach scheint nur eine zweifache Wahl für unsere hèradssekt übrig zu bleiben. Entweder müssen wir es aufgeben, eine feste Formel für den Umfang der hèradssekt zu gewinnen, oder wir müssen nachweisen, dass bei der hèradssekt stets eine und dieselbe Bedeutung von hèrad vorschwebte. Versuchen wir es zunächst mit dem Letzteren. Dass hèrad bei der hèradssekt nicht das Viertel bedeutete, ist bereits erörtert worden. Es könnte also möglicherweise noch die þíngsókn und den hreppr bedeuten. Denn die übrigen Bedeutungen von hèrad, die wir vorfanden, sind entweder ohne rechtlichen Inhalt oder sie sind zweifellos nicht anwendbar. —

Gegen die Auffassung des hèrad in der hèradssekt als hreppr spricht nun klar der Umfang, welchen der Achtbezirk in der Mehrzahl der Fälle besitzt. Die Gegenden um den Skaga- und Eyjafjördr, zwischen Hrútafjardará und Jökulsá, Vatzfjördr und Stigi, Smjörsvallsheidi und Lonsheidi sind so ausgedehnte Districte, dass an einen hreppr von vornherein nicht zu denken ist, und auch die kleineren Districte von Flói, der Haide umfassten auf alle Fälle mehrere hreppar.

Der Auffassung des hèrad als þíngsókn steht aber das Bedenken entgegen, dass die þíngsókn gar kein territorialer, sondern ein persönlicher Verband war. Die Gründe, mit welchen Maurer die Auffassung von der territorialen Natur der Thingverbände bekämpfte, sind so triftige, dass sich gegen sie nicht leicht etwas einwenden lässt. Wenn jeder Bauer innerhalb seines Landesviertels sich den Goden frei wählen konnte und wenn die Aufkündigung der Thingzugehörigkeit eine Veränderung des Wohnsitzes nicht nothwendig zur Folge hatte, so lässt sich rechtlich von einer territorialen Natur der Godorde nicht reden. Waren aber die Godorde persönliche Verbände, so war eine Aechtung für die þíngsókn eine Aechtung nicht gegenüber allen Personen innerhalb eines bestimmten Bereiches, sondern nur gewissen Personen gegenüber, bei diesen aber gleichgiltig wo sie sich befanden. Bei unserer hèradssekt trat dagegen klar hervor, dass die Aechtung für einen territorialen Bezirk erfolgte. —

Der Bezirk der hèradssekt deckt sich demnach rechtlich mit keinem der politisch bedeutsamen Bezirke, welche die isländischen Rechtsbücher kennen. —

Sollen wir deshalb daran verzweifeln, ein gewisses Princip für den Geltungsbezirk der hèradssekt zu entdecken? Wo sich ein technischer Name für eine rechtliche Bildung vorfindet, ist anzunehmen, dass diese nach allen Seiten hin abgerundet und ausgewachsen ist. Sollte gerade der eigentliche Kardinalpunkt bei der hèradssekt, derjenige, nach dem sie ihren Namen trägt, ganz unbestimmt gewesen sein?

Es ist bemerkt worden, dass die Auffassung der Godorde als persönlicher Verbände wohl rechtlich zutreffend sei, dass man aber thatsächlich bereits in der Freistaatszeit mit dem Begriffe des Thingverbandes eine geographische Vorstellung verbunden habe. Kålund hat darauf hingewiesen, dass nur unter der letzteren Voraussetzung es verständlich ist, wenn die Járnsíða und die Jónsbók die alten Thingnamen als Bezeichnungen für bestimmt abgegrenzte Bezirke verwenden, ohne es für nöthig zu halten, die Grenzen dieser Bezirke anzugeben. Er hat weiter auf einige Urkunden des Diplomatarium Islandicum Bezug genommen, in welchen Waarentaxen für die Arnes þíngsókn und die Rangæínga þíngsókn aufgestellt werden (D. J, I S. 490. 492. 316. 318), was nur dann erklärlich ist, wenn die þíngsókn als ein territorialer Verband gedacht ist. Mit diesen Urkunden stimmt die bereits erwähnte Stelle der Kgbk. $^{167}/_{72}$, stimmen einige weitere Stellen der Rechtsbücher überein, in welchen von þíngmark, þíngsókn ausdrücklich geredet wird. Wie auch im Leben das Godord regelmässig als Herrschaft über einen bestimmten District aufgefasst wurde, ist bereits von Maurer (Island S. 41. 42) dargethan worden.

Eben Maurer hat mit Recht darauf hingewiesen, dass die Auffassung des Godords als territorialen Bezirks besonders mit der Sturlúngenzeit hervortritt. Die Vereinigung mehrerer

Godorde in einer Hand, wie sie in der Sturlungenzeit sich des Oefteren zeigt, bewirkte eine thatsächliche Herrschaft über einen bestimmten Bezirk.

Wenn nun unser Institut der hèradssekt eben erst jener Zeit seine Entstehung verdankte, in welcher das Godord aus einem persönlichen zu einem territorialen Verbande sich umgestaltete? Wir hätten dann wenigstens eine Formel für die Zurückführung der verschiedenen Fälle auf einen Ausgangspunkt gefunden. Das hèrad der hèradssekt wäre dann eben der territoriale Machtbezirk, den das eine Godord oder die mehreren Godorde, welche Jemand besässe, bildeten.

Die Beantwortung dieser Frage schliesst, wie man sieht, zugleich eine Beantwortung der Frage nach dem Alter der hèradssekt in sich. Entscheidet man sich von vornherein dahin, in der hèradssekt eine alte Form der Friedlosigkeit zu erblicken, welche etwa der räumlich beschränkten Friedlosigkeit des älteren schwedischen und dänischen Rechtes entspricht, wie es z. B. Balduin Einarsson (Juridisk Tidsskrift Bd. XXII 1834 S. 281) thut, so wird man zu der Zurückführung des hèrad auf die þingsókn freilich nicht greifen können, da in der ältesten Zeit das Godord ein rein persönlicher Verband war. Die Zurückführung des hèrad auf die þingsókn involvirt zugleich die Annahme von der späteren Entstehung der hèradssekt. Es bleibt uns andererseits auch nur eine zweifache Annahme über das Alter der hèradssekt übrig. Wir müssen die hèradssekt entweder für den Rest einer antiquirten oder wir müssen sie für eine ganz junge Bildung halten. Denn dass sie keine regelmässige Bildung der Freistaatszeit war, bezeugen die Rechtsbücher, welche trotz ihrer Geschwätzigkeit von ihr gar nichts wissen. Entweder wissen sie noch nichts von ihr, oder sie wissen nichts mehr von ihr, da sie als besonders übliche Form der gewillkürten Acht, welche von der gesetzlichen Acht abwich, von ihnen nicht übergangen werden konnte, falls sie ihnen bekannt war.

Es ist demnach die doppelte Frage zu beantworten: steht

das hèrađ der hèrađssekt in einem Zusammenhange mit der þíngsókn? und

ist das Institut der hèrađssekt ein späteres?

Gehen wir zunächst an die Beantwortung der ersteren Frage, so können wir den Nachweis, dass wirklich der Achtbezirk bei der hèrađssekt mit der þíngsókn in Zusammenhang gestanden hat, auf doppeltem Wege erbringen. Einmal terminologisch, falls es uns gelingt nachzuweisen, dass das hèrađ gerade in späteren Quellen als identisch mit þíngsókn auftritt. Sodann sachlich durch Vergleichung des jedesmaligen Achtbezirkes bei der hèrađssekt mit dem Umfange der einen þíngsókn oder der mehreren þíngsóknir, welche in Betracht kommen könnten. Finden wir, dass beide übereinstimmen, so können wir den Beweis als geführt ansehen.

Was nun zunächst die Terminologie angeht, so ist so viel ganz zweifellos, dass hèrađ gerade in späteren Quellen die territoriale þíngsókn ausdrücken soll. Während die älteren Sögur hèrađ in derselben unbestimmten Weise verwenden, wie wir es in den Rechtsbüchern wahrnahmen, tritt in der Sturlúnga, der ausgiebigsten Quelle für unsere hèrađssekt, die Verwendung von hèrađ oder dem gleichbedeutenden sveit für þíngsókn scharf hervor. Von dem hèrađ oder der sveit des Grímr Snorrason (St. I S. 135), des Sigurđr Ormsson (I S. 202), des þórđr Sturluson (I S. 303), des Kolbeinn Tumason (I S. 324) wird gesprochen. Im Jahre 1244 will Kolbeinn nicht „die sveitir oder Godorde aufgeben, welche dem Sighvatr gehört hatten“ (II S. 65). Durch Krankheit mürbe geworden, bequemt er sich im Frühjahr 1245, dem þórđr „die sveitir“ nördlich der Öxnadalsheiđi zu überlassen, während „alle heruđ“ westlich der Öxnadalsheiđi bis zum Hrútafjörđr dem Brandr Kolbeinsson übertragen wurden (II S. 66). In dem Briefe, welchen Brandr im Jahre 1246 an Gizurr þorvaldzson richtet, spricht er von „unserem hèrađ am Skagafjörđr“ (II S. 69). Im Jahre 1247 eignete sich þórđr „alle sveitir am Borgarfjörđr und alles Gut des Snorri Sturluson“ an und ebenso das „Hèrađ am Borgarfjörđr“ (II S. 78). Im Winter darauf unterwarf er sich „alle hèruđ im Nordviertel“

(II S. 79). Nach dem Vertrage von 1250 soll Hrani Koðransson „dem hèrað am Eyjafjörðr vorstehen“ (II S. 81) und was dergleichen mehr sind. Es lässt sich in diesen Fällen die bloss locale Bedeutung von hèrað als Gegend nicht mehr festhalten, offenbar besitzt das Wort einen ganz bestimmten Sinn, den von þíngsókn.

Mit der Sturlúnga stimmen darin die späteren sögur überein. Die Flóamannasaga, Grettla, Hænsaþórissaga, Ljósvetnínga, alles Geschichtsquellen frühestens aus der zweiten Hälfte des 13. Jahrhunderts, gebrauchen hèrað und sveit im selben Sinne der þíngsókn, wie die Sturlúnga. Der Gode ist ihnen ein „forráðsmaðr hèraðsins (H. þ. S. 142), ein forstjóri hèraðsins (Fl. S. 128). In dem Vergleichsformulare, welches die Grettla in stümperhafter Weise aus einem Rechtsbuche abgeschrieben hat, werden die zum Hégranesþíng zugehörigen Thingleute „hèraðsmenn“ genannt ($^{78}/_{164}$). Von der sveit des þorkell (S. 149) und des þórir Helgisonr (S. 156) spricht die Ljósvetnínga.

Späteren Quellen scheinen denn auch zwei Bezeichnungen für den Goden und seine Thätigkeit anzugehören, welche vom hèrað hergenommen sind: hèraðshöfðíngi und hèraðsstjórn.

Hèraðshöfðíngi finde ich, ausser in der Sturlúnga, nur noch in der Grettla ($^{70}/_{161}$), Eigla ($^{272}/_{280}$), Harðarsaga Grímkelssonar ($^{31}/_{92}$) und Vatnsdæla ($^{47}/_{80}$), wozu man den sveitarhöfðíngi des þáttr af þorsteini hvíta (S. 36) rechnen kann. Héraðsstjórn tritt in der Grettla ($^{52}/_{119}$), Hænsaþórissaga ($^{2}/_{126}$), Ljósvetnínga (S. 132), der Vallaljótssaga (S. 715), allerdings auch der Glúma (S. 58) auf. Beide Bezeichnungen gehen dagegen den Rechtsbüchern, wie den besten Sögur ab. —

Wenn wir so auf der einen Seite die Verwendung von hèrað für den Thingbezirk uns erst in späteren Quellen des Häufigeren entgegentreten sehen, so finden wir auf der anderen Seite in mehreren der obigen Berichte ganz zweifellos einen Zusammenhang zwischen Achtbezirk und Thingbezirk ausgedrückt.

Am besten tritt dies in der Vatnsdæla hervor. Es fällt auf, dass in beiden Stellen, welche den Umfang des Achtbezirkes angeben, die Grenze in durchaus gleicher Weise bestimmt wird. Hieraus ergiebt sich der wichtige Schluss, dass nicht von Fall zu Fall verschieden, sondern nach einem bestimmten Princip in gleicher Weise der Achtbezirk der hèradssekt bemessen wurde. Im vorliegenden Falle der Vatnsdæla war dies iedenfalls der Thingbezirk des þorsteinn Ingimundsson, von dem es in 27/44 heisst: „þorsteinn machte sich zum Häuptling über die Vatnsdalbewohner und über Vestrhóp, sowie alle die Gegenden, welche sein Vater besessen hatte.“ Von letzterem wird aber in 15/26 gesagt: „Ingimundr wurde bald Häuptling der Vatnsdalbewohner und der Gegenden, die am nächsten lagen“. Die Beschreibung der þíngsókn von Ingimundr und þorsteinn stimmt also durchaus zu der Beschreibung des Achtbezirkes, für welchen þorsteinn den Hrómundr und Finnbogi ächtet.

Die Vatnsdæla zeigt also ein schlagendes Beispiel dafür, dass ein Gode für seinen Thingbezirk die Aechtung ausspricht.

Ein zweites schlagendes Beispiel, welches ich mir bis hierher verspart habe, zeigt die Sturlúnga. Im Jahre 1196 ächten die Goden Guđmundr dýri und Kolbeinn Tumason den Runólfr Nicolasson. „Runólfr ward bezirksgeächtet und sollte sich nirgends aufhalten, wo Guđmundr und Kolbeinn Herrschaft (mannaforráđ) hatten“ (St. I S. 148). Hier wird ausdrücklich die Aechtung für das Herrschaftsgebiet der ächtenden Goden hingestellt. Da jeder der beiden Goden mehrere Godorde in seiner Hand vereinigte, erstreckte sich in diesem Falle die Aechtung über einen weiten Bezirk hin, der vom Eyjafjörđr bis zum Skagafjörđr reichte.

Diese beiden Beispiele ermuthigen uns, auch in anderen Fällen zu versuchen, den Zusammenhang von hèrađ und þíngsókn herzustellen, und zwar betrachten wir zunächst die Berichte aus dem Nordviertel.

In dem Falle der Landnáma III/20 wird der Verfasser an die þíngsókn des Ljósvetníngagoden þórgeirr gedacht haben. Denn þórgeirr ist nach der Reykdæla S. 98 der die Acht aussprechende Schiedsrichter, in seiner Gegend ist die verbrecherische That verübt worden, aus seiner Gegend zieht in der Folge der Aechter fort.

In dem Falle der Ldn. III/4 kommen drei Landnahmemänner als Verletzte in Betracht, Höfða-Þórðr, Uni und Sæmundr zu Sæmundarhlið (cf. Vatnsdæla S. 18. 31. 34). Ihre Gebiete stiessen an einander und machten das östliche Küstenland am Skagafjörðr aus (cf. K. Karte II S. 1). Da Höfða-Þórðr unter den Dreien derjenige ist, der die Landgabe machte und der die Aechtung aussprach, wird ihn die Ldn. als Goden über dies Gebiet angesehen haben. Wenn er also den Hrolleifr ächtete, „soweit die Wassergefälle in den Skagafjörðr fielen", so ächtete er ihn eben für seine þíngsókn.

In dem Falle der Glúma 26/78 dürfte die þíngsókn des Glúmr, also des Geächteten eigene þíngsókn, als Achtbezirk gedacht sein. Glúmr hatte das alte Godord des Ingjaldr zu Þverá (Glúma S. 13. 14. 1. Ldn. III/16. 222). Der Hörgárdalr, der als Grenze der Aechtung aufgestellt wird, gehörte dagegen bereits zur þíngsókn des Þórir Helgason, der zu Laugaland wohnte (Ljósvetnínga 5/155).

In dem Falle der Reykdæla XIII/65 ist offenbar an die territoriale þíngsókn gedacht. Die beiden Schiedsrichter Áskell und Eyjólfr sind Goden am Eyjafjörðr, Áskell Gode zu Hvamm (Reykdæla S. 2), Eyjólfr Gode zu Möðruvellir (Reykdæla S. 41). Das Gebiet des Einen lag nordöstlich, das des Andern südwestlich vom Eyjafjörðr. Wenn wir beide þíngsóknir als Achtbezirke für Vémundr annehmen, so rechtfertigt es sich, dass die Saga die Aechtung als „um den Eyjafjörðr" ergehend schildert, da eben beide Küsten des Fjörðr Achtbezirke waren. Es kommt aber weiter in Betracht, dass nach dem Schiedsspruche Helgi nur nördlich der Fnjóská ungefriedet fallen sollte. Da Helgi zur Partei des Goden Eyjólfr gehört, so wird die ganze Bestimmung nur verständlich, wenn wir die Fnjóská als Grenze der beiden þíngsóknir ansehen. Sie besagt dann, dass Helgi im Gebiete des gegnerischen Goden Áskell ungefriedet sein solle, was der Sachlage ja durchaus entspricht.

In dem Falle der Reykdæla XXVII/186 bezieht sich die Aechtung offenbar auf den Bezirk des Goden Áskell, in dessen þingsókn der Wohnsitz von þórbergr lag. Denn der ihm neu bestimmte Wohnsitz zu Lundarbrekka fiel in die þingsókn der Ljósvetninger (Ljósvetninga S. 272).

Bezüglich der Fälle der Flateyjarbók und der Sturlunga I S. 140 lässt sich eine Entscheidung nicht treffen.

Was den Fall der Sturlunga aus dem Jahre 1212 betrifft, so ist offenbar die þingsókn des Hallr Kleppjárnsson, der zu Hrafnagil hauste (St. I S. 225), gemeint. Hallr Kleppjárnsson hatte nach St. I S. 213 sein Godord nördlich von der Öxnadalsheiði. Der Wohnsitz des Aechters Kálfr lag innerhalb dieser þingsókn, nämlich zu Grund, südwärts von Hrafnagil. Klængr, der Schiedsrichter und Verhänger der Acht, verwaltete als Vormund und Blutkläger für die unmündigen Kinder von Hallr dessen Godord (St. I S. 226). Er verbannt also den Kálfr aus seinem Thingbezirke.

Was den Fall der Sturlunga aus dem Jahre 1199 betrifft, so ist Schiedssprecher in ihm Guðmundr dýri, also ein Gode. Die Godorde des Guðmundr (Öxnadalr, Fljót) lagen um den Eyjafjörðr. Wenn also aus der Gegend um den Eyjafjörðr der þorsteinn verwiesen wird, so wird die Sturlunga an die þingsókn des Guðmundr gedacht haben.

Was demnach die Berichte aus dem Nordviertel betrifft, so lassen sie, soweit sie genaue Angaben enthalten, sich sämmtlich mit der Auffassung des hèrað als þingsókn vereinbaren. Ja in einigen von ihnen ist diese Auffassung die einzig mögliche.

Bei den beiden Berichten aus dem Ostviertel, welche verwendbar sind, ist die Auffassung des hèrað als þingsókn ebenfalls sehr wohl angänglich. Hrafnkell muss ja seinen Wohnsitz und sein Godord aufgeben, welches letztere sich in erster Linie auf die Bewohner des Jökulsdalr erstreckte (Hrfnks. S. 4). Sein neuer Wohnsitz lag am Lagarfljót, also vom Jökulsdalr durch die Fljótsdalsheiði getrennt (K. II S. 193 Karte). — In der Droplaugarsonasaga aber ist der Geächtete für friedlos erklärt gegenüber Helgi Asbiarnarson, d. h. gegenüber dem Goden aus Mjófanes, welcher sein Godord nach S. 33 in Gemeinschaft mit Hrafnkell þórisson hatte, jedoch so, dass es sich „fyrir austan vatn“ erstreckte, womit doch wohl die Jökulsá gemeint ist. Die Thingstätte von Helgi war zu Kiðafell (S. 92). Dies Alles stimmt mit dem Achtbezirke „zwischen Smjörsvallsheiði und Lónsheiði“ gut überein, da jene südlich vom Vápnafjörðr, diese südlich vom Álptafjörðr lag.

Von den Berichten aus dem Westviertel kommen die drei ersten, weil sie von der Viertelsverweisung handeln, und der letzte, weil er keine Grenzen des Achtbezirkes angiebt, nicht in Betracht. Es bleiben somit fünf Berichte übrig. Von diesen ist der Bericht der Eigla zu verwenden. Egill, der Schiedsrichter, war als Erbe seines Vaters Skallagrímr Gode für die ganze Gegend von Mýrar ($^{28}/_{57}$, $^{61}/_{140}$, $^{85}/_{216}$, $^{86}/_{219}$). Sein Thingbezirk erstreckte sich also auch auf den Wohnsitz des Önundr, Ánabrekka. Der Ort, nach welchem der geächtete Önundr zieht, Leirulæk, gehörte dagegen zur þíngsókn des Tempelgoden Oddr, der zwischen Langá und Hvítá südlich von der Skarðsheiði seine þíngsókn hatte ($^{88}/_{225}$).

Auch für die Bjarnarsaga dürfte sich keine Schwierigkeit ergeben. Der Selárdalr lag südlich am Hvammsfjörðr (K. I. S. 395), der Hraundalr dagegen in der Gegend der Hvítá, im Bezirke der Mýramenn. Wie jetzt die beiden Orte zu verschiedenen Sysseln gehören, der Selárdarl zur Snefjældsnæssyssel, der Hraundalr zur Myresyssel, so werden sie in älterer Zeit zu verschiedenen þíngsóknir gehört haben.

In dem Bezirke der Sturlúnga aus dem Jahre 1213 sind unter dem Achtbezirke jedenfalls die þíngsóknir des getödteten Hráfn verstanden, Hráfn Sveinbjarnarson war Gode im Árnarfjörðr (Hrafnssaga $^{2}/_{275}$, $^{4}/_{278}$) nicht nur, sondern auch im Dýrafjörðr und Selárdalr (Hrafnssaga $^{4}/_{278}$), ja bis zu den Barðarströnd dehnte sich seine Herrschaft aus (Hrafnssaga $^{4}/_{278}$). Der geächtete þórvaldr stiess mit seinem Godorð an das des Hrafn. Er war im Ísafjörðr Gode (Hrafnssaga $^{8}/_{285.\ 286}$, $^{10}/_{289}$). Wenn also þórvaldr im Vergleiche von dem Vatzfjörðr am Breiðafjörðr bis nach Stigi am Ísafjörðr geächtet wird, so umfasst der Achtbezirk hauptsächlich die þíngsókn des Hráfn, dabei freilich auch einen Theil der eigenen þíngsókn des þórvaldr. Auf diesen letzten Punkt bezieht sich die Clausel des Vergleiches, wonach alle Thingleute der þórvaldr, die in dem

Achtbezirke angesessen wären, aus seinem Thingverbande geschieden sein sollten.

Nichts dagegen weiss ich mit den Berichten der Ldn. II/14 und Sturlúnga II. S. 284 anzufangen. Was den ersten betrifft, so lag die Suđrey in so unmittelbarer Nähe des Haukadalr, dass der territoriale Thingbezirk für beide jedenfalls der gleiche war, und was den Bericht der Sturlúnga angeht, so suche ich vergeblich nach dem Principe der in ihr ausgesprochenen Acht-Grenze.

Ebensowenig vermag ich die beiden Berichte der Ldn. V/4 aus dem Südviertel zu verwerthen. Der Strich von „Flói" sowohl, als die „Haide" erscheinen von zu geringer Ausdehnung, als dass sie für eine territoriale þíngsókn verwendet werden könnten und die Orte, an welchen die Ächter ihre späteren Wohnsitze aufschlugen, befanden sich in so unmittelbarer Nähe ihrer alten Wohnplätze, dass man an einen Wechsel der þíngsókn nicht denken kann.

In der Mehrzahl der Fälle, sahen wir, liess sich der Bezirk der hèrađssekt mit der territorialen þíngsókn zusammenbringen. Dieser Zusammenhang beider ist freilich kein grundsätzlicher, sondern ein lediglich thatsächlicher, aber da er doch eben in der Mehrzahl der Fälle Platz greift, ist er für die ganze Ableitung des Institutes von Bedeutung. Wenn wir nämlich für den Achtbezirk der hèradssekt zwar kein ewiges Gesetz aufgefunden, aber doch so viel festgestellt haben, dass das hèrađ der hèrađssekt in der überwiegenden Zahl der Fälle die territoriale þíngsókn war, so ergiebt sich daraus, dass unser ganzes Institut muthmaasslich erst in späterer Zeit entstanden ist. Und hiermit kommen wir auf die letzte Frage, die zu beantworten war.

6. Die späte Entstehung der hèrađssekt scheint uns aber, von dem eben bemerkten Grunde abgesehen, aus folgenden Umständen sich zu ergeben:

a) dem völligen Schweigen der Rechtsbücher über die hèrađssekt. Wenn ebensowenig die ältere Konungsbók, wie die jüngere Stađarhólsbók von ihr etwas weiss, so deutet dies jedenfalls eher auf eine ganz jugendliche, noch nicht recht anerkannte, als auf eine ganz alte, bereits ausser Uebung gekommene Bildung hin. Denn in der Kgbk., besonders im Abschnitte Vígslóði und Baugatal werden viele bereits antiquirte Rechtssätze noch treu bewahrt; und dass andrerseits die hèraðssekt im 13. Jahrh. noch nicht verschwunden war, geht aus der Sturlúnga hervor.

b) der ganzen juristischen Gestaltung der hèraðssekt. Wir erkannten als gemeinsames Moment bei dem Waldgange und der Landesverweisung, neben dem Ausschluss vom ganzen Rechtsverbande den Verlust des ganzen Vermögens. Von diesen beiden Momenten ist das letztere aber der Friedlosigkeit im ganzen Norden eigenthümlich. Sowohl in Norwegen, als in Schweden, als in Dänemark ist die älteste Friedlosigkeit mit der Wirkung ausgestattet, dass der Ächter sein Hab und Gut verliert. Hieraus können wir mit Sicherheit entnehmen, dass Waldgang und Landesverweisung hierin den älteren Typus der Friedlosigkeit darstellen. Folglich stellt die hèraðssekt eine jüngere Formation der Ächtung dar.

c) dem häufigen Auftreten der hèraðssekt gerade in jüngeren Quellen. Ein volles Viertel der aufgezählten Berichte gehört allein der Sturlúnga, gerade derjenigen Quelle, welche die letzten Schicksale des Freistaates behandelt, an. In jüngeren Quellen, wie der Grettla und Sturlúnga, prägt sich das Auftreten der hèraðssekt auch darin aus, dass einerseits für die schweren Formen der Acht (skóggangr und fjörbaugsgarðr) die Wendung: zum Ächter machen über das ganze Land (gøra sekan um allt landit; Grettla $^{46}/_{103.\,104}$), andrerseits bei den blossen Vermögensstrafen der Zusatz: „er sollte sich aufhalten können, wo immer er wollte“ (ok skyldi hann vera þar sem hann vildi St. I. S. 166. 140) gebraucht wird. Beides ist den Rechtsbüchern fremd. Da begriffliches Moment der Acht ihnen die Verweisung aus dem ganzen Rechtsverbande ist, heben sie dies nicht erst bei der sekt hervor, und da sie eine Beschränkung des Aufenthaltes nicht kennen, sondern nur völlige Freiheit oder völligen Ausschluss, so wäre die Wendung „er sollte bleiben können, wo immer er wollte“ von ihrem Standpunkte aus nicht recht verständlich. Wohl aber ist sie es da, wo man eine partielle Verweisung kennt.

d) dem Fehlen der hèradssekt in gewissen ganz zuverlässigen Sögur. Ári's Íslendingabók, die ehrwürdige Eyrbyggja, die Laxdæla, Gunnlaugssaga und Heidarvíga erwähnen von der hèradssekt so wenig dem Namen, wie der Sache nach etwas, wiewohl wenigstens Eyrbyggja und Laxdæla ziemlich umfangreich sind. Die sonstigen älteren Sögur, in denen sie auftritt, Glúma, Eigla, Ísfirdínga, Hrafnkelssaga, Droplaugarsonasaga, gebrauchten mit Ausnahme der Glúma wenigstens den Ausdruck hèradssekt noch nicht. In der Vatnsdæla, Grettla, Njála, Finnbogasaga, Reykdæla, Bjarnarsaga Hítdælakappa, dem Brandkrossaþáttr, der Flateyjarbók, Quellen also, die erst der zweiten Hälfte des 13. oder gar erst dem 14. Jahrh. angehören, wird sie dagegen als bekannt vorausgesetzt.

e) Beirren darf nicht, dass die hèradssekt von den Quellen bereits in das neunte und zehnte Jahrh. hinaufgesetzt wird. Wenn insbesondere die Landnáma von Vorgängen aus der Zeit der Besiedelung berichtet, bei denen die hèradssekt eingetreten sei, so wird man hierin bloss die Einkleidung in ein modernes Gewand zum Zwecke der besseren Veranschaulichmachung zu erblicken haben. Wenn erst von Úlfljótr ab Island als ein Staatengebilde anzusehen ist, wenn für die voraufgehende Zeit weder von einem Allthing noch von Landesvierteln die Rede sein kann, und wenn andrerseits die Godorde erwiesenermaassen in der älteren Zeit persönliche Verbände waren, so können die Verweisung aus dem Viertel, in welche Eyvindr Sörkvir (Ldn. III/5) und Finnbogi (Finnbogas. 28/50), die hèradssekt, in welche Hrolleifr enn mikli (Ldn. III/4), die Söhne von Baugr (Ldn. V/4), die Söhne von Önúndr bíldr (Ldn. V/4), Finnbogi (Vatnsdæla 35/57) verfielen, unmöglich als rechtliche Bildungen angesehen werden. Die berichteten Vorgänge gehören sämmtlich der Zeit vor Úlfljóts Gesetzgebung an, der Zeit, in welcher eine Rechtsordnung für Island noch gar nicht existirte. Es kann sich demnach nur um eine thatsächliche Verweisung der genannten Personen handeln, welche der Schriftsteller unter Berücksichtigung der späteren

Wohnsitze in das Gewand der ihm bekannten Verweisung aus dem Viertel oder hèrad kleidete. Aus diesem Grunde erklärt es sich auch, wenn die Ldn. den Eyvindr Sörkvir zum Viertelsverwiesenen macht, wo ihn die Vatnsdæla bloss bezirksgeächtet sein lässt (Ldn. III/5 mit Vatnsdæla 29/49).

Das Gleiche wird man auch für die Fälle sagen müssen, in denen der Widersinn nicht so klar hervortritt, wie in den obigen Fällen. Was die dem 13. Jahrh. angehörigen Sögur für das 10. und 11. Jahrh. von der hèradssekt berichten, werden wir mit ziemlicher Skepsis aufzunehmen haben. Da es nicht durch die Rechtsbücher gestützt wird, ist es in seiner rechtlichen Einkleidung besser als ein Erzeugniss der Zeit, in welcher die Verfasser der Sögur lebten, aufzufassen, denn als ein altes Rechtsinstitut. Die üblen Erfahrungen, welche wir an der Njála bezüglich ihrer Zuverlässigkeit in juristischen Dingen machen, müssen uns auch mit Bezug auf die übrigen Sögur vorsichtig stimmen. Hier zumal, wo mehrere andere schwerwiegende Gründe gegen das Alter der hèradssekt sprechen, werden wir zu doppelter Vorsicht gemahnt. Sprechen also die Sögur von der hèradssekt, so ist damit nur bewiesen, dass dem Verfasser das Institut bekannt war, nicht, dass es auch in der grauen Vorzeit bereits galt, in welche die Erzählung hinaufgreift. Da nun aber die sämmtlichen Sögur, welche von der hèradssekt berichten, nicht über die Mitte des 13. Jahrh. hinaufreichen, so ist erst für den Schluss der Freistaatszeit die Geltung des Institutes unwiderleglich erwiesen.

Fassen wir Alles zusammen, was wir über unser Institut bemerkt haben, so stellt sich uns die hèradssekt als eine im Wege der Privatvereinbarung zu Stande kommende Aechtung dar, welche sich nur gegen die Person, nicht gegen das Vermögen des Geächteten unmittelbar richtet, und welche sich auf einen engeren Bezirk innerhalb des Landes, vornehmlich auf das Viertel und die þingsókn erstreckt. Eben wegen dieser beiden Abweichungen von der eigentlichen Acht scheint die hèradssekt erst das Erzeugniss einer ganz späten Zeit zu sein, in welcher die einzelnen Viertel sich als geschlossene Ganze bemerkbar machten, und in welcher aus der ursprünglichen persönlichen þíngsókn eine territoriale wurde. Gerade darum aber war ihr wiederum nur eine vorübergehende Geltung beschieden. Mit der Unterwerfung Islands unter den norwegischen König und dem damit erfolgenden Verschwinden von Vierteln und þíngsóknir als rechtlich bedeutsamen Gliederungen verschwand auch die hèradssekt, zumal sie keinerlei verwandte Rechtsbildungen im norwegischen Rechte vorfand. Für die gemeingermanische Rechtsgeschichte hat also unser Institut, wie es scheint, nur nebensächliche Bedeutung. Immerhin galt es, ihr Verhältniss zur schweren Acht Islands und überhaupt des Nordens festzustellen. Die Aussonderung des Späteren, Unursprünglichen kommt der Erkenntniss des Alten, Ursprünglichen zu Gute und fördert so die Ziele der rechtsgeschichtlichen Wissenschaft. Im vorliegenden Falle war diese Aussonderung um so mehr geboten, als wirklich in Schweden und Dänemark eine territorial beschränkte Friedlosigkeit über das hèrađ hin sich vorfindet, welche der Friedlosigkeit über die Landschaft hin historisch vorangegangen zu sein scheint. Der unrichtigen Zusammenstellung der isländischen hèradssekt mit dieser Bildung, welche bereits in der Literatur geschehen ist, wird vielleicht durch die obigen Auseinandersetzungen ein Riegel vorgeschoben sein.

Sachregister.

Berichtigungen und Ergänzungen.

S. 7. Zur Literatur ist nachzutragen: Rudolf Tengberg, om den äldsta Territoriala Indelningen och förvaltningen i Sverige. (Dissertation) Stockholm 1875.

S. 10 Note 2. Ueber den schwedischen Gesetzessprecher handelt auch Tengberg S. 55 ff.

S. 44 Z. 8 l. Fahrhabe.

S. 83 Note 3. Vergl. Tengberg S. 73 ff.

S. 109 Z. 3 von unten l. I S. 110.

S. 139 A. 1 l. Cimbricae.

FSC
www.fsc.org
MIX
Papier | Fördert
gute Waldnutzung
FSC® C083411

Kolibri 360 GmbH
Ferdinand-Jühlke-Straße 7
99095 Erfurt, Deutschland
produktsicherheit@kolibri360.de